De la guerre civile en Libye
au printemps islamique arabe

© L'Harmattan, 2012
5-7, rue de l'École-Polytechnique ; 75005 Paris

http://www.librairieharmattan.com
diffusion.harmattan@wanadoo.fr
harmattan1@wanadoo.fr

ISBN : 978-2-336-00658-1
EAN : 9782336006581

Michel PROU

# De la guerre civile en Libye au printemps islamique arabe

…Où l'odeur du jasmin se mêle à celle de la poudre

**Du même auteur**

Trois tomes sur l'histoire de l'Océan Indien,
édités chez L'Harmattan.

1400 pages retraçant d'une manière chronologique les faits du XIX$^{ème}$ et du début du XX$^{ème}$ siècle. Une étude passionnante dans laquelle la France est largement concernée.

Tome I :   L'histoire du "Royaume de Madagascar" au XIX$^{ème}$ siècle.

Tome II :  Ingérence ou invasion de Madagascar. (1895)

Tome III : L'unification de Madagascar.

*À Fanny : ma mère.*

# I.

# GUERRE CIVILE EN LIBYE ET RÉVOLUTIONS ARABES

*A l'ouverture de la boite de Pandore,
tous les maux de la Libye se répandirent dans la nature.
Seule resta à l'intérieur : l'espérance.*

Les Libyens ont choisi la voie des armes
afin de chasser un régime autoritaire dirigé par Kadhafi.
L'événementiel de l'insurrection libyenne commence…

\* \* \*

*Le 15 02 2011*

Les citoyens libyens ou certains d'entre eux font entendre leurs revendications d'une manière un peu plus musclée. Ce qui n'a pas l'heur de plaire au « guide de la révolution », le dictateur en puissance. L'insurrection s'étend à l'est. C'est alors que *Kadhafi* fait avancer sa machine à répression, son armée, ses milices et ses mercenaires. Il fait bombarder les villes rebelles et très vite le bilan des victimes civiles est impressionnant. Il faut savoir que le peuple libyen manifestait son mécontentement face au pouvoir en place depuis pratiquement un mois. Il n'était pas sans savoir que ses voisins de Tunisie et d'Egypte étaient entrés dans la phase première du dit « printemps arabe », notamment par l'intermédiaire d'internet, de Facebook, de Youtube, d'Al Jazeerah (une chaîne de télévision de Doha au Qatar qui rayonne jusqu'au Maroc) et qu'il était temps d'en terminer avec un régime autoritaire. Ce n'est plus les mesures dérisoires et impromptues prises par les autorités qui pouvaient le satisfaire. Elles étaient trop tardives. Finalement le 15 février est ici à considérer comme un passage à l'acte ; c'est-à-dire que l'on sort de strictes manifestations pacifiques, durement réprimées, à la sortie des armes entre les mains de gens qualifiés d'insurgés. Le déclencheur restera un certain procès des prisonniers morts dans la prison d'Abou Salim à Tripoli et les affrontements avec la police de Benghazi qui ouvre le feu sur la foule.

## De soulèvements en rébellion armée

*Le 17 02 2011*

L'insurrection s'étend maintenant de l'est à l'ouest, de la frontière tunisienne jusqu'à Benghazi. Dans cette ville, la colère est à son paroxysme, et une fraction notable des militaires et des forces de police a pris parti pour les protestataires. Les casernes et les dépôts de munitions sont forcés. Les armes sont distribuées. Un « *conseil national libyen* » se constitue et va siéger au tribunal, alors que la Ligue arabe suspend la Libye de son organisation.

*Le 22 02 2011*

Ne pouvant plus exercer leur activité en toute sécurité les compagnies pétrolières quittent la Libye. Le gazoduc vers la Sicile est arrêté. Tout est devenu désordre. Les frontières ressemblent à des passoires par où s'échappent de nombreuses unités militaires et par où pénètrent les mercenaires africains. Les manifestants augmentent partout et incendient le siège du gouvernement, les commissariats de police et s'emparent de l'aéroport de Tripoli. Kadhafi fustige ses troupes, prononce allocutions sur allocutions : rien n'y fait. Pire encore, son entourage se craquelle : Abdeljalil, ministre de la Justice, rend son portefeuille, et s'empresse de créer un gouvernement provisoire. Yunis (younès), ministre de l'Intérieur, s'en va rejoindre l'insurrection ; des officiers détournent un mirage F1 vers Malte, d'autres s'éjectent d'un Sukhoi Su-7 plutôt que de devoir bombarder Benghazi, une zone occupée par les insurgés jusqu'à la frontière égyptienne.

## La fuite des migrants

*Le 24 02 2011*

La progression des insurgés est constante : à l'est, on peut dire que la Cyrénaïque est entre leurs mains après la prise d'Al Khofra dans le sud ; à l'ouest, des points marquants son obtenus : Zuara, Az Zawiyah et Tajura près de Tripoli. Les travailleurs égyptiens migrants prennent peur et fuient en masse vers le poste frontière égyptien : Salloum land port, et vers celui de Ras Ajdir à la frontière tunisienne. Des campements de fortune s'installent avant Ben Guerdane. Afin de faire face aux besoins humanitaires et à la prise en charge des nombreux blessés la commission européenne débloque une somme de 3 Mons d'euros. Le CICR (croix rouge) aurait souhaité plus : disons 4,7 Mons d'euros. Différents pays vont ainsi prendre conscience que la Libye détient plus d'un million de travailleurs étrangers. Dans l'urgence, il va s'en suivre une certaine bousculade dans l'évacuation, en utilisant tous les moyens disponibles : avions militaires pour la Russie, les Pays-Bas, l'Egypte et la France ; navires militaires pour les Turcs ; avions civils pour les Algériens, Nigérians et les Chinois via la Grèce. Sous le couvert d'une protection militaire à juste distance : une frégate du Royaume-Uni, une frégate des Pays-Bas et un destroyer italien ; ainsi que deux porte-avions américains annoncés sous peu. Sans oublier plusieurs dizaines de milliers de travailleurs qui partiront à pied en direction des frontières ; et sans oublier enfin ceux qui ne seront pas évacués comme les ouvriers du Bangladesh et de l'Inde. De ce fait la Libye se trouve évincée du « *Conseil des droits de l'homme* ».

*Le 25 02 2011*

Kadhafi commence à distribuer des armes à ses partisans après la prise de la base aérienne de Mitiga à l'est de Tripoli (planche 1). Les accrochages deviennent permanents, d'autant que, au fur et à mesure du recul de ses troupes, les rebelles récupèrent les armes non seulement légères mais aussi lourdes laissées sur place permettant de créer des brigades supplémentaires sous la férule d'un commandant. Libyens contre Libyens, les affrontements peuvent prendre le nom de guérilla, de guerre urbaine, de guerre tout court ; il ne faut pas se leurrer, dorénavant, il s'agit bel et bien d'une guerre civile. Par cela, il en est trop. Le président français, de passage en Turquie déclare que « Kadhafi doit partir ».

## La formation du CNT

*Le 26 02 2011*

Le vote à l'ONU de la « *résolution 1970* » (thème 2) a été adopté à l'unanimité ; notamment un embargo sur les armes et un gel des avoirs financiers de Kadhafi et de son entourage. Il s'agit ici de recommandations, de suggestions dans les mesures énoncées, et qu'il dépendra de la manière dont les autorités libyennes se conformeront aux dispositions pertinentes de la présente résolution pour que celles-ci soient suspendues ou levées (paragraphe 27). Le conseil de sécurité préoccupé, va quand même étudier la suite à donner sur le plan concret. L'Italie dans la foulée après bien des hésitations, étant donné les intérêts économiques et historiques qui la lient à la Libye, finit par rompre son contrat de coopération. Dans un tel contexte le gouvernement provisoire et le conseil national libyen fusionnent pour former le « *Conseil national de transition* », le CNT dont le Président sera Abdeljalil entouré de Terbil, Abouar, Baja et Djibril. Ce qui fait d'autant plus fulminer Kadhafi qui considérait son ancien ministre de la Justice comme le seul non corrompu. Du coup, il le traite de « chef des rats » et propose 400000 $ pour sa capture. Ce mot est bien connu des Libyens dans l'expression : « les rats de Tobrouk » en relation avec la résistance des Australiens en 1941. D'autres l'ont exprimé lors de leurs écrits : Alexis Jenni dans « l'art français de la guerre », ou Albert Camus dans « la peste ».

*Le 01 03 2011*

Des mercenaires arrivent toujours du Niger, du Tchad, du Soudan et du Mali, attirés par les fortes rémunérations proposées par Kadhafi. Ils sont pris en main à Sabha, importante base militaire du Fezzan, et sont ensuite dirigés vers les lieux de combats après avoir été formés et équipés en armes légères.

Kadhafi et ses militaires, dans un déni de réalité, ont eu le temps d'élaborer une stratégie de contre-offensive. Certaines de ses brigades s'apprêtent à reprendre Az Zintan, Gharyan et Sabrata. Pendant que d'autres à l'est s'en prennent à Braygah et à Ajdabiya.

## La contre-offensive des loyalistes

*Le 04 03 2011*

La bataille fait rage à Ben Jawwad, à Ras Lanuf, et enfin à Braygah où se trouvent stabilisées les troupes des Kadhafistes. Ajdabiha lâchée, n'est plus qu'un champ de ruines, où tout a été pillé. Les 200000 habitants ont fui vers Benghazi et ses environs. Misratah, la troisième ville du pays, tient tant bien que mal face aux pilonnages des chars de Kadhafi. Néanmoins, des trêves sont offertes par deux des fils du « guide ». Ce que refusent les rebelles qui viennent de recevoir de nouveaux armements (batteries aériennes et canons de 105mm) en provenance de largages français. Information démentie peu après. Toute une série d'attaques et de contre-attaques vont se déroulées dans les jours suivants.

*Le 11 03 2011*

Les insurgés réclament à cor et à cri que l'on neutralise l'aviation de Kadhafi qui opère en complément des 60 chars pour assaillir la ville de Zuara (100000h) à l'ouest de Tripoli, quand ce n'est l'utilisation de ses navires de guerres. Point stratégique s'il en est, car il s'agit d'un important terminal pétrolier et sans essence un char ne se déplace pas, même si par ailleurs à la frontière tant à Ras jdir qu'à Nalut-Dehiba on use de stratagèmes pour siphonner les réservoirs de véhicules d'une essence en provenance d'Algérie. Tout cela, après Az Zawiyah (200000h) qui vient de tomber entre les mains des « loyalistes ». C'est à la prise de cette ville que l'on voit apparaître les sections de la $32^{ème}$ brigade appelée « *Khatiba Khamis* », ou « *Liwa Khamis* » du nom du fils de Kadhafi. Le matraquage des villes par chars interposés causent des pertes énormes dans les rangs des insurgés mais aussi parmi la population. L'organisme *Human Rights Watch* a bien du mal à tenir une comptabilité précise tellement le nombre de morts augmentent chaque jour et se chiffrent par milliers.

*Le 12 03 2011*

La Ligue arabe représentée par le Liban réunie au Caire approuve l'idée d'une zone d'exclusion aérienne au-dessus de la Libye. Idée émise la veille par la France et le Royaume-Uni au sommet de Bruxelles. C'est ce que réclame également la mission du CNT (un CNT reconnu en premier par la

France) en déplacement auprès du parlement européen, par la voix de Mahmoud Jibril son représentant, relayé par Bougaigis porte-parole du CNT à Benghazi. Le président du CNT Abdeljalil redoute que les forces des loyalistes se reportent dans peu de temps sur Ras Lanuf, ce qui est déjà fait, puis Braygah et pourquoi pas sur Benghazi.

## Les frileux et récalcitrants

*Le 15 03 2011*

Les réunions se succèdent entre Obama, Gates et Donilon le conseiller militaire du président américain. (Ce sera le 24 juin seulement que la chambre des représentants à majorité républicaine rejettera le texte destiné à autoriser une intervention militaire au sol en Libye) Les valses-tergiversations persistent sous forme de déclarations non suivies d'actes sur le terrain (thème 1). Il est convenu de dire que le régime en place est le pire qui soit, qu'il serait souhaitable de reconnaître les opposants dans leurs luttes, qu'il serait bien d'être actif sur le plan humanitaire, enfin qu'il faudrait faire cesser au plus vite le massacre d'une population sous le joug d'une armée qui a reçu pour consigne d'éliminer tous ces agitateurs, révoltés ou insurgés. Parmi ces Américains d'aucuns disent que la Libye n'apparaît pas d'un intérêt évident comme cela pouvait l'être en 1957 avec la création de la base de Wheelus Field (Mitiga). Par ailleurs, cet embrasement du monde musulman génère chez certains une appréhension et ils attendent que d'autres pays arabes s'investissent plus avant. Enfin, ouvrir une nouvelle intervention dans ce nouveau conflit rend le débat plein d'incertitudes quant à choisir l'affrontement au détriment de manifestations pacifiques (on a vu par la suite ce qu'il en est advenu au Yemen ou en Syrie). Dès lors, il est convenu de maintenir un Fonds de financement en vue de quelques frappes avec à l'esprit : les faire dans un délai le plus court possible.

Sur le terrain, les troupes loyalistes après avoir écrasé Ajdabiya sont en peu de temps aux portes de Benghazi (110kms seulement les séparent), rejoints par celles qui avaient réussi à s'échapper avec armes et bagages de la ville dès le début des manifestations. Leur aviation, bien que composée de peu d'avions en état de marche, ont déjà fait des dégâts sérieux. Il ne suffit que de quelques Mig 29 et Sukhoï pour arriver à ce résultat. Toute cette ossature de milliers de militaires appuyée de chars et canons, qui a prévu une intendance copieuse en armes, munitions et nourritures, est prête à prendre d'assaut la grande ville de l'est.

Ce qui laisse peu de temps aux hommes valides de Benghazi afin de se préparer à résister, armes en main. Ce qui laisse peu de temps à la population, déjà prise de panique, de partir vers le nord en longues files de voitures, en direction de New al Marj, Al Bayda et Darnah. La fuite pourrait bien se prolonger vers Tobrouk ou l'Egypte en finalité. Ce qui laisse à la coalition deux à trois jours tout au plus avant d'intervenir. Il y a donc urgence, après il sera trop tard, Benghazi ne sera plus qu'un champ de ruines avec des milliers de morts.

## L'encerclement de Benghazi : unanimité d'intervention

*Le 17 03 2011*

Le vote 1973 du conseil de sécurité (voir thème 3) est effectif par 10 voix sur 15. La Chine et la Russie n'ont pas émis de véto, en notant qu'il a fallu courir après le vote de l'Afrique du Sud au tout dernier moment afin de dépasser les 9 voix indispensables (l'Allemagne, la Russie, le Brésil, l'Inde s'abstenant), et en notant également la fébrilité avec laquelle la dame en vert, représentant les USA, Susan Rice, a levé le bras. Cet enthousiasme contrastait avec la frilosité de l'engagement américain. Soyons clair, ce vote autorise, ipso facto, un recours à la force envers le régime de Kadhafi. Il reprécise l'importance de la protection des civils. Il autorise de créer un mécanisme approprié afin d'établir une zone d'exclusion aérienne. Il réaffirme l'embargo sur les armes et sur le gel des avoirs. Autrement dit, des mesures actées sous la forme non plus d'une simple feuille de route, mais d'un réel « bon à tirer » (thème 3).

*Le 18 03 2011*

Un conseil vient de se tenir à l'Elysée. Les militaires français avaient largement anticipé le mouvement et se déclaraient fin prêts pour décoller. Le colonel Kadhafi sent le vent tourner et s'engage vers une amnistie générale et vers un cessez-le feu, mais personne n'est dupe quant aux intentions.

*Le 19 03 2011*

Une réunion cette fois au sommet a lieu de nouveau à l'Elysée. Hillary Clinton et Angela Merkel, malgré quelques réticences, sont présentes parmi les 27 membres de l'Union européenne. La décision est prise. Deux avions français s'éloignent vers la Libye avec pour mission la prise de renseignements dans un premier temps, notamment repérer la position des chars de Kadhafi entourant Benghazi. Deux autres lui succèdent et détruisent une colonne de char kadhafistes se dirigeant vers Benghazi alors encerclée. Au grand dam des Turcs et du président italien Berlusconi qui voit dans cette intervention impromptue un non respect des accords qui devaient démarrer trois heures plus tard. Quoi qu'il en soit, le signal est donné. Les bombardements vont suivre d'une façon intensive sur le pourtour de Benghazi mais aussi sur les postes de commandements et télécommunications de Tripoli. En réaction, dès la nuit tombée, les DCA des kadhafistes et leurs tirs en chapelet s'élèvent vers le ciel et illuminent la ville apeurée.

La coalition se met en marche à l'aide de moyens aériens : Mirage 2000, Rafale, et Awacs pour les français, et tirs de missiles Tomahawk à partir des bâtiments de la marine américaine et anglaise, déjà en position en Méditerranée. Les avions des anglais, norvégiens et italiens suivent peu après. Si bien que deux jours suffisent pour desserrer l'étau autour de Benghazi, et que plus aucun avion des kadhafistes ne décollent suite aux bombardements des centres de commandement et de tous les systèmes de guidage des bases aériennes. Ainsi, les Sukhoï Su22, les Mig 23 et 35 de la base d'Al Jufra sont cloués au sol.

Des voix s'élèvent devant une telle puissance de feu déployée entrainant de telles destructions, y compris les quelques bombes sur le complexe résidentiel de Kadhafi, pour souligner que la protection des civils ne justifie pas l'élimination de l'armée de Kadhafi, encore moins de Kadhafi lui-même. Celles de la Russie, l'Union africaine, la Ligue arabe, la Chine et le Venezuela, émettent des doutes quant à l'interprétation de la résolution 1973.

*Le 22 03 2011*

Le président Sarkozy reçoit à Paris deux émissaires du CNT à qui il précise que la maîtrise du ciel libyen est effective. Les objectifs s'orienteront désormais à détruire les chars et l'artillerie de Kadhafi qui restent une menace persistante sur les insurgés. Une information bien perçue par la population de Benghazi qui avait fui récemment et qui revient petit à petit rassurée.

Or, des constats établis par la coalition démontrent que l'efficacité n'est pas toujours au rendez-vous :
– Certaines bases aériennes des Etats qui la composent sont très éloignées du théâtre des opérations. Ce qui a pour conséquence un long périple au détriment d'un court passage au-dessus de la Libye pour les avions même ravitaillées en vol par les C135.
– Certains avions doivent faire face aux conditions atmosphériques propres à cette région désertique, et deviennent complètement inopérants lors des vents de sable : aucune visibilité sur la route goudronnée qui relie Braygah à Syrte, par exemple, où circulent les véhicules dits « civils » remplis de munitions vers les positions des Kadhafistes.
– Certaines cibles sont opérées en doublon alors que d'autres toutes aussi importantes sont laissées en l'état tels les entrepôts, les dépôts de munitions ou les sites de lancement.

- La coalition, formée d'un ensemble d'états très hétéroclites sur le plan militaire, faite de volonté pour certains et de non-volonté pour d'autres, affiche avec évidence un manque de coordination globale.

Dans un premier temps, et pour pallier à ce problème d'éloignement, des accords sont passés afin d'utiliser les bases les plus proches situées autour de la Méditerranée, notamment le sud de l'Italie et les îles de Sicile, Malte ou Chypre, mieux encore l'utilisation de porte-avions américains et anglais, et celui des français, le Charles de Gaulle, en cours d'approche.

## Le cafouillage de la coalition

*\* Le 24 03 2011*

L'OTAN ou NATO est sollicité pour remplir cette fonction tout au moins dans un « pilotage technique » comme le propose le ministre des Affaires étrangères français Alain Juppé. Cet organisme défensif demande réflexion, tout juste veut-il se charger de l'embargo sur les armes en mettant à disposition cinq à six navires dans l'immédiat. Le Président américain abonde dans ce sens et reprécise qu'il ne tient pas à s'engager dans un troisième conflit ouvert alors que Robert Gates, en complète contradiction, stipule : « qu'il n'y aura pas de calendrier pour la fin des opérations ».

Indépendamment de ces aléas : les insurgés réorganisés s'apprêtent à repartir de l'avant encouragés qu'ils sont par la mise en fonction d'un gouvernement provisoire composé de 31 membres.

*\* Le 27 03 2011*

Les insurgés ont le vent en poupe et refoulent pas à pas les troupes de Kadhafi en déposant Ajdabiya, Braygah et Ras Lanuf. Ils sont aux portes de Ben Jawwad. Un retraite précipitée pour les kadhafistes laissant dans leur fuite des masses de munitions jonchant le sable, et des chars, couchés et éventrés, que s'empressent de dépecer les habiles mécaniciens cyrénéens. De plus, de nombreux militaires désertent, et les mercenaires récemment engagés et faits prisonniers se demandent ce qu'ils sont venus faire là. C'est à peu près le même raisonnement qui effleure l'esprit du ministre des Affaires étrangères libyens, Koussa, décidant de démissionner et de s'exiler à Londres.

Cependant, et cela va devenir un dilemme permanent, les rebelles se trouvent à plus de 400 kms de leur bastion qu'est Benghazi ; un éloignement qui comporte des difficultés d'approvisionnement en armes, munitions et nourritures. Alors que inversement les loyalistes se sont retranchés sur Syrte, une base très étoffée en armements ; ville symbole de Kadhafi. On comprendra aisément le mouvement inverse qu'il va engendrer. Dorénavant, l'on va assister à des allers retours nombreux sur ce secteur. Rééquipés, restimulés par une promotion de tous les officiers et sous-officiers au grade supérieur, les loyalistes vont reconquérir le terrain perdu en quelques jours.

## L'OTAN et sa capacité d'intervention

*Le 31 03 2011*

Le « groupe de contact » réuni à Londres avec ses 40 participants finit par décider L'OTAN de prendre en main l'unification des opérations en Libye. Les noms de code, qui avaient été attribués jusqu'à ce jour changent d'appellation : Ellamy pour le Royaume-Uni, Harmattan pour la France, Mobile pour le Canada et Odyssey Dawn pour les Etats-Unis, deviennent : l'*Opération Unified Protector*. (planche 2).

Il est évident qu'à partir de cette date tout va être planifié comme seul sait et peut le faire un organisme de cette envergure. Le commandant en chef et son état-major vont s'installer à Naples d'où seront coordonnées non seulement les opérations aériennes mais aussi navales en appliquant leur système de gestion de combat : Link-16, restant entendu qu'il n'y aura aucune opération au sol. Certes, tout l'OTAN n'est pas présent dans l'opération, les Allemands et les Portugais n'ont pas voulu suivre, mais en revanche d'autres pays ont adhéré au principe décrit dans la résolution 1973, et il était très important de voir apparaître certains pays arabes comme le Qatar et Emirats arabes unis. La Suède viendra bientôt les rejoindre en s'investissant dans les renseignements. Dès lors, les Etats-Unis vont pouvoir se retirer, c'était leur vœu, de la partie active et se consacrer uniquement dans un rôle de brouillage des ondes radio et de reconnaissance à partir du « Whitney » considéré comme navire amiral de la VIe flotte américaine.

*Le 05 04 2011*

La situation en Libye se dégrade de jour en jour ; la pénurie se fait sentir en électricité, nourritures et médicaments, plus encore en essence principalement réservée aux véhicules 4WD réquisitionnés pour le transport de toutes armes vers les zones de combat. Kadhafi, en prévision du blocus à venir en avait importé 20000 tonnes livrées à Tripoli. Hélas, c'est loin d'être suffisant. Par ailleurs d'autres commandes sont en train de tomber dans l'escarcelle des insurgés. Il en est ainsi du tanker en provenance de Port-Saïd, battant pavillon libérien, venu pour prendre livraison d'une importante commande de pétrole au terminal de Tobrouk. Un beau pactole apprécié, si l'on admet un prix de vente du baril à 120$, et bien de quoi alimenter les caisses et l'intendance des insurgés.

### Tous les sans-papiers sont expulsés

Une situation perçue par le nombre de migrants qui essaient de s'échapper malgré leurs passeports confisqués. Un bateau de fortune vient encore de s'éloigner du port de Zuara, sur lequel s'entassent plus de 150 Somaliens et Erythréens en direction de l'île italienne de Lampedusa. Ce qui fait dire au *guide de la révolution libyenne* dans un discours enflammé aux Otaniens : « que vous allez devoir affronter une émigration massive venant d'Afrique amenant le chaos en Europe, que Al Qaïda va s'étendre sur tout le Sahara et le Sahel, enfin que vous allez devoir être confronté à une guerre longue et un enlisement dans le désert ». Ce qui fait dire aussi à Berlusconi qu'il ne peut pas enrayer à lui tout seul la venue de cette masse d'émigrants et trouve étrange de la part des Français d'avoir quasiment fermé leur frontière sud.

*\* Le 07 04 2011*

Les rebelles sont de nouveau en mauvaise posture. Ils ont lâché Braygah et Ras Lanuf et se replient vers le nord. Les kadhafistes ont complètement changé de tactique, ils ont remarqué que les chars même peints au couleur du sable sont la cible privilégiée des avions de l'OTAN, c'est pourquoi ils démontent les canons sur roues et les transportent sur les lieux de bataille à l'aide des véhicules légers. On progresse dans les rues avec des Kalachnikovs, des fusils-mitrailleurs et éventuellement des mitrailleuses. Autrement dit, dans cette confrontation de villes à villes, on joue sur la vitesse des déplacements ; rien à voir avec les combats titanesques que se livraient les Montgomery et Rommel à la tête de plusieurs dizaines de milliers de soldats dans des batailles frontales en plein désert.

Misratah est à feu et à sang. Un pilonnage incessant frappe la ville. Rien n'est épargné : ni les hôpitaux, ni les écoles. Les habitants sont menacés d'extermination. Les kadhafistes sont loin d'être à genoux malgré les sorties permanentes des avions super-sophistiqués déployés par l'OTAN. Quelques chars ici, quelques porte-chars là. Un résultat apparemment dérisoire face à la réalité sur le terrain. Les insurgés s'en plaignent. Peut-on appeler cette venue un petit réconfort : un bateau de la croix rouge accoste dans le port de Misratah chargé de nourritures et de produits pharmaceutiques. Il repartira également chargé de blessés en direction de Benghazi.

### Une suite de percées et replis

*\* Le 11 04 2011*

C'est au tour des loyalistes d'être en position fragilisée, trop éloignés de leur base de Syrte et surtout par rapport à Tripoli. L'OTAN avait bien compris le message des insurgés ; c'est pourquoi ces derniers jours les sorties avioniques se sont intensifiées malgré les coûts élevés que cela représentent : 10 tirs de missiles de croisière Scalp à 850000 euros chaque, a-t-on dit, ou une sortie d'un Rafale à 13000 euros de l'heure. A tel point que les Anglais commencent à avancer le chiffre de 100 Mons d'euros par mois et les Italiens autour de 45 Mons d'euros ; les Etats-Unis vont plus loin en annonçant près de 500 Mons de dollars depuis le début de sa présence en Méditerranée.

La règle qui vient de s'instaurer est bien d'annihiler toutes actions des armes lourdes de Kadhafi à partir des faubourgs des villes avec le critère de précision que cela entraine pour ne pas toucher les populations civiles. Cette nouvelle donne appliquée avec succès permet aux insurgés de reprendre très rapidement Ajdabiya et entrer dans New Braygah et Braygah. Misratah est concerné par ce principe car les insurgés ont un besoin absolu du port qui doit leur permettre de faire rentrer les armes ; seule voie possible, la voie terrestre étant aux mains des Kadhafistes.

Comme on le remarque, cette alternance de progressions et de reculades tourne en définitive autour des villes de Ras Lanuf et Braygah et comme par hasard à la limite de la Cyrénaïque et de la Tripolitaine (planche 3). Chacun imagine ce que cette position signifie en termes de séparation, faisant dire à l'Union Africaine : « restons en là et statuons sur une partition de la Libye ». Les belligérants ne l'entendent pas de cette manière, encore moins Kadhafi à qui le Premier ministre anglais Cameron somme de partir immédiatement et à ses partisans de le quitter. Un dialogue de sourd s'instaure.

## Une stagnation pour le moins surprenante

*Le 13 04 2011*

Gates a le même point de vue lorsqu'il informe : « que les USA devraient s'impliquer plus avant en Libye et devront soutenir l'OTAN le temps qu'il faudra ». Il convient des actions menées tant sur le plan humanitaire par l'envoi d'avions apportant des médicaments à Benghazi que sur le plan militaire par les bombardements des dépôts de munitions de Tripoli. Pour lui, il est clair que la Libye se fera sans Kadhafi.

Cependant, les opinions divergent sur la conduite à mener. Les Russes observent d'un mauvais œil la création d'un couloir maritime pour ravitailler les rebelles. Il faut pourtant évacuer les Tunisiens et Egyptiens qui se sont massés à Misratah. L'Italie qui constate toujours des arrivées sur l'île de Lampedusa (200 aujourd'hui) refuse, plus avant, de bombarder la Libye. L'Allemagne persiste à croire qu'elle ne voit pas d'issue à cette guerre. Pendant ce temps, constatant ces microfissures dans le camp adverse, Kadhafi jubile et pavoise dans les rues de Tripoli à bord d'une voiture décapotable, au mépris des attaques sur sa résidence qui a failli être touchée par une explosion proche. Il peut encore puiser dans certains de ses avoirs à l'Etranger. Il se satisfait d'un maintien de pressions sur Braygah et pilonne allègrement Misratah.

## Le mot « enlisement » est prononcé

*\* Le 19 04 2011*

Dans ces conditions il n'est pas surprenant de voir apparaître le mot « *enlisement* ». Ne serait-il pas le moment venu d'envoyer des troupes au sol bien que contraire à la résolution de l'ONU ? Doit-on s'accommoder du texte, ou passer outre ? que faire ? (thème 4).

*\* Le 21 04 2011*

Le camp Kadhafi peut ainsi afficher un optimisme sans faille qu'il communique à ses troupes. Ses chars au couleur sable du T-55 au T-90 épousent le sol ; à l'extrême, il les fait recouvrir de grappes humaines consentantes ou non. Il place des Snipers dans les rues en ruine de Misratah et tirent des roquettes Grad sur Az Zintan.

*\* Le 23 04 2011*

A ce stade, il est convenu d'apporter un soutien aux rebelles sous la forme d'officiers de liaison français, alors que de nombreux conseillers militaires Qataris s'insèrent dans leurs rangs. Mac CAIN, sénateur américain, de passage à Benghazi déclare : « qu'il faut absolument les aider, qu'il faut débloquer 25 Mons d'euros en leur faveur en urgence ». Des membres du CNT font un passage rapide à Paris dans ce but et réclame de l'aide, tellement la vie devient difficile dans les villes touchées.

## Une pénurie alimentaire en perspective

Les secteurs agricoles sollicités par la population mais aussi abondamment par les combattants de tout bord n'arrivent plus à fournir. La pêche fonctionne au ralenti ; les pêcheurs n'osent plus s'aventurer en mer. Bien que très poissonneuse la zone méditerranéenne n'est pas sans danger. En ce qui concerne l'élevage, ce n'est guère mieux : des bovins aux ovins et caprins. On n'aperçoit plus les longues caravanes de dromadaires en provenance de Sebha. Quant aux oasis, elles sont en souffrance, certaines en déclin par le non fonctionnement des pompes ou des rampes d'aspersion en cascades, faute de maintenance. Les productions agencées et étagées des palmiers et dattiers recouvrant les arbres fruitiers (orangers, bananiers, grenadiers …) et le fourrage et les céréales au sol, ont perdues de leur rendement. On doit forer plus profond pour trouver l'eau, et le sel dans certains puits fait son apparition.

*Le 25 04 2011*

Les membres de l'OTAN se sentent nargués par le comportement de Kadhafi et vont désormais s'en prendre à son fief. Entre autres sa caserne résidence ou QG de Bab Al Azizia, un énorme bunker en béton difficile à atteindre, un lot de chars camouflés sous un marché de la capitale, et des bâtiments civils et militaires en tout genre.

**Les craintes européennes d'une immigration non contrôlée**

*Le 26 04 2011*

En conséquence de nombreux Libyens fuient la capitale en direction du seul point d'accueil existant : Lampedusa. Berlusconi, cette fois en appel à l'Europe. Lors de sa rencontre avec Sarkozy, il évoque la possibilité de revoir les accords de Shengen, sinon l'afflux des réfugiés va devenir incontrôlable ; ce qu'il craint le plus, c'est l'éventualité d'infiltration de terroristes parmi ces réfugiés. L'Union Africaine pourrait peut-être jouer un rôle dans ce domaine.

*Le 27 04 2011*

Les forces des kadhafistes essaient de reprendre le port de Misratah pendant que les rebelles s'emparent momentanément du poste-frontière de Dehiba.

*Le 29 04 2011*

Les bombardements et les explosions retentissent un peu partout dans Tripoli. Des dégâts majeurs sont relevés sur les bâtiments administratifs. C'est à se demander si l'on n'est pas en train de viser Kadhafi lui-même. L'un de ses proches est atteint mortellement ainsi que ses trois enfants : il s'agit de Saif el Arab qui était devenu le porte-parole du gouvernement libyen.

*Le 05 05 2011*

Kadhafi est profondément secoué par la mort de celui-ci et renouvelle un appel au cessez-le-feu. Ses effets de propagande ne sont guère pris au sérieux car ils contrastent avec son essai de mise en place de mines dans la baie de Misratah. L'ONU décide alors d'évacuer tout son personnel restant en Libye.

*Le 07 05 2011*

Le « groupe de contact » s'est réuni à Rome et décide :
- De financer le CNT par un Fond spécial constitué de dons, prêts et certains avoirs gelés à l'Etranger. Cela permettra aux rebelles d'acheter vivres et médicaments, et payer les salaires des fonctionnaires de Benghazi.
- D'accentuer la pression sur les troupes de kadhafi qui ont encore une puissance de feu très importante : les T-72 par exemple dont beaucoup sont obsolètes en déplacement, ne le sont pas en position fixe aux abords des villes comme Misratah qu'ils arrosent copieusement en essayant d'atteindre les dépôts de carburants. Associés aux canons de 135mms, la destruction devient patente. L'OTAN y ajoute par ses bombardements avec des résultats peu marquants compte tenu du nombre de chars, canons et véhicules blindés souvent camouflés sous la protection des canons antiaériens de 23mms des loyalistes. Par ailleurs, les combats sont intenses près de Braygah à l'est et Az Zintan en Tripolitaine.

## L'invasion de la petite île italienne : Lampedusa

*Le 12 05 2011*

Cette pression sur les chars loyalistes qui avaient tenté de pénétrer dans Misratah par le faubourg Al-Ghiran a permis aux rebelles de reprendre l'aéroport. A Tripoli, le complexe présidentiel est de nouveau touché, puis le service de sécurité, le ministère du contrôle populaire, ainsi que la base aérienne Ben Nafi par un OTAN qui rappelle à l'occasion que, depuis 7 semaines, il a effectué 2500 raids et frappes. Avec le résultat attendu : les refugiés continuent d'affluer vers Lampedusa totalement débordée.

*Le 17 05 2011*

Le CPI aurait des preuves de « crimes contre l'humanité envers la population civile libyenne » et demande au procureur Luis Moreno-Campo d'établir des mandats d'arrêt contre Kadhafi, son fils Saif Al-Islam et le chef du service des renseignements Abdullah Al Sannoussi. Un aboutissement d'enquête formulé depuis la résolution de l'ONU.

*Le 19 05 2011*

Il est possible de parler de crise humanitaire à Misratah tant les destructions de la ville sont journalières. Toutes les familles sont touchées. Untel a perdu un fils. Tel autre a perdu ses parents ou des proches. Peu de temps pour enterrer les morts. La haine s'installe. Il s'agit bien d'une ville assiégée qui ne respire et survie que par l'approvisionnement venant de la mer. Un manque en partie compensé par des accords instaurés dès le début du conflit avec les Tunisiens qui ont vu là une opportunité supplémentaire à saisir en quadruplant leur chiffre d'exportation en produits alimentaires : blé, farine de blé, huiles végétales, maïs, riz blanchi, sucre raffiné, lait en poudre…).

A ce stade, tout est à revoir sur le plan stratégique :
- Les insurgés vont devoir se porter aux postes frontières de l'ouest notamment les postes de Ras Ajdir et Dehiba et les maintenir ouverts avec la Tunisie de façon a recevoir des armes que les Libyens présents l'autre côté de la frontière peuvent leur fournir. Il en est du poste-frontière de Bordj Messouda, près de Ghadamis afin d'assurer la jonction avec l'Algérie.
- L'OTAN, par ce principe espère voir bouger les armes lourdes de Kadhafi mieux détectables lorsqu'elles sont en mouvement. Les avions pourront ainsi les repérer de jour comme de nuit. Il est évident, en ce qui concerne le matraquage des villes Misratah et Braygah, que les hélicoptères vont devoir intervenir, aidés par les drones sur le plan des renseignements.

## La ronde des hélicoptères

\* Le 26 05 2011

Les hélicoptères commencent à faire sauter le verrou qui bloquait les deux villes citées ci-dessus. Ce qui crée une certaine fébrilité dans le camp des Kadhafistes. Kadhafi, en plaçant une somme de 1,7 Mds d'euros sur un compte à la société générale en France (Une information à mettre au conditionnel) envisagerait peut-être un éventuel départ de Tripoli.

\* Le 31 05 2011

Le ministre des Finances du régime libyen affirme qu'il n'y a plus un sou en caisse. Ce serait Kadhafi qui tiendrait les cordons de la bourse en direct. Dans ce climat délétère, Ghanem, ministre du Pétrole fuit le gouvernement et se réfugie à Londres. Précédé du Président de la banque centrale, Ben Guidara, qui profite également d'un passage à Londres pour s'y installer définitivement. Comme on le voit le clan Kadhafi (thème 7) à la haute main sur tous les rouages libyens non seulement sur le plan civil mais vraisemblablement sur le plan militaire. Les fils militaires du « guide » : Khamis surveillerait les troupes de la région de Tripoli, Muatassim celles de l'est face à la Cyrénaïque et enfin Saif Al Islam celles du désert jusqu'à Sabha.

Tout en maniant le bâton, Kadhafi n'hésite pas à parler de paix possible. « Il accepterait un cessez le feu » prétend le président Sud-Africain Zuma qui garde toujours le contact.

## La présence de l'OTAN reconduite de trois mois

*Le 05 06 2011*

Les hélicoptères ont produit leurs effets tout en continuant leurs survols au-dessus de Misratah et Braygah. Cependant, si à basse altitude ils ont une meilleure vue sur les positions kadhafistes, ils n'en sont pas moins très vulnérables. C'est pourquoi, pour cette raison et celle de leur faible nombre : quelques Apache des Anglais et quelques Puma, Gazelle et Tigre des Français, leur intervention sera maintenue de deux à trois semaines tout au plus sur le théâtre des opérations. Quant aux hélicoptères américains, ils s'aventurent sur le terrain opérationnel pour d'autres raisons non avouées de repérage en vue du futur.

Comme il est reconnu par ailleurs, on est loin d'une finalité proche, d'où la volonté de l'OTAN à prolonger de 3 mois sa présence en Libye.

*Le 07 06 2011*

L'analyse faite par les troupes loyalistes ne diffère pas. Il ne faut pas que les postes-frontières tunisiens tombent aux mains des rebelles. Dans cette optique, on assiste à un déplacement des brigades motorisées vers cette zone jusqu'à Ghadamès. Ce qui engendre de nouveau des milliers de réfugiés libyens (plus de 7000 dit-on) en direction des camps précaires tunisiens. Une population qui subit de plein fouet les affres de la guerre. Pendant ce temps Kadhafi continue à parader à la télévision.

## Un haut lieu de résistance : Misratah

*Le 11 06 2011*

La bataille est farouche autour de Misratah. Les obus et roquettes pleuvent sur la ville sans distinction aucune de quartiers habités ou non. Les rues sont défendues mètre par mètre provoquant quantités de morts. L'OTAN signale qu'il faut environ 100 obus de 100mms tirés d'une frégate pour détruire une batterie côtière lance-roquettes.

*Le 14 06 2011*

Le port est toujours occupé par les rebelles. Point vital qui permet l'évacuation de 200 Libyens blessés vers Benghazi. Dorénavant, ils affichent près d'eux et avec fierté le drapeau aux trois couleurs. Pendant que d'autres préfèrent fuir vers Lampedusa en prenant les risques connus et acceptés. Une île qui croule sous cette migration inattendue, et qui n'a pas les structures d'accueil pour recevoir les 1500 personnes femmes et enfants compris parvenus depuis peu.

*Le 16 06 2011*

Kadhafi exaspère l'OTAN, et les Occidentaux en général, en jouant aux échecs avec un émissaire russe de passage à Tripoli. Il le peut car il est loin d'être « mat » dans l'instant. Avec la modestie qui le caractérise, il propose, qui plus est, des élections générales d'ici trois mois et déclare : « l'OTAN s'est investi dans un bourbier dont il sortira battu ». Propos relayés par son fils Saif Al Islam.

*Le 19 06 2011*

Les échanges d'artillerie s'amplifient comme s'amplifient les raids de l'OTAN sur Zlitan après avoir desserrer l'étau autour de Misratah. Dans Tripoli des explosions sont entendues hors des impacts avioniques sur la résidence de Kadhafi et sur les bâtiments et casernes environnantes ; ce qui n'est pas sans créer quelques effets collatéraux, ainsi nommées les victimes civiles de ces bombardements. Des enquêtes seraient ouvertes sur le sujet.

*Le 21 06 2011*

Les poches de rébellion, tant à l'ouest vers Az Zawiyah que vers Az Zintan, sont également sous l'emprise des forces Kadhafistes. On n'hésite plus à parler de guerre civile officielle, couverte d'informations, de désinformations et de démentis. La presse se fait l'écho d'exactions commises par les rebelles : pillages, maisons brulées et saccagées, brutalités à l'encontre de civils, mercenaires maltraités avec une tendance à inciter les Africains encore sur le sol libyen de quitter les lieux, voire à les pousser et les bousculer vers la porte de sortie. Qu'en est-il exactement ?

## L'entrée nécessaire de l'arc berbère dans le conflit

*Le 24 06 2011*

Le doute s'installe dans le camp de l'OTAN. La Norvège veut se désengager, l'Amérique ne veut pas aller plus avant, et les Anglais font des sorties à minima. Il faut donc revoir les interventions. De plus, le doute s'installe sur la capacité des rebelles à poursuivre. Ne devrait-on pas en rester là et affirmer la partition de la Libye entre la Cyrénaïque, la Tripolitaine et le Fezzan ?

En résumé :

- Il faut augmenter les frappes aériennes sur les armes lourdes des loyalistes.
- Il faut que les rebelles Berbères après la constitution de brigades supplémentaires s'en prennent à Nalut et à Zuara à partir des postes-frontières qu'ils occupent.
- Il faut que les rebelles de Misratah s'emparent de Zlitan et Tajura.

Tout ceci afin de créer trois fronts en Tripolitaine avec un point de convergence à terme : la ville de Tripoli. Ce qui permettrait de soulager le front à l'est de Braygah.

*\* Le 26 06 2011*

Plus de 300 personnes pro Kadhafi séjournant à Benghazi sont renvoyées vers Tripoli. Madame Aicha Kadhafi souligne que des négociations seraient en cours directement avec les rebelles afin de poursuivre ces échanges.

*\* Le 27 06 2011*

Un mandat d'arrêt vient d'être signifié contre Kadhafi. Cette décision semble insolite à un moment où les rebelles berbères entament leur progression vers Goush dans le Djebel Nafusah. Une semi montagne dont ils connaissent chaque détour. Routes en lacets, flancs abrupts, paysages sculptés et escarpés. Rien à voir avec les autres secteurs où excellent les loyalistes. Ici, les difficultés d'accès transforment chaque approche en un piège. Ce n'est pas leur terrain favori.

## L'apparition pernicieuse d'Al Qaïda

*\* Le 04 07 2011*

Dans l'intervalle, des armes ont bien été parachutées par la France sur le Djebel Nafusah. Des armes lourdes prétendaient les opposants ; rumeurs démenties par les intéressés. Il s'est agit en fait de fusils-mitrailleurs, de mitrailleuses et de lance-roquettes avec lesquels les rebelles se sont aussitôt familiarisés. Des armes et leurs munitions bienvenues, non seulement pour eux, mais aussi pour un organisme qui travaille dans l'ombre, qui est à l'affût de ce conflit et qui s'approprie les erreurs de largage quand le cas se présente. Il s'agit de l'Aqmi, filiale d'Al Qaïda. Les caisses à dos de chameau prennent par la suite les pistes vers le Mali croisant d'autres caravanes venant du Niger chargées d'armes et de mercenaires à destination des Kadhafistes. Un trafic très lucratif pour les pourvoyeurs même si celles-ci ne sont pas toujours du dernier cri.

Dans l'intervalle toujours, se tient une réunion informelle entre l'OTAN et la Russie à laquelle le président Zuma d'Afrique du Sud prend part.

Sergueï Lavrov, ministre russe des Affaires étrangères, s'oppose à un « n'importe qui de faire n'importe quoi ». L'OTAN, pour lui, en prend un peu trop à son aise en ce qui concerne l'application de la résolution 1973. Il y a bien des cas où les interventions sur certains objectifs n'ont pas pour priorité la protection des civils.

*\* Le 06 07 2011*

Les rebelles berbères ont envahi Goush et s'avancent à grands pas vers Bir-Ghanam et en ligne de mire Gharyan. De même ceux de Misratah se rapprochent de Zlitan avec pour visée Al Khums.

Déjà se posent des interrogations sur l'après Kadhafi. Doit-on faire une confiance aveugle aux membres composant le CNT ? Des bruits circulent que certains d'entre eux seraient empreints d'une activité douteuse passée, que certaines brigades seraient commandées par des islamistes intégristes. Seulement, il faut se rendre à l'évidence, Kadhafi est toujours là. Celui-ci dénonce fermement le mandat d'arrêt qu'il a reçu, et demande au CPI, dans une lettre adressée au Procureur, d'ouvrir une enquête sur les actes commis par l'OTAN qui, selon lui, sont à considérer comme « crimes de guerre ».

*\* Le 09 07 2011*

Les rebelles sont à l'offensive. Au fil de l'avancée, ils réutilisent les mitrailleuses 7,62mms prélevées sur les chars dont les carcasses parfois calcinées jonchent les routes suite aux bombardements intenses de l'OTAN. Ils s'empressent alors de les souder sur les pick-up qui repartent au front avec d'autres fusils nettoyés par les enfants.

## La révision de la stratégie kadhafiste

A ce stade, il apparaît clairement aux yeux des kadhafistes que la progression des insurgés est significative. Que leur stratégie consiste à former un arc, l'arc du Jabal Nafusah, qui s'étendrait de Nalut jusqu'à Al Khums rejoignant ainsi les brigades de Misratah. Il est clair par ailleurs que la percée de ceux de l'ouest s'oriente vers la prise définitive de la raffinerie d'Az Zawiyah les privant ainsi de leur approvisionnement en essence. L'encerclement est patent, non seulement du triangle formé par la plaine Jifara, mais, pire encore, la capitale Tripoli. Ce qui les oblige à effectuer en urgence un redéploiement de leurs troupes.

Les convictions restent fortes de ce côté, soutenues par les discours ostentatoires de Kadhafi sur la place verte à Tripoli : « Le régime en Libye ne tombera pas, il repose sur le peuple et non sur Kadhafi. L'OTAN se trompe si elle croît faire tomber le régime de ce pays ».

*Le 10 07 2011*

Les forces loyalistes tentent de reprendre Gualish au sud de Tripoli sans résultat, et essaient de repousser les rebelles s'approchant d'Assabah, à environ 20kms de Gharyan. Tout en pratiquant la négociation par Saif Al Islam prétendant que Paris souhaiterait le considérer comme seul interlocuteur écartant du coup le CNT. Des propos réfutés par Juppé et Longuet respectivement ministre des Affaires étrangères et ministre de la Défense française plus préoccupés par la suite à donner sur cette intervention.

*Le 12 07 2011*

Le parlement français s'est réuni afin de décider de la poursuite des opérations en Libye. C'est la loi après une opération militaire. Un large consensus s'en dégage avec un grand point d'interrogation : jusqu'à quand ? Sachant que la France est des plus actives, tant sur le plan aérien que marine. En a-t-on les moyens ? Nous sommes toujours engagés en Afghanistan et nous sortons à peine de la Côte d'Ivoire. Les 160 Mons déjà dépensés depuis 4 mois cadreraient avec le budget des opérations extérieures dont le montant serait chiffré à 630 Mons d'euros. Les plus pessimistes crient à la « stagnation ». Il est convenu de proroger l'action militaire au-delà de septembre.

## L'intervention accentuée de l'OTAN

*Le 13 07 2011*

Les positions sur l'arc en Tripolitaine passent d'une main à l'autre. Les combats sont toujours acharnés pour conserver un village, un monticule, une position clé. C'est ainsi que Gualish est tour à tour pris et repris depuis huit jours. Or, globalement les rebelles avancent méthodiquement ; ce qui fait dire à Hillary Clinton, ministre des Affaires étrangères des USA que : « les jours de Kadhafi sont comptés ». Cependant, plus les rebelles progressent, plus leurs besoins en munitions augmentent. Ils en font part à l'OTAN.

*Le 15 07 2011*

Ces gains enregistrés ont une incidence sur les participants à la réunion du *groupe de contact* qui se déroule à Istanbul. Bien des pays s'apprêtent à reconnaître le CNT comme une autorité à part entière. Des reconnaissances non négligeables qui vont permettre au gouvernement de Benghazi de recevoir des aides financières lui faisant défaut jusqu'à ce jour. Kadhafi, informé des délibérations, rétorque par un : « reconnaissez un million de fois le CNT, cela n'a aucune portée ».

## La Cyrénaïque quasiment libérée

*Le 16 07 2011*

A l'est, une sorte de statu quo s'était établit autour de Braygah durant les dernières semaines pendant lesquelles les rebelles avaient parfait l'occupation complète de la Cyrénaïque. Ainsi avait été repris le secteur pétrolier de Jalu permettant à l'oléoduc de réalimenter Tubruq (Tobrouk) ; de même les secteurs du Tazurbu et du Sarir étaient sécurisés afin d'assurer l'alimentation en eau potable de la partie nord de cette région. Poursuivant plus au sud, la ville de Al Khofra tombait non sans difficulté étant donné les mauvaises relations qu'entretenaient les Arabes et les Toubou (rappelons les affrontements entre ces deux communautés dans Al Khofra en 2008). Quant à Ma'tan al Sarah (Maaten Sarra) au pied du Tibesti, cette petite bourgade marquée par un passé peu glorieux (le massacre de cette base militaire par les Tchadiens en 1987) n'a pas offerte une résistance virulente.

Il serait presque permis de dire que la Cyrénaïque est une région en paix s'il n'y avait les combats aux portes de Braygah qui viennent de reprendre. A cet effet, le chef des rebelles, le Commandant Mouktar el Akhtar vient de préciser que le Ramadan tout proche n'empêchera pas la poursuite des combats. Bien que non actif, le général Haftar voudrait qu'il en soit tout autrement. Mais éloigné aux USA depuis 20 ans, coutumier du fait en des propos décalés par rapport à la réalité du terrain, son point de vue ne sera pas pris en considération.

A l'Ouest, cela diffère quelque peu. A Zuara, plusieurs milliers de personnes scandent le nom de Kadhafi sur une place où domine le vert. A Az Zawiyah, Kadhafi harangue la foule par voix enregistrée en rappelant : « qu'il ne quittera jamais la terre de ses ancêtres ». Il évite d'apparaître en public et change de point de chute en permanence.

## Braygah est confrontée aux mines

*Le 18 07 2011*

Une surprise de taille attend les insurgés qui se disposent à reprendre Braygah. Des nombreuses tranchées sont observées dès l'approche des faubourgs dont certaines sont remplies de liquide inflammable à distance. Pire, certaines zones sont minées. Les pro-kadhafistes ont utilisé ce stratagème pour leur permettre de se replier sur Ras Lanuf. Un constat toutefois : ils auraient laissé la raffinerie en état de fonctionnement.

Les Russes, quant à eux, ne reconnaissent toujours pas le CNT de Benghazi. Soutiennent-ils pour autant en direct les loyalistes ? Ce n'est pas prouvé. En témoigne pourtant la présence des Grad, d'apparence neuve, laissés sur le terrain lors de leur retraite. Ces lance-roquettes sont donc de livraison récente. Mais de quelle provenance ? Nul ne saurait le dire. Il n'empêche que la Russie n'oublie pas les liens privilégiés qu'elle entretenait, il y a encore peu, avec la Libye et il lui est force de constater le positionnement favorable des rebelles en Tripolitaine et la relance du front Est. Par là, elle voit s'échapper les mirobolants contrats d'armes qu'elle escomptait en 2011.

*Le 20 07 2011*

L'effet de propagande qui consistait à dire que Braygah ait été repris par les rebelles rompant ainsi la stabilité existante sur le front Est, a pleinement fonctionné. On aurait pu croire aussi que les 15000 sorties des avions de l'OTAN dont la moitié en bombardements portaient leurs fruits, mais en fait il n'en est rien, tout au moins pas dans l'instant. En réalité, les insurgés buttent dans leur progression sur une engeance dévastatrice que sont les mines disséminées un peu partout. Des galettes meurtrières de couleur blanchâtre, de 20cm de diamètre, affleurant le sable et provoquant quantité de victimes gravement blessées aussitôt rapatriées vers un hôpital de fortune établit à Ajdabiya.

La réunion de Paris entre le président Sarkozy et deux conseillers militaires de Misratah (BHL aurait été présent) a pour but justement de faire le point sur l'état des avancées des rebelles. Aradi et Ahmed Ban confirment leur faiblesse en militaires expérimentés ; ce à quoi il leur est répondu de se tourner vers leurs amis arabes et plus précisément vers ceux du Qatar afin d'augmenter leur participation au sol. Car il est visible qu'il y a progrès. C'est pourquoi les propos d'A. Juppé semble surprendre lorsqu'il déclare que Kadhafi pourrait rester en Libye à condition qu'il se tienne à l'écart de la politique. Serait-ce un revirement d'opinion ?

Pendant ce temps, les habitants d'Al-Aziziyah continuent de manifester en faveur de Kadhafi en déployant une multitude de drapeaux verts.

## La réunion kadhafiste de Syrte : un tournant

*Le 21 07 2011*

La réunion impromptue qui se déroule à Syrte en présence de Kadhafi, son fils Muatassim qui supervise le front Est et quelques officiers supérieurs, montre à quel point leur situation devient critique. Leur suprématie militaire est malmenée, la bande côtière de Ben Jawwad à Ajdabiya est en train de lâcher. Il leur faut consolider le dernier point d'ancrage de Ras Lanuf afin qu'il devienne le marqueur définitif de séparation quitte à le truffer de mines. C'est un signal fort envoyé aux rebelles. Ils conviennent que la partition n'est plus possible ; il y a trop d'anti-kadhafi en Tripolitaine. En définitif, il leur faut préparer Tripoli et Syrte à se défendre en dernier recours. Il est permis d'être inquiet lorsque Kadhafi déclare : « poursuivre ses attaques sur le sol européen, tout en faisant la chasse aux croisés ». (thème 5).

*Le 23 07 2011*

Malgré les bruits assourdissants des explosions, dont on ne connaît pas toujours l'origine, ressenties à Tripoli, une logique de pourparlers se poursuit. Officieux entre les pro-kadhafi et les rebelles, et formels entre certains membres du gouvernement kadhafi et les USA. Tels ceux de Tunis tout récemment, perçus comme un dialogue persistant.

## Resurgit une découpe de la Libye

*Le 27 07 2011*

Les Anglais veulent considérer comme admis la légalité du CNT à qui ils demandent de réhabiliter l'ambassade libyenne suite à l'évacuation des derniers diplomates loyalistes. Ce geste est mal perçu par Tripoli et qualifié « d'irresponsable ». Kadhafi, dans ses turpitudes où se mélangent mégalomanie et tribulations, accentue la notion de chaos et désintégration mémorisée avec insistance dans son esprit. Il en appelle au « sacrifice suprême » comme un gourou entraînant une secte dans ces derniers moments de vie.

Se pose d'ores et déjà les questions sur l'après kadhafi :
– Va-t-il transmettre les rênes à l'un de ces fils ? Ce qui à priori n'apportera aucun changement majeur étant donné que ceux-ci ont été formés à l'idéologie kadhafiste et imprégnés du *livre vert* ou de la pensée unique.
– Il n'existe pas de partis en passe de prendre une relève éventuelle. La création toute récente du parti « nouvelle Libye », dirigé par Ben Amer et Mabrouk, va dans le bon sens. Il aurait à ce jour quelques 20000 adhérents dont beaucoup appartiendraient à la diaspora libyenne. D'autres partis vont suivre à n'en pas douter.
– Il n'existe aucun projet politique futur en vue du remplacement de Kadhafi.

Une séparation ou une découpe type fédérale : Cyrénaïque, où le CNT se familiarise avec les arcanes administratifs d'une région et d'une ville Benghazi et ses 750000 habitants, de la Tripolitaine, ne serait pas concevable sans l'avis et l'accord des principales tribus. Le système actuel tribal perdurera. Mais attisées par les rancoeurs de cette guerre civile les alliances en cours pourraient se délier au gré du temps.

*Le 30 07 2011*

A Benghazi, un attentat, perpétré contre le général Abdel Fatah Yunis et deux colonels de son entourage, porte un coup dur aux rebelles. Yunis ou Younès, 67 ans, ancien ministre de l'Intérieur du régime libyen avait pris le poste de chef d'état-major dès le début des hostilités. Si une enquête est ouverte, elle entraîne manifestement plusieurs réactions :
- il en résulte une chasse aux pro-kadhafistes à Benghazi. Il peut s'agir d'infiltrés, d'agents de renseignements ou tout simplement de taupes réactivées par Tripoli à l'occasion.
- Il en résulte une analyse des dissensions sous-jacentes qui règnent dans le commandement. Il a été dit que l'union n'était pas parfaite entre certains gradés qui veulent se positionner en vue de l'après-kadhafi.
- Il en résulte une inquiétude face à une éventuelle manœuvre de déstabilisation par Al Qaïda (ou Aqmi, sa filiale) ou par les mouvances islamiques introduites dans la place.
- Il en résulte enfin que certaines tribus aient vu d'un mauvais œil cette prise de pouvoir par un membre d'une autre tribu. Il est évident qu'un lâchage de la tribu Warfalla pro-kadhafiste pourrait changer les paramètres.

## Le Ramadan en partie respecté

Un tel désarroi à la veille du Ramadan n'est pas de bon augure. Les divers combattants qui se dirigent en renfort vers Ras Lanuf, interrogés, admettent un respect total de ce rite religieux musulman, mais que cela ne les empêchera pas de poursuivre et maintenir leur action. Cette abstinence et ces privations tolérées sous les fortes chaleurs, dans une lecture soutenue du Coran, renforcera leur détermination.

Côté OTAN, la fermeté est aussi forte. Les frappes maintenues sur Tripoli ont cette fois concerné la Télévision hors les bâtiments du Parlement et du Congrès général du peuple. Le prétexte s'appuie sur une interprétation toute particulière de la résolution 1973 : « restreindre la capacité des kadhafistes à intimider le peuple libyen ». L'organisme de Télévision étant pris ici comme instrument d'Etat idéal pour une propagande orientée. En complément G. Longuet confirme : « nous sommes là pour durer le temps qu'il faudra ».

*Le 02 08 2011*

Une aide bienvenue de la France, prélevée sur les avoirs libyens, d'une valeur de 260Mons d'euros, a été versée aux insurgés. Avec le vœu pieux qu'une large partie de cette somme aille à l'achat de produits alimentaires.

Dans le camp opposé, le soutien renouvelé du président vénézuélien Hugo Chavez est fort apprécié, atténuant quelque peu la vie difficile des habitants de Tripoli soumis aux bombardements permanents, aux salaires non payés, à l'arrêt des constructions et aux plages désertées par les touristes.

## L'intensification des combats

*Le 03 08 2011*

Après les raids sur l'ouest de Zlitan, une information circule sur Khamis, le fils de Kadhafi. Il aurait été touché mortellement. Une information aussitôt réfutée par les loyalistes de Tripoli. Qu'il y ait, à cet endroit, des membres de la brigade Khamis, c'est vraisemblable, mais de là à dire qu'il était à leur tête, rien ne le prouve. Cependant si tel était le cas, ce serait un sérieux coup porté aux loyalistes, aussi important que celui causé par la mort de Yunis chez les rebelles.

*Le 06 08 2011*

Les rebelles avancent par paliers selon une méthode maintenant bien rodée. En premier, informer l'OTAN de leur intention de se projeter vers telle ou telle ville ; lequel OTAN pilonne d'une façon intensive la position tenue par l'adversaire. Les rebelles l'investissent alors en combats de rues, s'installent, se fortifient, se réorganisent avant d'élaborer un autre bond en avant. L'OTAN étant chargée durant ce temps de parer à toutes contre-offensives des pro-kadhafi. Ainsi est prise la ville de Bir Ghanam (thème 6).

Précisons que cette ville est à moins de 100 kms de Tripoli, et encore moins de l'aéroport international près de Bin Ghashir. Il serait tentant d'emprunter ce chemin le plus court vers la capitale, mais à partir de ce point nous entrons chez les partisans de Kadhafi : les puristes. Une zone pratiquement incompressible.

*Le 11 08 2011*

Les démentis succèdent aux démentis. Les kadhafistes prétendent au contraire avoir fait décrocher les rebelles de l'ouest hors de Az Zawiyah, qu'ils occupaient fermement Zlitan et qu'ils auraient repris de nouveau Bir Ghanam. Laissant toujours grande ouverte la porte en bout de l'arc entre Gharyan et Al Khums. Ce qui leur donne toutes latitudes de mouvement vers Tarhunah, Ban Walid, Syrte et le front est de Ras Lanuf à Braygah où les combats se déchaînent. Des démentis toujours en ce qui concerne Khamis apparaissant à la Télévision après une mort annoncée prématurément, démontrant que cette Télévision continue à émettre, et n'a pas été touché de façon irrémédiable comme il avait été dit par ailleurs.

Dans l'instant, les rebelles attendent beaucoup du largage d'armes par avions cargos sur le djebel Nafusah et d'un ravitaillement par Misratah que les loyalistes essaient de stopper en sortant une frégate de leur base aussitôt contrée par la marine de l'OTAN en veille constante. Il faudra se contenter de la prise de Taurgha à 25kms plus au sud.

## L'essai de contournement par Jalu

*Le 13 08 2011*

Or, par corrélation et recoupements des signes de frémissement se font sentir après ces derniers jours d'accalmie relative. Pour preuves :
- Le couloir de déminage avance au-delà de Braygah et par causalité de nombreux blessés arrivent dans les hôpitaux. L'idée de contourner cette ville en passant par Jalu s'est avérée très vite une erreur. Le détour étant trop long et trop ensablé.
- Certaines denrées en provenance de Tunisie n'apparaissent plus sur les étals de Tripoli. Elles seraient bloquées par les Berbères au poste frontière de Ras Ajdir.

Une pression qui se fait de plus en plus incidente accentuée de sanctions prises par l'Union européenne auxquelles sont venues s'adjoindre celles prises par la Russie envers Kadhafi, leur ancien allié.

Cette convergence d'actions entraîne une initiative du CNT à destination des insurgés et à l'OTAN dans le choix de ses objectifs, en vue du futur : « ne plus détruire les infrastructures ». Une instruction qui va être bien difficile à respecter.

*Le 15 08 2011*

Malgré cette atmosphère conjecturale, des tentatives de pourparlers se déroulent entre les belligérants : notamment à Djerba en présence d'un émissaire de Ban-Ki-Moon (ONU) qui fait suite à une rencontre préalable de deux ex-lieutenants kadhafistes.
- A un moment où les combats se font pressants sur Surman à l'ouest, en liaison avec les nombreux blessés qui franchissent la frontière tunisienne.
- A un moment où l'on constate une recrudescence de réfugiés vers Lampedusa (2000 dit-on).
- A un moment où se confirment des troubles à Tunis avec pour slogan « rien n'a bougé depuis le départ d'Ali ».

Ainsi, nous avons d'un côté une révolution tunisienne permanente et de l'autre un encerclement de Tripoli par les armes. Deux méthodes opposées dont personne ne connaît la finalité.

## La dislocation du gouvernement Kadhafi

*Le 16 08 2011*

L'Egypte, pays voisin de l'est, vient de confirmer l'arrivée sur son sol, au Caire exactement, du ministre de l'Intérieur du gouvernement Kadhafi : Nasser Al Mabrouk Abdullah. Il est accompagné des membres de sa famille. Suivant l'interprétation que l'on en fait, la démarche déconcerte quelque peu. S'agit-il d'une fuite, d'un abandon de poste avant l'hallali ? S'agit-il justement en prévision de cette fin, de mettre à l'abri sa famille avec une demande d'asile à l'appui ? S'agit-il d'un limogeage, d'une confirmation de dissensions internes ? S'agit-il de l'inutilité d'une fonction où seul l'aspect militaire prévaut ? S'agit-il, enfin, d'un déplacement en vue de définir avec les Egyptiens une réception de Kadhafi en cas de victoire de la rébellion ?

Aux poussées notables des rebelles correspond assurément une certaine fébrilité dans Tripoli devenant de plus en plus un bastion retranché à l'intérieur duquel la population s'apprête, les uns au baroud d'honneur, les autres à prêter mains fortes aux rebelles, et entre les deux, un certain nombre, à changer ou à retourner leur veste. Et ce n'est pas le recours à deux malheureux Scud qui changera la méthode. Ces missiles B de la série SS-1C dont la portée est de 300kms, sont d'une inefficacité totale en guerre urbaine. Quant à leur imprécision flagrante, ce n'est pas la préoccupation première de Kadhafi.

Il n'empêche que l'incertitude demeure sur deux plans par :
– le silence observé sur cette troisième partie de l'armée kadhafiste stationnée dans la base militaire de Sabha. Attend-t-elle des ordres de prise à revers à la dernière minute avant que l'arc ne se ferme définitivement entre Gharyan et Al Khums ?
– L'utilisation des obus chargés de gaz moutarde (ypérite) transformant la guerre conventionnelle actuelle en guerre chimique que l'on peut craindre de la part d'un homme acculé dans ses derniers retranchements.

*Le 19 08 2011*

Les insurgés consolident leurs positions à l'ouest en occupant Az Zawiyah, Surman, Sabrata et Al Ajaylat. Dans le sud, des manifestations se font jour à Al Katrun et Murzuq. Les raids de l'OTAN s'intensifient sur Tripoli. Ce qui déchaîne les vociférations et diatribes de Kadhafi, qui, par téléphone à la télévision, relance ses concitoyens à prendre les armes en proférant d'ultimes menaces contre les rebelles et en utilisant tous les noms d'oiseaux et d'animaux de la terre. (planche 4).

## « Il (Kadhafi) a perdu sa légitimité et doit partir » répète Susan Rice

*\* Le 20 08 2011*

Jalloud, l'ex n°2 de l'équipe Kadhafi est arrivé en Italie depuis Djerba qu'il avait réussi à rejoindre avec sa famille en s'échappant de Tripoli. C'est dire si les informations qu'il apporte sont de première source. Bien qu'il n'exerce aucune fonction depuis des années, il reste le militaire qui avait accompagné Khadafi dès les premières heures dans le coup d'état de 1969. Pour lui, il est clair que le régime est en train d'imploser, et qu'une rumeur circule sur une préparation de la population ouest de la ville composée surtout de Berbères à prendre les armes et à accueillir les rebelles. A Tripoli, en effet, les habitants sont à cran : l'essence commence à manquer après la prise définitive d'Az Zawiyah et sa raffinerie ; les coupures d'électricité sont de plus en plus longues et les produits de première nécessité se font rares. Une précarité qui leur était jusqu'alors inconnue.

Le ravitaillement venant de la plaine Jifara s'essouffle. Les combats ont touchés les fermes même protégées. La main d'œuvre africaine d'antan a disparu. Les beaux damiers recouverts de blé, orge et autres denrées ne seront pas renouvelés. Les semences et les intrants manquent de façon flagrante. Des puits sont taris, détruits ou ont leur niveau d'eau en baisse. L'eau de la grande rivière étant réservée en priorité aux grandes villes y compris Tripoli et Benghazi. Les fermes laitières d'Al Khums aux fermes avicoles d'Hira, la gigantesque plantation d'oliviers de Khadra et les palmiers des oasis au fort rendement oléagineux (huile de palme), seront à relancer dès la fin des hostilités.

Sont évoquées cependant la reprise de la zone industrielle de Braygah par les loyalistes soulignant leurs réserves en munitions et leur capacité à rebondir et au même titre, la reprise de Murzuq et d'Al Katrun dans l'extrême sud par les forces militaires de Sabha.

Néanmoins, Il est l'heure de la décision. Le fruit est mur. Il va s'agir d'aller au plus court et au plus vite. On ne peut plus attendre que Zlitan soit dépassée par les brigades de Misratah, pas plus d'ailleurs que Al-Aziziyah soit conquis. Les positions sont telles qu'en une heure ou deux toutes les troupes rebelles peuvent être aux portes de Tripoli quitte à transporter celles de Zlitan par mer.

## L'opération « sirène » est lancée : la prise de Tripoli

*Le 21 08 2011*

*Une journée déterminante et mémorable s'il en est.* Les rebelles de l'ouest, par leur enthousiasme et détermination n'ont pu s'empêcher de poursuivre, conquérant tout sur leur passage et précipitant le retrait de l'armée de Kadhafi. Ainsi le village de Mayah, la libération de sa prison, la forêt de Gadayem et Janzur ont été parcourus au pas de course sur une route parsemée d'habits kaki attestant la débandade adverse. Avec un point d'orgue, la prise de la caserne et tous ses équipements et munitions appartenant à la brigade Khamis réputée invincible. Les chars abandonnés et réactivés par les rebelles, tourelles tournées à 180°, précipitent le mouvement dans les faubourgs ouest de Tripoli. Ceux du sud ont déjà dépassé l'aérodrome international et Asswani. L'opération « sirène » est déclenchée ; les vedettes et leur commandos débarquent directement les brigades de Misratah à Tajura avec pour objectif premier la base aérienne de Mitiga (planche 5).

Cette intrusion précipitée coïncide au soulèvement intérieur de la capitale où une foule en liesse, doigts levés en signe de victoire, crie « Libye Freedom » ou « Free Libya ». De progressions en progressions la Place verte est atteinte déjà recouverte de tracts lâchés par l'OTAN appelant les kadhafistes à baisser les armes.

*Le 22 08 2011*

Les combats sont toujours violents face aux derniers 15% occupés par les loyalistes. Notamment autour de la base-résidence protégée de Kadhafi ; sorte de QG ou bunker bétonné nommé Bab Al Azizia, et autour de la base de Mitiga. Le porte-parole militaire de la rébellion rappelle : « qu'il s'agit d'une opération organisée et parfaitement coordonnée avec le résultat que l'on connaît ».

## Kadhafi échappe à l'encerclement : piètre victoire

BHL s'empare de cet analyse et hasarde un commentaire : « On peut considérer à ce jour que Tripoli est tombé ». Propos aussitôt corrigés par les autorités officielles Juppé et Longuet rejoint par Obama qui juge d'une façon plus réaliste la situation : « Il est trop tôt pour crier victoire, les combats continuent ». En effet, subsistent de nombreuses poches kadhafistes. La sortie empressée de Tripoli d'un important convoi blindé en direction de Tarhunah puis vers Ban Walid, contenant des personnalités du régime sous haute protection, ne présage rien de bon, même si il est dit que trois des fils du maître des lieux seraient prisonniers.

*\* Le 23 08 2011*

Suite à la prise de la résidence de Kadhafi, l'euphorie générale a fait place à une sérieuse inquiétude bien ressentie par les habitants. En effet, cette ruée sur la capitale, un tantinet prématurée, a fait voler en éclat les unités militaires pro-kadhafistes. Celles-ci se sont diluées en civil parmi la foule, ce qui fait qu'il est difficile, voire impossible, de reconnaître qui est qui, d'où les tirs dans tous les sens. Une confusion totale avec pour conclusion : Kadhafi n'a pas été fait prisonnier dans sa résidence surmontant son bunker en béton truffé de couloirs à hauteur d'hommes, en forme de tentacules, dont certaines issues débouchaient dans les environs ou dans la forêt d'An Asr toute proche. Dès lors, il ne faut pas s'étonner de la facilité avec laquelle il a pu s'échapper. Quant à ses trois fils supposés prisonniers, il n'en est rien, car Saif Al Islam est apparu libre et décontracté à l'hôtel Rixos où sont terrés les journalistes étrangers, de même que ses deux frères Saadi et Mohamed ont réussi à fuir en connivence avec leurs geôliers.

L'éloignement de l'euphorie est patent, s'il est pris en considération le fait d'avoir laissé derrière les insurgés dans leur précipitation des zones complètes non épurées. Des affrontements entre Al-Aziziyah et Asswani et près de l'aéroport international, des batailles rangées à l'arme lourde d'Al Khums à Algarabuli, des tirs sporadiques de Ras Ajdir à Bukamash près de la frontière tunisienne, en témoignent et sont notés par les observateurs.

Seul réconfort sur le front de l'est, dû en partie à une certaine démoralisation des loyalistes à la connaissance de la reddition de la capitale, les insurgés ont dépassés Ras Lanuf et se dirigent vers Syrte où se seraient réfugiés des membres du gouvernement et l'entourage de Kadhafi dont le ministre de l'Information Kilani.

## Le déplacement du CNT à Tripoli

*\* Le 26 08 2011*

La non capture de Kadhafi dans Tripoli laisse un flou dans le paysage libyen. A ce jour, il est permis d'affirmer qu'il n'y a plus de gouvernement légal. D'où l'intention du CNT, siégeant à Benghazi, de venir s'installer dans la capitale et d'y former cette fois une instance dirigeante qui couvrira l'ensemble des composantes politiques. Il s'apprête à mettre fin à un vide de gouvernance néfaste et à rendre concrète les multiples consultations de ces dernières semaines.

C'est pourquoi le ministre de la Justice est le premier à poser ses pas à Tripoli. Une symbolique qui veut exorciser le mal kadhafi en priorité, puis établir la réconciliation sur des bases restant à définir. Avec réalisme et de façon à être crédibles les enquêtes seront conduites à charges et à décharges d'un côté comme de l'autre. Des exactions, relevées par Jibril, ont été perpétrées par les rebelles mais des atrocités non moins descriptibles de la part des loyalistes ont été enregistrées à l'ouverture des prisons et à la libération de 10000 prisonniers en piteux état.

C'est pourquoi Jibril en visite à Paris en appelle à une aide d'urgence non seulement en faveur des insurgés sur le terrain mais aussi en vue de relancer la machine économique. L'Italie emboite le pas en débloquant 250 Mons à valoir sur les avoirs en sa possession. L'OTAN convient de poursuivre ses frappes sur les secteurs où se sont repliés les kadhafistes, en particulier vers Tarhunah et Ban Walid et entame le pilonnage de Syrte. Il convient également que le moment est venu de capturer Kadhafi mort ou vivant. Le CNT est en osmose avec ce principe, et n'hésite pas à offrir pour la prise de ce « Wanted » la somme rondelette de 1,7 Mons de $ à celui ou celle qui le repérera.

A l'est, les forces rebelles progressent vers Al Jafra, tandis qu'à l'ouest la ville de Zuara est encerclée par les loyalistes. Le commandant Belhadj à Tripoli rassemblent ses aguerris rebelles sur les poches résistantes d'Abou Salim laissant le soin aux derniers enrôlés de faire la chasse aux kadhafistes infiltrés parmi les civils ou dans leur rang.

## Les rebelles tardent à se rapprocher de Syrte

*Le 28 08 2011*

A chaque jour son lot de changements. L'Infanterie rebelle est en marche vers Syrte, elle aurait déjà dépassée Ban Jawwad. Cela devrait coïncider avec l'arrivée de brigades venant de Misratah quelque peu retardées par des reliquats de l'armée kadhafiste. Une armée qui s'est reformée dans Syrte et qui profite de ce laps de temps pour évacuer du matériel et des hommes vers le sud dans un convoi d'environ 80 véhicules.

Dans l'intervalle, les membres du CNT s'installent graduellement à Tripoli (8 à ce jour). Ils ont fort à faire dans une ville au bord de l'asphyxie. Les magasins remontent peu à peu leurs rideaux métalliques ; les habitants font de leur mieux pour évacuer les gravats qui encombrent les rues ; ce qui n'exclue pas les prix des principales denrées de monter en flèche.

Utilisant le couloir humanitaire, les bateaux se succèdent et déversent, telle la Croix Rouge, leurs tonnes de nourriture sur les quais. De même, un navire venant de Malte chargé d'eau potable accoste au môle des ferrys. L'ONU s'apprête à acheminer 11 Mons de bouteilles d'eau, 600 tonnes de vivres et pour 100 Mons d'euros de médicaments. Quant à la PAM (alimentation mondiale), elle rassemble 27000m3 d'essence en direction de Tripoli et Benghazi afin d'assurer la jonction avant la remise en fonction complète des raffineries d'Az Zawiyah et de Braygah.

## Une tentative d'exil vers le Niger et l'Algérie

*\* Le 30 08 2011*

Ce repli caractérisé d'unités kadhafistes et de convois en direction de la frontière algérienne, leur seule porte de sortie, empoisonne les relations entre le CNT et le ministère algérien des Affaires étrangères. Le présumé franchissement de véhicules civils blindés au poste des douanes de Messouda à 6kms de Ghadamès, l'arrivée, elle, bien officielle de Madame Kadhafi en territoire algérien accompagnée de trois de ses enfants : Aicha qui vient d'accoucher d'une petite fille, d'Hannibal et de Mohamed, enfin les propos tenus par le porte-parole des rebelles : le colonel Omar Bani déclarant : « un jour viendra où ils (les Algériens) devront répondre de leurs attitudes vis-à-vis des révolutionnaires libyens », n'ont fait qu'envenimer les relations.

A quoi rétorque l'Algérie : « si nous n'avons pas reconnu très tôt le CNT, c'était pour conserver notre stricte neutralité, en refusant de s'ingérer de quelques manières que ce soit dans les affaires intérieures de la Libye ».

Il n'empêche qu'en marge de la réunion de la Ligue arabe au Caire, le n°2 du CNT Mahmoud Jibril a rencontré le responsable de la diplomatie algérienne Mourad Medelci. Un entretien fructueux où chacun a tenté de calmer les esprits et d'aplanir certaines attitudes ; et pour couper court à toute rumeur, les Algériens consentent à fermer la totalité de la frontière avec la Libye sur 900kms.

Quoi qu'il en soit, le Ramadan se termine. L'Aïd el Fitr est célébré pendant lequel il est admis de renouer avec ses amis et sa famille en offrant des cadeaux. Durant tout ce parcours religieux les combats n'ont cessé, et s'il y a eu quelques dérogations, les militaires ont soufferts du jeûne et des fortes chaleurs. La fatigue se fait sentir, mais la proximité du but fixé les maintient toujours aussi vaillants.

Les voilà très proches du dernier bastion significatif des pro-kadhafistes : la ville de Syrte en bordure de la côte méditerranéenne. Les brigades de blindés devenues très nombreuses occupent tous les axes et bombardent copieusement sans trop se préoccuper des impacts créés ; l'OTAN se réservant la précision des cibles centrales confirme sa présence tant que : « kadhafi représentera une menace ». D'ailleurs le commandant Fortiya, dirigeant les forces rebelles venant en renfort de Misratah, est précis sur l'état mental des troupes dès qu'elles seront prêtes à monter à l'assaut. Il compte sur une reddition entière, drapeau blanc levé, et ce dans un délai court : « passé ce délai, nous sommes en mesure, avec les moyens dont nous disposons, de détruire la ville ; personne ne pourra s'en échapper ».Tous attendent ceux de l'est stoppés près de l'oued Al Hammar formant un énorme creux avant Siltar dans la langue de sable qui longe la côte (thème 10).

## La reconnaissance de fait du CNT

*\* Le 01 09 2011*

Une conférence se tient à Paris et réunit tous « les amis de la Libye », ainsi nommés tous ceux qui auraient un intérêt à obtenir une part du gâteau libyen. Il en découle une reconnaissance de facto, internationale, du CNT par les 63 membres des Etats présents. C'est une grande victoire pour une incitation à débloquer des fonds à hauteur de 5 Mds comme le proposait Jibril. Un marqueur de la fin du règne de Kadhafi et de sa Jamahiriya. Le défi à lancer, dorénavant, consistera à appliquer la feuille de route axée sur la démocratie. Rappelons que les économies réalisées, tels sont les avoirs, l'ont été par le peuple libyen lui- même, malgré que cela fût l'œuvre du régime Kadhafiste durant les décennies passées. Autrement dit ce même peuple libyen serait en droit de savoir la destination des affectations de ces masses d'argent.

Pendant ce temps sur le terrain, il faut évoquer l'arrogance du clan kadhafiste démontrant sa persistance à exister, à maîtriser la situation, à narguer l'adversaire, à manipuler la carotte et le bâton, enfin à disposer de contacts médiatiques extérieurs lui permettant d'exprimer ses dernières volontés. Citons ce discours emphatique par téléphone sur la chaîne de télévision syrienne : « ce sera une longue bataille, mais nous irons jusqu'au bout ; même si la Libye doit brûler, prenez les armes et combattez ». Aveuglés par ses lubies, il ne voit plus le bien-fondé des évènements, à savoir : potentiellement, la zone côtière de la Libye est aux mains du CNT et des insurgés.

## Les Kadhafi s'accrochent aux commandes

L'un, Saif, informe tous ceux qui sont aux écoutes que, à Syrte, 20000 jeunes sont armés et entrainés pour ne lâcher aucun centimètre. L'emploi du terme « jeune » fait craindre le pire. L'autre, Saadi se dit investi d'un rôle de médiateur dans la conduite de pourparlers avec les rebelles. Quant à Khamis, il aurait bien été tué à Tarhunah, il y a deux jours, lors d'affrontements en compagnie du fils de Senoussi, chef du service des renseignements de Kadhafi.

Etrangement, l'ultimatum qui leur a été adressé par les insurgés, en revanche, est bien réel et il expirait dans deux jours ; mais compte tenu du leitmotiv recommandé par les 63, « réconciliation et pardon », celui-ci a été repoussé de huit jours. Un temps supplémentaire accordé principalement aux habitants de Syrte pour leur faire prendre conscience que la voie choisie ou imposée par Kadhafi est sans issue. En espérant que le clan éclate entre-temps en disputes internes.

## Les négociations sans résultats probants

*Le 04 09 2011*

Afin de parfaire leur emprise en Tripolitaine, les rebelles mettent à profit le temps supplémentaire accordé aux loyalistes de Syrte et ont ainsi pu dégager le secteur de Ghashir près de l'aérodrome ; d'où aurait du décoller, si le ciel était resté ouvert, l'avion personnel de Kadhafi, un A 320 spécialement aménagé sur commande. Zlitan ainsi que Turhanah étant totalement occupés, les 600 rebelles vont pouvoir se rapprocher de Ban Walid après avoir envoyé, en préalable des émissaires auprès de la tribu Warfallah. D'après les dires du commandant Belhadj les négociations entamées avec le cheik n'auraient pas abouti, faisant fi de toutes les rumeurs qui circulent parmi lesquelles les fils de Kadhafi seraient retranchés dans la ville ou qu'au contraire il n'y aurait plus aucun militaire, que tous les magasins seraient fermés et que la population se dirigerait vers le sud. Qui croire ?

Pendant ce temps Kadhafi continue de se manifester en lançant un nouveau slogan : « la guérilla à outrance, urbaine s'entend… ».

*Le 06 09 2011*

Le constat global sur le terrain n'est pas mirifique suite aux échecs des négociations évacuant du coup la prise de ces villes sans effusion de sang. A tel enseigne, le CNT revient sur ses intentions de s'installer dans son ensemble à Tripoli. « Tant qu'il y aura des combats en Libye… » : déclare Abdeljalil. Il est vrai que Benghazi est devenue depuis plusieurs mois une ville qui a retrouvé ses marques, bien approvisionnée et surtout sécurisée, ce qui n'est pas le cas de Tripoli où il est craint des explosions, des actions de kamikazes ou des pillages. Malgré cela, la police aidée des militaires font de leur mieux et participent à la distribution de l'eau sur 80% de la ville. Jibril, lucide, indique à tous : « restons sur nos gardes… ».

## Les désinformations et manipulations permanentes

Dans la catégorie des rumeurs omniprésentes se situe celle qui se propage de quartiers en quartiers dans Tripoli concernant le commandant Belhadj, suite au dépouillement d'un disque dur et de documents traînant de ci de là ayant appartenus à Senoussi. Il serait dit que Belhadj ait été emprisonné pendant six ans avec une précision venant de la M16 britannique et de la CIA selon laquelle celui-ci serait un islamiste intégriste notoire, voire proche d'Al Qaïda. Il aurait été alors chef du « groupe islamique des combattants libyens » (GICL) et se serait avec bien d'autres, et non des moindres, entraîné en Afghanistan. Ce que nie bien sûr l'intéressé, le plus en vue des rebelles. Cependant, Belhadj ne fait pas pour autant l'unanimité auprès des autres commandants du Nafusah berbère.

Dans le domaine de la désinformation et de la dénégation, certaines offres proposées par les Chinois sur l'envoi prochain de lance-roquettes et de missiles anti chars trouvent leur bonne place. La Chine s'inscrit en faux devant de telles révélations. Apparemment identique à propos du déménagement du camp Kadhafi qui en serait à son début de commencement (à mettre au conditionnel).Un très important convoi aurait franchi la frontière du Niger à Tumu. Il aurait été vu traversant le Ténéré et dépasser Agadès en direction de Niamey où se trouve déjà le chef de la sécurité.

Il faut rappeler que des investissements nombreux ont été fait en Afrique sahélienne au seul nom de Kadhafi dont il peut tirer profit à tout moment afin d'y installer une opposition armée, que celui-ci a toujours l'approbation de l'Union africaine et que sa femme et trois de ses enfants sont dans le sud-algérien. De là à déduire qu'il sera facile à ces derniers de rejoindre le Niger depuis Tamanrasset ou Djanet si le reste du clan est dans le convoi, il n'y a qu'un pas.

Mais de qui et de quoi est composé ce convoi ? Cela reste une énigme. S'agit-il de Kadhafi et ses fils qui auraient obtenu un droit d'asile du Niger ? S'agit-il d'un simple itinéraire en direction du Burkina ? S'agit-il enfin d'effectifs de la base de Sabha qui viendraient camoufler du matériel, armes et munitions chez le plus proche voisin ?

## Le dernier carré des kadhafistes : Syrte et Ban Walid

*\* Le 10 09 2011*

La fin de l'ultimatum accordé aux loyalistes tant à Syrte qu'à Ban Walid approche, sans qu'il y ait eu le moindre indice de reddition. Au contraire ces derniers ne l'entendent pas de cette manière : d'après eux, pour accepter un tel ultimatum, il faut se convaincre que l'on est en position de faiblesse face à un adversaire qui se prétend fort et invincible. Une analyse qui n'est pas retenue ni par les pro-kadhafistes ni par la tribu des Warfallah. Tant et si bien que dès les premières tentatives de pénétration dans les toutes premières rues de Ban Walid les escarmouches font place à des affrontements violents sous les feux croisés des snipers installés dans tous les immeubles.

Dans le secteur de Syrte, l'avancée par l'Est est toujours aussi laborieuse dans le passage des oueds sans eau en cette saison. Des excavations profondes liées à l'érosion, difficile à franchir sous le feu nourri des forces adverses sur l'autre rive. Tout juste se rapproche-t-on de Medina Sultan et d'entrevoir les grands réservoirs d'eau à 20kms de Syrte.

En fait, on est loin d'un encerclement stricto sensu, ce qui repose le problème de la stratégie globale. Est-ce qu'il ne serait pas plus judicieux de prendre d'abord Ban Walid et reporter toutes les forces rebelles ensuite sur Syrte ? Est-ce que le général Mahmoud maîtrise bien tous ces commandants qui en font un peu trop à leur guise suivant les circonstances. Il est certain que face à ces deux villes, il y aura un besoin de coordination beaucoup plus élaboré.

Avec en arrière plan la question persistante : où se trouve Kadhafi ? Son porte-parole Moussa Ibrahim souligne lors d'apparitions sur les chaînes de Télévision AL Arabia et Arraï que « le guide se porte bien et qu'il exerce toujours le commandement de la Libye ». Sa recherche en dehors de la Libye est en cours par le vote du CPI via Interpol chargé de délivrer une « *notice rouge* » à l'attention de toutes les polices mondiales. Une recherche qui s'adresse également envers son fils Saif Al-Islam et son beau-frère Senoussi, chef du service de renseignements.

## Les fuyards se dirigent vers le Sahel

Néanmoins des pays persistent à vouloir l'héberger sur leur sol. En est-il dernièrement de la Guinée Bissau, arguant du droit humanitaire. Par ailleurs des véhicules continuent de se succéder vers le Niger par petits groupes en partance de Sabha où se trouvent bloqués 1500 migrants de diverses nationalités (Somaliens, Erythréens et Nigérians...). Dans un de ces convois, il a été remarqué la présence du général Ali Kana, touareg et ami de kadhafi qui commandait le Fezzan-ouest, accompagné du général Charif-Al-Rifi, commandant en chef de l'aviation. Arlit au Niger, ville d'extraction du minerai d'uranium par les Français, aurait été traversée à grande vitesse par 20 véhicules se dirigeant vers Agadès. Il est supposé un passage par l'Algérie, le ramassage des quatre membres de la famille Kadhafi et le franchissement de la frontière du Niger avec l'accord tacite de toutes les tribus touareg (thème 8).

\* *Le 12 09 2011*

Les rebelles sont loin de pouvoir répondre à l'ordre donné par le CNT en vue d'une offensive globale après l'expiration de l'ultimatum. Paradoxalement à Ban Walid, ils ont dû reculer de 10kms au nord de la ville. Ils sont confrontés à une résistance inhabituelle à laquelle ils n'ont pas été préparés : des rues truffées de francs-tireurs. L'intervention de l'OTAN s'avère nécessaire, avec ce que cela comporte de frayeur sur la population qui continue à fuir vers le sud malgré l'incitation à combattre diffusée en boucle par les hauts parleurs dans les rues.

### Quelles décisions prendre ?

A Syrte, la situation n'est guère plus exaltante. Les insurgés rencontrent une résistance inattendue à peu de distance de la ville. Seul encouragement : 3 à 400 rebelles de Misratah se rapprochent de Buerat Al Hsun et Hicha à l'ouest. Comme il peut être vu, il règne une atmosphère préoccupante et pesante avec les questions problématiques :
- Faut-il mettre les moyens en relation avec cette résistance ?
- Faut-il détruire ces villes au risque d'être taxer et accuser par Amnesty pour « crimes de guerre » ?

D'autant que des indices sérieux laissent entrevoir des craquèlements dans les deux camps :
- Côté kadhafistes : des coups de feu auraient été entendus entre ultras et modérés dans Ban Walid. Saadi est bien parti au Niger où il est en résidence surveillée parmi un cercle rapproché de plusieurs dizaines de personnes.
- Côté rebelles : des rivalités se font jour. Des affrontements auraient eu lieu entre combattants au S-O de Tripoli. Une explosion a été entendue dans un dépôt de munitions. Des rebelles à Misratah refusent de remettre au CNT les chars même abandonnés, alors qu'à Benghazi des manifestations de rues s'organisent avec pour thème : « le CNT n'incarnerait pas la volonté du peuple libyen… ».

Autrement dit : plus le temps passe, plus les kadhafistes ont tout loisir de préparer leur retraite et de créer le désordre. Des actions sous-tendues par les invectives de Kadhafi : « nous n'allons pas laisser la Libye, une seconde fois aux mains des colonialistes ». Il y a donc urgence à assurer la jonction entre la Cyrénaïque et la Tripolitaine interrompue à Syrte, et une impérieuse nécessité à créer un gouvernement d'union comme le propose Abdeljalil qui essaie de rassurer son aile islamiste en déclarant : « l'islam sera la principale source de la législation future… ».

*\* Le 15 09 2011*

Le Président Sarkozy et le Premier ministre anglais effectue un court séjour à Benghazi et Tripoli, démontrant ainsi qu'il est possible de se rendre en Libye. Un déplacement d'une relative sécurité pour un peu que soient prises les précautions d'usage : un accompagnement d'une centaine de policiers français dont des CRS sans tenue marquante dans un parcours prédéfini à l'intérieur des deux villes.

Ils attendent un accueil chaleureux de la foule justifiant le rôle joué dès le début du soulèvement ; une certaine reconnaissance du bien-fondé de leur action qu'entend bien recueillir également BHL dont la présence à leur côté est significative.

A des degrés divers, d'autres frapperont à la porte. Ainsi ce séjour sera suivi de l'arrivée du Premier ministre turc, Erdogan, à Tripoli inscrit dans son parcours du Moyen-Orient.

## Les ultimes batailles au sol des Thuwars

*Le 18 09 2011*

Plusieurs milliers d'hommes de troupe ont été dépêchés sur Syrte et sont passés aussitôt à l'attaque avec l'aide des blindés déjà positionnés depuis les dernières semaines. En premier lieu l'occupation de la rocade, une « deux voies » qui contournent très largement la ville, et l'aéroport plus au sud.

Tous ces rebelles qui se font appelés dorénavant « Thuwars », (Thowars, Al Thowars, Tewers), préfigurent la future armée de la Libye par ce que cela nécessite d'unités de commandement, de systèmes de communications entre les différentes sections, d'unités de réserves et enfin une coordination parfaite entre l'intendance en arrière-plan et les combattants du front.

Un nombre de militaires en relation avec la perspective de ce fort chabrol, de ces obstacles et de ces réserves d'armements faisant dire à Moussa Ibrahim, toujours porte-parole des kadhafistes : « nous avons suffisamment d'armes pour les mois à venir… ».

*Le 20 09 2011*

Si l'on en croît kadhafi, toujours par message enregistré sur la chaîne de Télévision « Arraï exclusive », les batailles livrées par les révolutionnaires seraient une « mascarade ». Les commandants contredisent ce point de vue et confirment que leur matériel est abondant et en mesure de répondre aux tirs de roquettes et aux mortiers de 40 mm de l'adversaire. L'arrivée du commandant Ben Bardaf à la tête des rebelles en périphérie Est devrait changer les mouvements désordonnés à répétition. Un renfort bienvenu. Le *siège total de Syrte* va pouvoir commencer.

Ceci n'évacue pas les rumeurs pour autant, où il est dit :
- que les kadhafistes auraient capturé des officiers instructeurs et experts techniques, français pour la plupart.
- qu'il y aurait des désaccords au sein du CNT. Lors d'une réunion consultative, reportée, certains portefeuilles n'ont pu être attribués.
- que l'on est impatient de voir la fin des combats.
- que parmi les combattants gisant dans les rues de Syrte, il y aurait beaucoup de mercenaires nigériens, maliens et tchadiens.
- que pendant un parachutage d'aides humanitaires au-dessus des villes de Syrte et Ban Walid, un avion-cargo turc aurait essuyé des tirs de DCA.

- que Kadhafi et son entourage, dès leur capture, seront jugés en Libye de façon « équitable ».
- enfin, qu'un bilan provisoire porte déjà sur 25000 morts.

## Dans le fief des Warfallah

*\* Le 22 09 2011*

Les Thuwars ont fort bien compris que l'axe Syrte-Waddan-Sabha conduisait directement à la frontière nigérienne et que s'ils voulaient couper court à toutes fuites des kadhafistes, il leur fallait prendre ces deux dernières villes. D'ailleurs l'intention devenait visible depuis huit jours par les interventions aériennes de l'OTAN qui entretemps s'était vu confirmer son rôle de trois mois supplémentaires lors d'un vote à Bruxelles, « tant que les combats persisteront au sol », et qui annonce avoir effectué 23350 sorties depuis le 31 mars. Le déplacement d'un convoi militaire en partance de Misratah et de Gharyan en direction du sud allait dans cette logique. Dès leur arrivée, les Thuwars s'en prenaient aussitôt à l'aéroport et au fort de Sabha.

Tout en reconnaissant que cette ligne était le fief des tribus Qadadfa et Warfallah. Par conséquent, il n'était pas anormal de trouver de sérieuses résistances sur les deux rangées d'oasis que sont Samnu- Awbari et Idri-Brak (Al Birak). Il leur fallait cependant libérer au plus vite cette dernière ville afin de donner accès à l'exploitation du gisement de fer. De même qu'il leur fallait libérer par la suite l'oasis d'Al Jufra qui conditionne la liberté de remettre en production les puits de pétrole du sud-est.

Cependant, dans la rubrique des désinformations existe une variante des faits en ce qui concerne Sabha et qui serait toujours aux mains des kadhafistes. Les rebelles du nord se seraient bien avancés dans Sabha par les rues parallèles : la rue Sharia abdul Nasser, la rue Megharief et la rue des ateliers des mécaniciens, vides de toute population après avoir trouvé la base militaire évacuée de ses occupants. Une base accolée au fort italien, devenu ensuite fort Leclerc avant d'être submergé d'enseignes à l'effigie du « guide suprême ». Ils auraient été rejoints par un groupe de rebelles de Murzuq et d'Al Katrun qui avait investi l'aéroport au sud de la ville. Un pillage en règle s'en serait suivi. 1200 migrants africains auraient été libérés dont la moitié de Tchadiens, et évacués dans 15 camions vers le Tchad en passant par Al Katrun et Zuarké. 500 autres attendraient leur tour. A partir de là, on entre dans une description non vérifiée : des Touareg au nombre de 12000, recrutés par Khamis, et aidés de sa brigade auraient exterminé tous les rebelles présents dans la ville.

Dans le domaine politique, le CNT continue d'occuper le devant de la scène en récupérant le siège vacant à l'Assemblée de l'ONU. Durant la réunion Abdeljalil a pu converser avec Obama et l'informer sur la suffisance d'argent disponible, sur la réouverture des liaisons aériennes entre l'Egypte et Benghazi et enfin sur l'annonce de la composition du gouvernement sous quelques jours.

Dans sa réponse Kadhafi ne pouvait que surenchérir : « tous les pouvoirs à venir seront illégitimes, seule la Jamahiriya, le pouvoir au peuple existant, restera valable... ». Une certaine façon de ne pas voir un entourage qui se réduit à une peau de chagrin, ni de savoir que le chef des renseignements s'est fait arrêter à la frontière tunisienne et enfin, d'ignorer que son ex Premier ministre se retrouve condamné pour entrée illégale dans ce même pays.

### Kadhafi : « une nuisance errante »

*Le 25 092011*

Or, personne ne connaît l'endroit exact d'où il émet ses opinions. Où se terre-t-il ? Se cache-t-il parmi la tribu Warfallah ou chez les Touareg ? Où se déplace-t-il en Libye à l'insu de tous ? Toutes les hypothèses sont permises. Va-t-il de petites bourgades en petites villes dans le désert ? Certains l'auraient localisé vers Ghadamès ayant ainsi un pied en Algérie à l'abri de toutes poursuites, et un pied en Libye où il peut jouer son rôle de perturbateur. D'aucuns prétendent l'avoir aperçu du coté de Ghat puis de Tumu en bordure de la frontière nigérienne lui donnant toute possibilité de réunir autant de Touareg accoutumés au désert, ce qui n'est pas le cas des rebelles en trop petit nombre venus de Tripolitaine.

D'autre part la résistance des Kadhafistes à Syrte et Ban Walid en immobilisant la quasi-totalité des troupes rebelles joue en sa faveur. Il peut ainsi restructurer une armée dans le sud et évacuer par delà la frontière tout le matériel qu'il souhaite. Pour cela, il peut utiliser les camions en partance d'Agadès, chargés d'armes, munitions et mercenaires ; Saadi sur place s'occupant des transactions. Les mêmes camions qui, avant février transportaient des grappes humaines et leurs bagages, « les migrants » vers Darkou puis la Libye, trouvent là une autre source lucrative à l'aller et avec les fuyards et leurs armes au retour. Ce n'est pas le Ténéré qui leur fait peur. En revanche ce qui inquiète est bien le retour de Kadhafi à la tête de cette armée éventuelle tel un Franco partant du Maroc à la reconquête de l'Espagne. Dés lors, sa capture devient la priorité des priorités.

Pourtant il est difficile de l'imaginer à dos de chameaux sur les pistes pleines d'une chaleur torride. A moins de le savoir dans un véhicule civil, blindé et climatisé. Comme celui commandé chez un concessionnaire Peugeot à Tripoli qui aurait été équipé par la société Amerys, filiale de Bull, et délivré ensuite par le franco-libanais Zyad Takieddine à Kadhafi lui-même. Un véhicule tout blindé qu'il soit, furtif fût-il, n'aurait pu aller bien loin dans un désert où le moindre objet se distingue du ciel. En tout cas, l'homme échappe au repérage et à l'arrestation comme l'est son fils Saadi que le Niger ne veut pas livré à Interpol.

\* *Le 28 09 2011*

A l'évidence, Kadhafi reste une *nuisance errante* dont l'influence est encore indéniable sur l'environnement. Ainsi :
- le CNT repousse une seconde fois, sine die, l'annonce d'un nouveau gouvernement sous prétexte que la Libye n'est pas entièrement libérée.
- Il est reproché la lenteur et la stagnation dans la conquête de Ban Walid et Syrte.
- des tribus touareg et toubou prétendent que des membres du CNT auraient commis des « liquidations collectives ».

En effet, si à Syrte les Thuwars venant de l'est ont réussi à prendre le port par où désormais un ravitaillement en armes et médicaments est possible, a contrario les kadhafistes résistent toujours dans le complexe bétonné du Congrès général du peuple (CGP) bordant la rue principale : la Sharia al-Jamahiriya, et commandé par Muatassim, le frère de Khamis. En réalité, c'est plus la présence des civils (20000 ont pourtant déjà évacué la ville) qui freine l'avancée et l'occupation faisant dire au commandant Mustafa s'adressant au CNT : « intercédé auprès de l'OTAN pour qu'il accentue ses frappes ciblées… ».

L'OTAN ne veut pas s'engager plus avant estimant que les chars et canons supplémentaires qui arrivent de Tripoli et Benghazi par camion plateforme sont en quantité telle que Syrte va devenir une ville appelée à disparaître.

## Doit-on raser Syrte et Ban Walid ?

\* *Le 30 09 2011*

Syrte, une ville qui n'en finit pas de tomber. Des militaires de haut rang kadhafistes sont capturés. Nabous, un commandant des rebelles est tué et Moussa Ibrahim aurait été fait prisonnier après avoir indiqué : « qu'il y avait encore des réserves sérieuses dans le centre de la ville ».

Il est reconnu que toutes les brigades rebelles sont sous pression, sous la pression de leur hiérarchie et du CNT, ce qui pourrait conduire à des actes de barbarie et une surenchère de part et d'autre. Tous les participants sont pressés d'en finir. De guerre lasse, le commandant Charif propose que la ville soit rasée, civils piégés ou pas : « nous en avons les moyens, l'encerclement ne peut pas durer éternellement. Nous irons jusqu'à couper l'approvisionnement en eau des réservoirs en provenance de la grande rivière s'il le faut. La liberté est à ce prix, sinon ce prolongement risque de démobiliser les combattants malgré l'augmentation de leur solde portée à 350 $ par mois… ».

A Ban Walid l'ardeur combattive ne faiblit pas. Les civils continuent de fuir sous la chape des bombardements. Les commandants Jadak et Essalihine ont été tués par des tireurs embusqués. Le commandant Al Seddiq pense qu'il va falloir utiliser d'autres méthodes pour arriver à déloger les loyalistes incrustés. Il regrette fortement que l'OTAN, à l'aide de drones RQ1 Predator, se contente de répandre sur la ville des prospectus incitant ceux-ci à déposer les armes.

## Les soutiens logistiques des kadhafistes

*\* Le 05 10 2011*

Hélas, comme le souligne le commandant Chalmany à la tête de ses 360 rebelles à l'est de Syrte : « cette bataille de rue nous est défavorable… ». A cet endroit est concentré le suc d'une armée qui s'est volatilisée au fil des mois. Plus précisément, une quantité importante de tireurs d'élite embusqués dans les immeubles et villas avec des caisses de munitions à leurs pieds sont entourés de civils pris en otages et chargés de les nourrir. D'autant plus déterminés que, pour eux, la fin sera sans équivoque compte tenu des tués et des blessés qui s'amoncellent dans les hôpitaux de campagne. Il ne leur sera accordé aucune chance d'échapper à leur sort. Et ce n'est pas l'OTAN qui peut être efficace dans ces combats rapprochés à moins de se prévaloir d'une présence au sol, ce que lui interdisent les résolutions de l'ONU.

Les organismes humanitaires sont pris pour cible. Les avions qui larguent en basse altitude les besoins urgents demandés par la population : l'eau, la nourriture et les médicaments, sont sous le feu constant des canons antiaériens loyalistes.

Un examen qui conduit à trouver d'autres moyens d'action en urgence :
- une révolte des civils.
- une capture de Muatassem, sous réserve qu'il ne se soit pas déjà échappé par la mer.
- négocier encore et toujours avec les tribus comme vient de le faire il y a quelques jours le chef du front de Syrte, le colonel Jadallah, en rencontrant les cinq cheiks des tribus : Fourjan et Maadan. « Il y a urgence en effet à stopper ce carnage, la situation humanitaire est désespérée… ». Ce sera la première phrase prononcée lors de l'entretien.

C'est ainsi que peut apparaître insignifiante la prise de la petite ville de Qasr Bu Hadi d'environ 2000 habitants. Située à 20kms au sud de Syrte sur l'appendice à deux voies prolongé par la route Waddan-Sabha, cette ville l'est plus par le symbole qu'elle représente : ici est né Kadhafi. En second lieu, elle met en relation l'important dépôt découvert à l'ouest de Waddan où, sur une étendue plate et sableuse près d'un bunker flambant neuf, sont éparpillées des caisses non ouvertes remplies d'obus et de balles de tout calibre.

### Le remaniement du gouvernement provisoire

Simple coïncidence ou non avec la *reconduction du gouvernement provisoire* tant attendue. Il a été conseillé à Djibril de se maintenir à Tripoli à la tête de l'exécutif après sa tentative de démission, tout en continuant à gérer son poste de ministre des Affaires étrangères. Les seules modifications portent sur la suppression du poste N°2 de l'exécutif et sur l'apparition de deux ministères, l'un, des Affaires religieuses, tenu par Hamza Abufares, l'autre des Martyrs et Victimes de la guerre, tenu par Ahmed Kissa. C'est dire l'intérêt porté sur la santé, la sécurité et le religieux. Quant aux autres ministres : du Pétroles et des Finances, de l'Intérieur, de la Défense et de l'Information, ils sont reconduits dans leur fonction.

Depuis Benghazi où se trouve la présidence du CNT, son porte parole, Jallal el Gallal assure que ce gouvernement aura pour seul objectif de résoudre les problèmes qui se posent au quotidien en attendant la fin des combats.

### Prendre Syrte avant ou après Ban Walid ?

*Le 07 10 2011*

Après une trêve toute relative ces derniers jours, pendant laquelle les rebelles ont complété leur approvisionnement en obus, en partie venant du dépôt de Waddan, les habitants ont continué à fuir et les négociations se sont tues, la canonnade et le pilonnage ont repris de plus bel sur Syrte, sans aucun ménagement, et appuyés cette fois des hélicoptères de l'OTAN. Il semblerait qu'un accent identique soit porté sur Ban Walid après l'arrivée des brigades de relèves et de trois autres brigades supplémentaires.

Kadhafi par message audio communique toujours par la chaîne syrienne Arraï qui lui sert de relai de propagande et lance à l'adresse de ses partisans de « manifester pacifiquement par millions... ». Il en est encore temps, pense-t-il, suite à l'information selon laquelle Ragdalin à l'ouest de Tripoli et à 60kms de la frontière tunisienne vient de se soulever en sa faveur. Ce village avait déjà fait parler de lui en attirant les rebelles dans un piège blessant mortellement le commandant Idrissi. Ceci repose la fin réelle des combats en Tripolitaine et pourrait bien présager de l'ouverture d'un troisième front. Une révolte prise très au sérieux et qui nécessite le déplacement sur place de deux brigades rebelles.

*Le 10 10 2011*

Le ministre de la Défense Digheily affiche un optimisme sans failles lorsqu'il déclare : « Syrte devrait tomber rapidement… ». Il est vrai que de cette mobilisation générale, il en résulte des signes encourageants dont un primordial : le contournement de la ville mettant ainsi en relation sécurisée l'est et l'ouest de la Libye. Le centre ville est quasiment aux mains des rebelles : l'université, le palais des conférences proche de la résidence de Kadhafi, le bunker et le dépôt militaire entourant l'hôpital Ibn Sina saturé de blessés. L'aérodrome de Gardabaya à l'ouest de Qasr bu Hadi a pu ainsi reprendre son activité. Mais aucun indice de la présence de Kadhafi à l'horizon.

Cet enthousiasme à l'idée d'une prise totale de la ville, ne reçoit pas l'aval de ceux de Ban Walid à qui il vient d'être signifié de patienter et qu'il est prématuré de prélever des troupes à Syrte pour leur venir en aide. Les rebelles, in situ, se sentent frustrés à la réception d'un tel ordre mais conçoivent que face aux mitrailleuses Douchka des loyalistes, ils ne peuvent conforter leurs positions. L'arrivée tonitruante des renforts, sans concertation aucune entre les brigades, avait conduit à de lourdes pertes dans leur rang et à l'abandon de l'aéroport. Un repli et une pause s'avère indispensable.

A Tripoli, le CNT doit ramener le calme parmi les impatients et les prétendants. Une guerre de clan larvée. Des frictions qui dégénèrent en bataille rangée. Tels le saccage d'une mosquée et la profanation de deux tombes d'Imams, par un groupe de plus de 200 personnes barbues et en treillis militaires, survoltées, et équipées d'armes automatiques ; sans trop savoir quelles étaient leurs motivations réelles. En outre la présence de Belhadj à la tête du conseil militaire est vigoureusement contestée. Tant et si bien qu'un chef révolutionnaire d'Az Zintan, berbère du Nafusah, est à la limite de la dissidence en annonçant la sécession de 75 brigades (une brigade représentant environ 300 à 400 hommes).

## Une violation flagrante des droits de l'homme hors Libye

Bien plus inquiétante est la tournure que prennent les événements hors Libye :

*Egypte* : plusieurs dizaines de mort dans des affrontements entre Coptes et musulmans.

*Syrie* : La répression continue du nord au sud, notamment à Homs. Des tués en permanence dans plusieurs villes.

*Yémen* : un lot de manifestants tués à Sanaa. Des heurts entre forces tribales, forces d'Al Qaïda et forces de sécurité. Des femmes blessées lors d'une manifestation en faveur du prix Nobel de la paix (Karman, une jeune femme originaire du Yémen).

*Tunisie* : Des accrochages entre les Salafistes et les forces de sécurité à Tunis.

Ce qui fait dire aux plus avisés que nous sommes plutôt à une fin d'hiver qui se prolonge que dans un printemps annoncé mais qui tarde à venir. Globalement le monde arabe du Maghreb au Machrek (Mashreq) est dans la tourmente.

## Un décor de fin de guerre

\* Le 12 10 2011

Le QG de la police à Syrte a été investi de nouveau après la riposte sanglante des Kadhafistes, les refoulant vers deux quartiers en bordure de mer où ils se sont mêlés aux civils. D'après le commandant Zian, il s'agirait somme toute d'un dernier retranchement. Dans un décor où tout est ruines, poussières et fumées. Une guerre sans merci, même si cela doit heurter une fois de plus Amnesty international. Au fur et à mesure de la progression, les drapeaux aux trois couleurs sont hissés sur tous les bâtiments et en bordure des rues délimitant l'occupation de territoire. Pendant que les véhicules de la Croix rouge et du Croissant rouge font entendre leur sirène autour de la forteresse du Palais des congrès et du quartier des Mauritaniens, et évacuent leur lot de blessés suivant la gravité de leurs blessures. Toutefois, si les quelques prisonniers parmi de nombreux mercenaires sont malmenés en direction des prisons de Benghazi, il n'y a aucun indice sur la présence parmi eux de Muatassem.

\* Le 14 10 2011

Autant Benghazi semble dénuée de toutes agitations, ce qui permet les visites de délégations depuis la réouverture de l'aéroport Benina à l'est, autant les troubles et heurts observés à Tripoli interpellent par la présence des partisans pro-kadhafistes disposant d'armes. Kadhafi, les avaient incités à manifester et à se soulever après la prière de ce vendredi. Une incitation relayée par un animateur de la chaîne Arraï. Les combattants du CNT avaient fini par ramener le calme dans les quartiers de Hadhba et Abu Salim avec un doute sur ces lots d'armes en circulation.

## La situation se dégrade d'heures en heures

Quant au dernier carré occupé par les loyalistes à Syrte, il ne semble pas vouloir céder. Ces 300 à 500 militaires très professionnels adossés à la mer ont bien tenté une percée afin de reprendre le Q G de la police sans résultat. Une tentative dénuée d'intérêt, sinon d'échapper à l'étranglement. Tenter une autre sortie en direction de Ban Walid ou Al Jufra serait tout aussi empirique et illusoire étant donné la masse de blindés qui entourent la ville. Dès lors, il ne leur reste plus qu'à transformer leur bastion en un Fort Alamo. Bien maigre perspective pour une triste fin.

La compilation des renseignements, des bruits qui circulent, des recoupements, des interrogatoires de prisonniers, des écoutes des réseaux hertziens et satellites par les capacités sophistiquées de l'OTAN conduisent à des raisonnements pour le moins très troublants. On a peine à croire ce que suggèrent certains. Le commandant Halimi exprime tout haut ce que beaucoup pense tout bas : « …je crois savoir que de gros poissons sont à l'intérieur du réduit, peut-être même le ministre de la Défense Younès Jaber, et qui sait… ? Muatassim, blessé, serait du nombre… ». Pour cela, il demande une réunion en urgence de tous les commandants afin de mettre les bouchées doubles et d'établir une nouvelle stratégie de fin de parcours.

## Un « basculement » à craindre : Kadhafi ciblé

C'est bien un dilemme qui pourrait être qualifié de ***basculement*** : une armée rebelle qui devient l'armée officielle ; des rebelles dont les galons de militaires légitimes sont reconnus ; et des loyalistes inversement qui apparaissent rebelles plus leur nombre diminue. Un dilemme entrainant les pro-CNT à jouer un rôle dans lequel ils ne voudraient pas tomber : devenir « plus fermes » comme le propose Belhadj qui espère par ce moyen redorer son aura quelque peu terni, ne pas faire de prisonniers alors que les instances internationales insistent pour que les hauts personnages du régime libyen se trouvant à Syrte soient jugés. Un dilemme enfin par ce qui était reproché aux kadhafistes, il y a encore peu de temps, c'est-à-dire faire en sorte que l'intervention des blindés et la démolition de tous les immeubles où se trouvent des tireurs embusqués avec des civils en arrière-plan, ne soient pas mis à exécution.

Un basculement à craindre vers une chasse aux sorcières, les perquisitions, les interrogatoires et les emprisonnements. D'où l'intérêt d'en terminer en urgence par l'assaut de Syrte et Ban Walid.

*\* Le 17 10 2011*

Contre toute attente, les pro-CNT sont entrés dans Ban Walid, après avoir réorganisé les renforts reçus ces derniers temps. La brigade de Zlitan emmenée par le commandant Lasi confirme avoir pris 90% de la ville libérant ainsi la route vers Sabha par où a dû s'enfuir à coup sûr Saif Al Islam. Le commandant Ghit a repris l'aéroport et est en cours d'installation sur les collines ocrées environnantes d'Al Kassara. Ce qui va permettre de libérer la brigade « Jabo » qui ira se poster sur la route après Al Hsun arrêtant toute fuite venant de Syrte.

A peine a-t-on qualifié toutes ces avancées de stimulantes que déjà ressurgissent les vieilles querelles d'antan et les inquiétudes naissantes :
- des dissensions entre les brigades de l'est et ouest et au-delà les termes de Tripolitaine et Cyrénaïque.
- la réapparition d'Al Qaïda, par l'intermédiaire de Zawahiri qui, déclame : « prôner la *Chari'a* en Libye et fonder un régime islamique, inciter le peuple algérien à en faire autant et enfin encourager les Shebabs dans leur action au Kenya ».
- une autonomie du Fezzan où un certain Kadhafi proclamerait l'indépendance après une reconquête en préparation avec l'aide de 10 à 15000 Touareg, de Toubou et d'hommes armés venant du Soudan et du Mali, sans oublier les pro-kadhafistes toujours présents sur le sol libyen. Un grand sud séparatiste où il serait maître de l'eau, du gisement de fer et de nombreux puits de pétrole et de gaz (planche 6).

Il y a de quoi inquiéter le monde diplomatique qui dépêche Hillary Clinton en une visite impromptue à Tripoli. Au moment où l'on s'apprête à voter démocratiquement en Tunisie, mettant fin ainsi à une transition amorcée depuis le 14 janvier. Le résultat de ce qui est considéré comme un *laboratoire de démocratie* est attendu avec beaucoup d'impatience.

## Kadhafi et Muatassim seraient mortellement blessés ?

*\* Le 20 10 2011*

Toutes ces alarmes sont devenues caduques en fonction des informations émises à la fois par le CNT et par les agences internationales : Kadhafi serait mort. Les communiqués des chaînes Al Jazeera depuis Doha au Qatar, Al Arabiya et Al Libya sont unanimes et signalent également que Muatassim après avoir été prisonnier a été tué et que Saif Al Islam dans sa fuite après la prise complète de Ban Walid a été blessé. Bien que tout cela doive être reçu avec la prudence nécessaire, les photos et vidéos d'amateurs qui remplissent les sites d'internet, attestent de sa capture et de l'investissement du dernier quartier de Syrte aux mains des loyalistes.

Les commentaires vont bon train et chacun s'empresse de s'approprier le résultat : « une nouvelle page est ouverte… une transition historique pour la Libye… une étape majeure dans la lutte menée… la fin de 42 ans de dictature... la France est fière d'avoir aidé la Libye (A.Juppé)... une fin de huit mois de guerre civile...sans la présence de l'OTAN les rebelles libyens n'auraient pas gagné... une lame de fond qui arrive à terme... les USA ont contribué à cette fin de règne... maintenant il va être possible de se tourner vers l'avenir... on en appelle à l'unité, à la réconciliation, au pardon... il va être possible de tourner la page de la tyrannie, confirme la Ligue arabe... il est temps que la Libye prenne sa destinée en main, déclare enfin le secrétaire général de l'OTAN Rasmussen ». BHL propose son interprétation faisant dire aux médias qu'il remplace, à lui tout seul, les ministères de la Défense et des Affaires étrangères, au grand dam des officiels français.

*Le 21 10 2011*

La description des faits attire la polémique. Exécution arbitraire, le tyran a été lynché et froidement abattu pour les uns. Une version vigoureusement controuvée, notamment par le ministre russe des Affaires étrangères pour qui ce convoi qui partait de Syrte ne menaçait personne, l'OTAN ne devait donc pas intervenir. Plusieurs institutions élèvent la voix et demandent qu'une enquête soit diligentée sur le déroulement exact de la mort de Kadhafi : l'ONU, Amnesty international et l'UA. Le CNT prenant les devants précise qu'il n'y a jamais eu la moindre consigne d'exécution de Kadhafi. Il était même souhaitable de le capturer et de le traduire devant un tribunal libyen (thème11).

## L'exutoire de fin de règne

Quoi qu'il en soit, la fin du règne est là, à Misratah. Le « guide » gît sur un matelas à quatre sous, torse nu avec ses blessures apparentes et son sang figé dans un local réfrigéré d'un quelconque hangar ou supermarché en guise de chambre mortuaire. Un dictateur sans vie que viennent mémoriser, appareil photos en main, les visiteurs voulant s'assurer qu'il s'agit bien de Kadhafi, ainsi que de Muatassim et de Younés Jaber venus compléter le tableau un peu plus tard. Est-ce qu'une autopsie est bien utile dans ces conditions ? En revanche, *l'exutoire* est nécessaire : « nous l'avons vu, il est bien mort ». Un décor macabre, pitoyable et choquant à ce stade que déjà la tribu Qadadfa et sa femme depuis l'Algérie réclament le corps.

Que va-t-on faire de celui-ci ? L'inhumer, mais où ? Le choix de l'emplacement va donc être déterminant. En premier, il devra répondre aux préceptes religieux de l'islam en ce qui concerne le rituel de l'inhumation ; en deuxième, faire en sorte que la sépulture choisie ne devienne pas un lieu de pèlerinage.

*Le 22 10 2011*

Tripoli est en liesse, Benghazi est en liesse, toutes les villes de la côte sont en liesse. Après la prière du vendredi, chacun manifeste sa joie par des tirs en l'air, des feux d'artifices et par une circulation en ville à vive allure.

Tout le monde recommence à espérer, à élaborer des projets. Il est l'heure des premiers bilans :
- Qu'il y aurait eu 30000 morts depuis février.
- Que l'OTAN a effectué 9600 sorties opérationnelles d'une précision au scalpel, sans effets collatéraux notables.
- Que cette guerre civile a coûté 7,7 Mds d'euros à la Libye, soit 30% de son dernier PIB.
- Que la France chiffre à 300 Mons le montant de son intervention.

Le leadership politique du CNT est incontestable, mais sur le plan économique, il reconnaît que les seuls 25 Mds de la banque centrale seront insuffisants en vue de la reconstruction.

Il est l'heure enfin de l'apaisement, d'une rentrée chez soi de tous les protagonistes, à commencer par les Qataris, mais aussi l'OTAN qui prévoit de ne laisser qu'une petite force survolant le sud jusqu'à la fin du mois.

## L'euphorie générale : « la liberté »

*Le 23 10 2011*

« Le jour de gloire est arrivé ». A Benghazi, une foule impressionnante recouverte du drapeau aux trois couleurs entonne le nouvel hymne national : Ya Biladi. Point de pick-up avec mitrailleuses à l'horizon, ni de kalachnikov en bandoulière, seule la présence discrète des militaires.

Les Libyens écoutent avec ferveur les différents discours annonçant officiellement la ***fin de la guerre civile et la libération totale du pays***. Ghoga, le vice-président, clame « levez haut vos têtes, vous êtes des Libyens libres… ». Le président Abdeljalil à son tour, après une louange appuyée aux martyrs libyens annonce la création d'un nouveau gouvernement de transition d'ici 2 à 3 semaines tout en rappelant que : « la Chari'a (loi coranique) sera la principale source du droit dans la Libye post-Kadhafi ».

Il est reconnu et salué par ailleurs la maturité du peuple libyen qui gère dans le calme ce déferlement d'actualités. Les événements s'enchaînent sans dérapage. L'exemple non vérifié serait la remise de la dépouille de Kadhafi à Syrte. C'est un geste d'apaisement évident qui vient d'être fait après son autopsie.

A. Juppé reconnait : « le courage, l'unité, la dignité du peuple libyen ». L'encouragement s'appuie aussi sur l'exemple tunisien dont les habitants se sont rendus massivement aux urnes, plus de 80% dit-on. Ce dimanche 23 octobre 2011 est vraiment un très beau et grand jour qui restera marqué d'un grand H de l'histoire libyenne.

## L'application de la Chari'a ?

*\* Le 25 10 2011*

Les euphories spontanées comportent des revers sans pour autant être des lendemains qui déchantent. La Libye n'y échappe pas, sous trois aspects :
- Abdeljalil, en renouvelant un thème de discours déjà prononcé il y a trois jours, c'est-à-dire inscrire la « Chari'a » dans la nouvelle constitution, a fait rejaillir des craintes auprès d'éventuels prêteurs et bailleurs de Fonds, qu'ils soient asiatiques ou occidentaux. Ces derniers évoquant les principes des droits de l'homme et démocratiques. Revenant sur ses propos, le président du CNT, a tenté de les calmer par un : « il ne s'agira que d'une introduction d'une certaine dose de règles liées à l'islam et que les Libyens étaient avant tout des musulmans modérés... ». En réalité l'intention exprimée ne rassure que les groupes islamistes et dévoile une tendance. Le mot « chari'a » est à l'ordre du jour. Une manifestation d'environ 200 personnes à Benghazi réclame son application immédiate. Le Qatar et les Emirats arabes abondent dans ce sens et désirent que ce pays joue à fond la carte islamique. Un émir n'hésite plus à dire : « je suis chez moi en Libye... ». Deux Etats, alliés aux occidentaux, qui affichent une couleur surprenante.
- L'information du HRW sur une tuerie de 50 pro-kadhafistes, mains liées dans le dos, dans un hôtel de Syrte aux derniers moments de la prise finale de la ville indique un certain égarement et terni l'image attachée à la rébellion. Ce qui conduit une fois de plus le CNT à diligenter des enquêtes supplémentaires déjà fort nombreuses. Il faudra être doté d'un angélisme à tout crin pour ne pas croire à d'autres faits à déplorer.
- L'homme par qui tout est arrivé : Kadhafi, a été inhumé avec son fils Muatassim quelque part dans le désert en un endroit tenu secret. Un secret qui n'aura de durée que le temps mis à le dévoiler par ceux qui les ont enterrés.

A l'extérieur de la Libye, il se confirme, bien que le scrutin ne soit pas totalement dépouillé, que le parti islamiste Ennahda arrive en tête avec 40% des voix et obtient 90 sièges à l'assemblée, suivi par deux partis laïques aux pourcentages respectifs de 13 et 9%.

## Une appréciation mitigée de la victoire

*Le 27 10 2011*

Fini les canonnades, fini les balles égarées et les confrontations fratricides. L'heure est semble-t-il à la réflexion :
- A la réflexion par l'opinion publique libyenne quelque peu inquiète d'une éventuelle application de la Chari'a dans son intégrité. Une interrogation qui se propage dans certaines catégories de la société civile avec l'idée que : « nous ne nous sommes pas battus depuis huit mois pour aboutir à cela… ». Pour eux, il conviendrait de dire qu'il s'agit ni plus ni moins d'une appropriation d'un sacrifice encouru, au seul bénéfice des islamistes et au détriment d'une population qui ne souhaite qu'un mieux-être et une meilleure répartition des richesses. Un sentiment d'une révolution usurpée qui conduirait à tomber de Charybde en Scylla ; réduisant leur sacrifice au rang des rêves étriqués.
- A la réflexion, après le discours de Abdeljalil, chez les Etats qui ont pris part à la coalition et qui sont venus en aide aux rebelles dès l'origine de la révolution : « tous ces investissements pour que le peuple libyen retourne en arrière et fasse fi de ses espérances ».

## Le déblocage des Avoirs libyens

Déjà dans les coulisses, on parle d'une victoire au goût amer. « Attendons de voir » proposent plusieurs observateurs. C'est pourquoi la demande insistante du CNT afin de maintenir jusqu'à la fin de l'année la présence de l'OTAN en surveillance au-dessus de la Libye n'a pas été suivie d'effets. Le conseil de sécurité de l'ONU, par la résolution 2016, a rejeté la demande et l'OTAN terminera sa mission au 31 de ce mois. Associées à ce retrait, plusieurs mesures ont été prises :
- Levée de l'embargo sur les armes dans le but d'en acquérir pour assurer la sécurité nationale.
- Fin du gel des avoirs de la CNLP appelée aussi Zuelina Oil Company.
- Fin des restrictions d'un certain nombre de banques, entre autres : la Banque centrale libyenne, la Libyan arab foreign bank, la Libyan africa investment potfolio et la Libyan investment authority laquelle se trouve partiellement en défaut. Cette dernière ou Fond souverain, suite à la guerre civile, n'a pu soutenir toutes ses filiales africaines, notamment dans les télécoms, qui ont été vendues à d'autres acquéreurs à l'affût ou aux plus offrants. Des acquisitions que le CNT entend bien faire annuler.
- Fin de la zone d'exclusion aérienne.

### La sécurisation des postes frontières

Ce dernier point veut dire qu'il n'y aurait plus aucune surveillance du territoire à moins que le Qatar à titre personnel et avec l'approbation du CNT en assure le rôle. A un moment où le fils dauphin du kadhafisme cherche à entrer au Niger avec le soutien des tribus touareg.

Ce Saif, quoiqu'il soit d'accord pour se présenter de lui-même face au tribunal de la Haye, n'en affirme pas moins qu'il n'a qu'un seul désir celui de venger son père. Cette parution devant le tribunal serait pour lui un piédestal, un tremplin idéal pour exposer ses idées. D'après la rumeur, il serait entouré d'une vingtaine de mercenaires sud-africains et d'après le quotidien « Beeld », il songerait à une évacuation vers Johannesburg ou Sharjah dans les Emirats au cas où le Niger lui demanderait une somme d'argent trop exorbitante pour son entrée dans ce pays. Les autorités du CNT ne l'entendent pas de cette oreille et souhaitent que, dès sa capture, il soit jugé en Libye.

*\* Le 29 10 2011*

Il est dit par ailleurs, toujours à propos de Saif, que des contacts informels auraient été établis entre lui et le CPI. Le procureur précise : « il est présumé innocent jusqu'à preuve du contraire… ». Sachant qu'il fait quand même l'objet d'un mandat d'arrêt pour « crimes contre l'humanité », et fait l'objet de notices rouges d'Interpol. Or, entre vouloir un avion mis à disposition avec des garanties pour se rendre à la Haye, et vouloir se rendre dans un pays hors du statut de Rome, il y a bien intention de se réserver une porte de sortie.

Une nouvelle fois cela repose le problème de perméabilité des frontières sud à travers lesquelles tous les Touareg, ayant servi sous le régime Kadhafi, ont pu retourner dans leur pays d'origine. Plus spécialement des Maliens au nombre de 400 avec X véhicules totalement armés que les dirigeants se sont empressés d'envoyer se réintégrer dans leurs tribus respectives au nord Mali, même si la crainte de troubles imminents n'est pas surfaite. Ceci permet de mieux comprendre avec quelle facilité le nommé Saif pourrait profiter de ces retours et de constater son influence sur cette fin de parcours.

# II.

# L'APRÈS KADHAFI GOUVERNEMENT DE TRANSITION DÉSORDRE ET CRISE POLITIQUE

*Prenons garde que le mot « freedom »*
*ne s'évapore dans les mers de sable.*
*Michel Prou*

Il est pertinent de rappeler les paroles de Manmohan Singh,
Premier ministre de l'Inde, s'adressant à son homologue pakistanais :
« Ce n'est pas parce que nous avons quelques différents
que nous ne devons pas coopérer sur tous les autres points… ».

## L'APRÈS KADHAFI
## GOUVERNEMENT DE TRANSITION, DÉSORDRE ET CRISE POLITIQUE

\* \* \*

*\* Le 01 / 11 / 2011*

Plus aucuns avions militaires ne survolent la Libye à ce jour. Il ne faut pas croire que l'OTAN redevenu libre va s'en prendre pour autant à de nouveaux conflits guerriers arabes. Rasmussen a été formel : « nous n'avons aucune intention d'intervenir en Syrie… ».

Ce qui permet de faire un nouveau pas en Libye par la nomination d'un Premier ministre qui obtient 26 suffrages sur 51 membres du CNT. Abdel-Rahim Al Keeb ou Al Kib, 60 ans, originaire de Tripoli, est perçu comme un homme d'affaire, à la fois technocrate, universitaire et ingénieur en électronique.

*\* Le 02 / 11 / 2011*

Suite à la résolution 2017 votée par l'ONU, sur la prolifération des armes en Libye (thème 16) des experts supplémentaires appartenant à l'OIAC et à L'AIEA ont fait leur apparition.

## Endiguer la prolifération des armes

*\* Le 04 / 11 / 2011*

Le G20 vient de se terminer, dominé par les problèmes financiers mondiaux dans un climat délétère lié à la Grèce et à l'Italie. Nous sommes loin d'une fin de crise qui pourrait durer encore quelques années pour certains pays. A défaut d'une remontée prochaine de leur croissance, beaucoup vont devoir jouer la carte économie voire rigueur. Ce qui pourrait conduire à des coupes drastiques dans les budgets notamment celui militaire, et entraîner des retraits de théâtres opérationnels aux coûts dispendieux. Les USA qui ont voulu remplir le rôle de gendarmes du monde ont commencé à passer le relai à d'autres régions, tel fut le cas de l'affaire libyenne avec les Français et Anglais. Ils souhaiteraient qu'il en soit ainsi à l'avenir de la part de la Ligue arabe, de l'Union africaine et autres pays d'Asie et d'Amérique latine afin de régler les conflits locaux. Ces retraits volontaristes font, en attendant, le beau jeu des dictatures qui, comme la Syrie, continue à massacrer allègrement son peuple.

## La fin du Ramadan

*Le 07 / 11 / 2011*

La période du séjour religieux à la Mecque qui se termine caractérise le respect d'un des cinq piliers de la religion musulmane (hors la prière, la profession de foi, le jeûne, l'aumône). Les musulmans libyens ont renoncés pour beaucoup à rejoindre les 3 Mons de pèlerins et à gravir le mont Arafat, faute de moyens, malgré l'offre de billets gratuits trop peu nombreux. La fête de l'Aïd El Kebir qui s'en est suivie a été quelque peu ternie évacuant l'achat d'un mouton dont le prix est passé à 500 euros, les cadeaux de vêtements et les friandises aux enfants.

*Le 12 / 11 / 2011*

On apprend par le Président irakien qu'Aïcha Kadhafi pourrait être accueillie au Kurdistan irakien. De même sa mère d'origine croate pourrait rejoindre la Croatie avec un joli pactole. En revanche en Tunisie, l'ancien Premier ministre Mahmoudi a vu rejeter sa demande de libération, échappant ainsi à une extradition en s'appuyant sur le HCR.

Une manifestation en vue de la création de la nouvelle armée et d'un service de gardes frontaliers vient de se dérouler à Benghazi ; elle réveille certaines velléités lors des discussions avec les principales milices de Misratah qui n'apprécient pas la suppression de leurs milices et des conseils militaires créés récemment en faveur de l'armée.

Après des démarches restées infructueuses, la Ligue arabe a suspendu la Syrie de son conseil, tout en réclamant des sanctions. Elle se tourne vers l'opposition et désire avoir un aperçu de ce qui se passe réellement dans ce pays par l'envoi de 500 observateurs. Sous réserve qu'ils soient acceptés par Bachar el Assad.

## Une armée qui doit se reconstituer

*Le 17 / 11 / 2011*

Prenant les devants et avant que la décision soit entérinée sur la création de l'armée nationale, à Benghazi, des officiers de l'ancienne armée libyenne ont désigné leur chef d'état-major. Le général de corps d'armée Haftar, déjà cité, rallié très tôt à la rébellion a reçu l'approbation des généraux Mahmoud et Bounseira sur un fond de vives tensions avec le ministère de la Défense. Un acte sans concertation plaçant les nouvelles autorités devant le fait accompli, faisant penser à un mini coup d'état sur l'armée par un triumvirat de généraux.

*\* Le 19 / 11 / 2011*

Il est annoncé la capture de Saif à Awbari proche des oasis de Sabha. La fin tragique d'une longue traque. Trahi par son guide qui voulait monnayer son déplacement vers le Niger, il fût facile au commandant Thaelba à la tête de la brigade « Khalid Ibn Walid » venue d'Az Zintan de le cerner malgré un déguisement en berger targui. Soupçonné de « crime contre l'humanité » il devrait être extradé vers la Haye (CPI), ce que ce conteste le ministre de l'information Shamman en vertu du principe de complémentarité et de non recevabilité par la Haye. Le CICR lui rend visite dans sa prison d'Az Zintan en souhaitant qu'il bénéficie de clémence et que sa détention reste humaine. Un point de procédure qu'apprécie Navi Pillay, ce qui permet à la Libye de réintégrer le « conseil des droits de l'homme ».

En complément, dans les parages de Sabha, à Al Guira précisément, Senoussi, l'ex chef des renseignements a été arrêté par le responsable du conseil militaire de wadi schatti. Il est conduit aussitôt à la prison de Tajura. Ghoga vice-président et porte-parole du CNT informe qu'il sera jugé en Libye.

## Peut-on juger Saif en Libye ?

*\* Le 22 / 11 / 2011*

Le procureur du CPI se trouve à Tripoli, sans pour autant rencontrer Saif, mais se renseigner sur sa personne afin d'étoffer son dossier à charges. A un moment où la formation complète du gouvernement est annoncée (Généralités 2). Trois noms : Djibril, Tarhouni et Ghoga n'y figurent plus. Un gouvernement qui veut porter l'accent sur : « la stabilité, la sécurité, la réconciliation et un retour à la vie normale ». Les aspirations sont fortes et il est l'heure de rassembler toutes les forces vives de la nation.

*\* Le 24 / 11 / 2011*

A peine a t-il prêté serment, ce gouvernement est déjà contesté. Al Kib avait promis que toute la Libye y serait représentée, mais à l'écoute des noms énoncés, certains restent perplexes, voire pantois. Des tribus affichent leur intentions de ne pas le reconnaître telles les Aouagi et les Maghariba de Benghazi. Les Amazighs (berbères) rompent toutes relations avec le CNT. Le commandant Belhadj, figure emblématique de la tendance islamiste, n'a pas reçu le poste attendu de la Défense. Enfin, remarque-t-on aucune femme n'est présente dans les 24 ministères créés.

Tarhouni, évincé des postes pourvus, lance un appel à la « souveraineté menacée ». Pour lui, le Qatar, sorti grand vainqueur sur le plan militaire et financier en aidant les khatibas islamiques, notamment les plus prestigieuses de Sallabi et de Belhadj s'immisce un peu trop dans les affaires intérieures. Des reproches adressés à l'émir Al-Thani. Par ailleurs, toujours d'après lui, le système de l'ancien régime dans son ensemble est encore intact des éléments kadhafistes et pour les remplacer il faudra des années.

*\* Le 28 / 1 / 2011*

Dans sa prison d'Az Zintan, Saif attend des soins médicaux sur une main aux doigts en partie gangrénés. Ce qui ne l'empêche pas de penser au choix de ses futurs avocats. Au fil du temps d'importants responsables du régime libyen ont été arrêtés, d'autres courent toujours, par exemple : Salah Béchir, l'ancien directeur de cabinet de Kadhafi et à la fois directeur de la LAIP.

## Les premières embuches du gouvernement

*\* Le 30 / 1 / 2011*

La vie redémarre lentement à Tripoli avec un manque patent de liquidités et de main d'œuvre ; plus de 1Mon de migrants sont rentrés chez eux. Le gouvernement libyen n'a reçu que 3Mds de $ sur les 18Mds dont le déblocage avait été autorisé par l'ONU, mais tous les Etats qui détiennent ces avoirs freinent des quatre fers (thème 9). Il est un ministère directement concerné par ces rentrées d'argent : celui de l'économie dirigé par Charkass qui va devoir remettre sur les rails l'activité de la Libye. Tout en constatant que les lois en vigueur élaborées sous Kadhafi sont autant de freins pour diversifier les apports hors pétrole. Une correction de trajectoire s'avère indispensable. C'est pourquoi l'accent va être mis sur :
– le développement du tourisme.
– l'incitation à investir du secteur privé.
– l'augmentation des zones franches.
– l'attirance des fonds étrangers.
– l'implantation des sociétés étrangères.
– la stabilité des règles à venir.

*\* Le 31 / 1 / 2011*

Toutes ces initiatives ne préoccupent pas du tout Aïcha. Après l'écoulement des 40 jours de deuil suite à la mort de kadhafi son père, depuis l'Algérie son pays d'accueil et avec l'aide de la chaîne Arraï à Damas, elle lance des appels à renverser le gouvernement libyen nouvellement institué : « venger le sang de vos martyrs, révoltez-vous contre ce nouveau gouvernement ». Des paroles bien perçues par le front Kadhafi en cours d'organisation au Niger.

Les autorités algériennes lui répondent de pondérer ses propos, qu'elle n'était pas autorisée à faire des déclarations publiques et moins encore de se servir de l'Algérie comme base arrière prônant la révolte. De lui rappeler son devoir de réserve.

## Les échanges alimentaires Tunisie-Libye

*Le 05 12 2011*

Depuis plusieurs jours des accrochages fréquents ont été observés à la frontière tunisienne. Par là, transite la majorité des produits importés, pas seulement les denrées de première nécessité et les biens de consommation courantes mais aussi et surtout les armes, la drogue et l'alcool. Des incidents conduisant à une sorte d'anarchie et à des échanges de tirs entre Libyens armés et gardes frontières, qui font dire au Vice-Premier ministre Chagour : « nous allons rendre sûr les deux postes frontières et les douanes de Ras Jdir et Dehiba au plus vite. Nous ouvrirons les frontières de nouveau sous deux à trois jours ».

Ces frontières d'une manière générale non hermétiques réactivent les circuits de passeurs bien organisés face à la venue des immigrants d'Afrique dont on leur soutire 1000 à 1500 euros rien que pour la traversée de la Libye avant de se diriger vers l'Europe. Dernièrement 420 d'entre eux ont été interceptés. Kadhafi, à l'époque, exerçait un moyen de pression sur l'U.E. en réclamant 5 Mds d'euros chaque année afin de stopper cette immigration clandestine.

## De brigades en bandes armées

Les armes toujours les armes avec les milices de Tripoli (imaginons 50 groupes armés paradant dans la ville). Le gouvernement libyen a pris la mesure du danger en donnant deux semaines aux milices armées pour quitter la capitale sous peine de fermeture de celle-ci à la circulation. Abdeljalil s'oppose au « chacun veut faire sa loi… ». Il est impatient de voir ces 50000 ex-rebelles, sources de troubles, s'insérer dans l'armée et au ministère de l'Intérieur.

Une prise de conscience partagée par le conseil de sécurité de l'ONU qui renouvelle jusqu'à début mars son mandat de mission d'assistance en Libye. Cet objectif de lutte contre la prolifération des armes portera le nom de « Minul ».

*\* Le 07 12 2011*

Une information circule sur Saadi et sa famille qui auraient cherché à se réfugier au Mexique en s'aidant d'un réseau international. Un réseau très vite démantelé par les autorités mexicaines. Ce qui dénote un séjour pas si idyllique qu'il n'y paraît au Niger pour Saadi et les siens.

*\* Le 09 12 2011*

Le gouvernement avance avec détermination :
- à l'intérieur, il confirme une rentrée des classes à Tripoli au 7 janvier 2012.
- vers l'extérieur, il renoue des relations quelque peu perturbées avec l'Afrique du Sud et le Soudan. Il est même dit qu'un rapprochement se ferait avec Israël en échangeant des ambassadeurs ; le nom de Rukun, d'origine arabe et ancien consul d'Atlanta, est avancé. En relation, les vols d'Afriqiyah en direction du Caire, Tunis, Istanbul et Dubaï vont assurément contribuer à faciliter les contacts.

## Le désir de tourner la page

*\* Le 10 12 2011*

Cette journée restera celle du « Pardon ». Dans une conférence en présence du ministre des Affaires étrangères du Qatar, Al Attiya et le chef du parti islamiste tunisien, Ghannouchi, le premier ministre El Kib précise : « la tolérance et la réconciliation sont un principe musulman… » ; un peu plus loin : « l'avenir ne peut être construit avec la vengeance pour base… ». Abdeljalil, magnanime, se dit prêt à pardonner aux anciens militaires pro-Kadhafistes. Dans le même sens sera l'évacuation des derniers 840 migrants tchadiens restés prisonniers à Sabha. Enfin une commission de réconciliation débute son activité ; elle aura fort à faire avec les habitants des villes de Ban Walid et de Syrte.

*\* Le 13 12 2011*

Suite aux clivages qui ont marqué les rapports récents entre les membres de la famille Kadhafi et les autorités algériennes, des pourparlers sont en cours avec l'Afrique du Sud qui se propose de les accueillir. En simultanéité, Aïcha reprendrait la chaîne de télévision Arraï qui a cessé d'émettre depuis dix jours et recevrait l'autorisation de l'installer sur le lieu de sa nouvelle résidence. Point besoin d'une grande imagination pour entrevoir les effets d'un tel moyen de communication sous la tutelle du clan kadhafi. A un moment où 20000 personnes se rassemblent sur la place Chajara en défiance du nouveau gouvernement. Abdeljalil leur répond par un : « Benghazi deviendra la capitale économique de la Libye… » ; « Soyez patients, il y a tout à refaire… ». Seront-ils satisfaits pour autant ?

*Le 14 12 2011*

D'aucuns ont été fort étonnés de ne pas voir les Occidentaux et les Asiatiques poindre leur nez, les grands absents du décor, après la « traversée de l'oued » que vient de vivre la Libye. Aussi la venue d'A.Juppé rétablit un tant soit peu un juste équilibre. Dès son arrivée, il se met au diapason local et en substance déclare dans une phrase très diplomatique : «… la Libye ira vers une démocratie telle qu'elle la conçoit… ». Une manière d'esquiver l'atmosphère islamique régnante sous-tendue d'un désir de revoir les accords pris par Kadhafi dans le cadre du traité de Rome.

*Le 16 12 2011*

Aïcha et son avocat Me Kaufman dépose une requête auprès du CPI. Ils veulent qu'une enquête soit ouverte sur les conditions de la mort de Kadhafi qui d'ores et déjà doivent être considérées comme « crimes de guerre ». Saif n'a toujours pas retenu son avocat. Secondaire, si ce n'est que le gouvernement statuera sur son sort au 10 janvier 2012. Qu'en sera-t-il des 8000 personnes détenues dans les prisons et les camps improvisés.

## La course aux accords économiques

*Le 20 12 2011*

La visite à Tripoli de Lellouche, ministre français du Commerce extérieur, fait suite à celle de A.Juppé, donnant l'occasion de rencontrer le ministre libyen de l'Economie Sharkas. Accompagné d'une centaine de dirigeants de sociétés françaises sont évoqués les besoins de la reconstruction estimés à 200 Mds d'euros. Un impératif, lorsque l'on sait que la France est en déficit commercial chronique de plusieurs milliards d'euros, alors que pendant ce temps l'Allemagne affiche un commerce extérieur positif de plus de 150Mds. X.Bertrand, ministre de la Santé s'apprête à effectuer la même démarche. En réalité : où en sommes-nous des approches d'octobre ? Ne nous leurrons pas, cette délégation n'est pas la seule à mettre ses pieds en Libye. Les réouvertures des aéroports de Tripoli et de Benghazi facilitent les relations ; Air-France annonce qu'il va reprendre ses vols dans cette direction.

*Le 23 12 2011*

Il est manifeste que l'obtention de contrats sera liée au déblocage des Fonds et Avoirs en tout genre. Sous cet angle, l'U.E lève la plupart des sanctions financières et libère ceux qui étaient sous juridiction européenne ; en est-il de la Libyan arabe foreign bank. En revanche les Fonds souverains de la Libyan investment authority et les Fonds d'investissement de la Libyan african investment portfolio sont toujours partiellement gelés. De façon similaire, l'Autriche délivre 1,2 Mds d'euros.

*Le 26 12 2011*

La Libye vient de fêter le jour de son indépendance qui avait été proclamé par le roi Idriss le 24 décembre 1951. C'est la liesse dans toutes les villes, mais n'évacue pas le quotidien où les manifestations reposent sur l'exclusion des personnes associées à l'ancien régime. Charif, une avocate de Benghazi, regrettait récemment que Kib ait accordé le pardon aux anciens kadhafistes et s'étonnait du manque de transparence notoire dans ses annonces.

Shamès, porte-parole du gouvernement annonce que Sharkas, ministre de l'économie, a démissionné. Il a été invoqué des raisons de santé, mais son appartenance au régime Kadhafiste (directeur du commerce extérieur) n'a pas joué en sa faveur. Par qui sera-t-il remplacé ? Et que vont devenir les accords signés il y a cinq jours avec les Français ?

## Les contrats seront réexaminés

*Le 30 12 2011*

De façon parcimonieuse quelques contrats émergent du panier économique ; tel celui des approvisionnements en pétrole entre la NOC et les Glencore, Gianfor, Trafigura et Vitol.

Par ailleurs, Kib souffle le froid en déplorant : « la position négative de la plupart des compagnies pétrolières travaillant en Libye par rapport à la révolution du peuple libyen ». Le chef du gouvernement s'apprête à rebattre les cartes au grand désappointement des investisseurs potentiels et à établir d'autres critères de sélection dans la répartition du gâteau, si gâteau il y a. Cette remise en cause dérange avant tout l'ENI et son D.G Scaroni dans le renouvellement des contrats en cours que le Premier ministre voudrait rattacher à la reconstruction des villes détruites.

*Le 07 01 2012*

Ce n'est pas tant la contestation après la nomination d'Al Manqush, chef d'état-major désigné par le CNT qui intrigue, mais plus la nomination de deux autres généraux à la même fonction, Haftar, déjà cité, suivi de celle d'Obeidi, qui gène et qui soulève de fortes dissensions internes. La proposition des ex-rebelles n'aurait pas été respectée car le général Al

Manqush ne figurait pas sur la liste des 7 hauts gradés retenus. Des tensions permanentes avec les militaires qui sont toujours ceux de l'ancien régime ; une insécurité en ville par la présence des groupes paramilitaires et des Avoirs qui n'arrivent pas (140Mds de $) rendent l'atmosphère quelque peu surchauffée avec des enjeux difficiles à cerner.

Comme on le voit, ce début d'année 2012 n'ouvre pas des perspectives très réjouissantes mais offre plutôt des indices alarmistes pouvant mettre en doute la capacité de ce gouvernement à résoudre les problèmes prioritaires. A se demander s'il tiendra pendant les prochains six mois jusqu'aux élections ? La question est posée. En tous les cas, il semble démuni devant tant d'impatience non seulement des Libyens mais aussi des pays voisins comme la Tunisie où, le 3 exactement, le président Marzouki séjournait en Libye à la tête d'une forte délégation de chefs d'entreprises espérant bien se réserver les contrats BTP. Le Qatar n'est jamais bien loin, de même que l'Italie dont la visite du Premier ministre Monti est projetée pour le 21 janvier 2012.

## Les islamistes aux avant-postes

*Le 12 01 2012*

Ce dont on parle, c'est d'avancer pas à pas vers les élections qui se dessinent à l'horizon. Suite à l'abrogation de la loi interdisant toute organisation politique, on assiste à la création de nombreux partis islamistes. Celui du PRD (parti de la réforme et du développement) formé par un groupe d'Oulemas à Benghazi, conforme à la Chari'a et dirigé par Werchefani, un ancien des frères musulmans. Celui du RNLJD (rassemblement national pour la liberté, la justice, le développement) emmené par l'islamiste Sallabi. Pendant que des constitutionnalistes s'attèlent à la rédaction de la future constitution, le gouvernement peaufine l'organisation de chaque ministère et de l'exécutif en général.

Cela n'évacue pas le « kadhafisme » même si l'on raye le nom de Kadhafi des manuels scolaires. Son représentant Saif, dont on ne sait que faire, voit son renvoi vers le CPI repoussé d'un mois. Sa sœur Aicha explore une sortie d'Algérie vers Israël.

## Vers une revalorisation du Dinar libyen ?

*Le 16 01 2012*

Parmi les solutions proposées afin de résoudre le problème des liquidités a été choisi celle d'introduire de nouveaux billets sous la forme de coupures de 1, 5, 10 dinars (bilingue : anglais, arabe) évacuant l'effigie de Kadhafi.

Dans un tout autre domaine, les affrontements entre milices rivales continuent à Gharyan et à Assabah avec les échanges de 120 tirs de roquettes. D'autant plus inquiétant que les pro-kadhafistes sont toujours présents et massivement armés. Il est difficile dans ces conditions de parler d'apaisement.

*Le 21 01 2012*

Depuis plusieurs semaines, on assiste à une recrudescence de désordres sous différentes formes. L'attaque du CNT à Benghazi est un message symptomatique. Une grenade artisanale a été projetée contre les locaux qui ont été ensuite occupés et saccagés. Abdeljalil, le président, a tout juste eu le temps de s'échapper. Hors les empoignades entre les milices, l'interrogation demeure : comment un CNT affaiblit peut-il sortir de cette impasse ? Qui plus est, des anciens soldats libyens associés aux Touareg (le mouvement national de libération de l'Azawad) fomenteraient des troubles au nord du Mali. Ce qui fait dire au Président malien : «…que la crise libyenne nous est toujours néfaste… » au moment où des bruits courent sur la formation d'un gouvernement prokadhafi à l'étranger.

## Une légitimité non reconnue

*Le 23 01 2012*

Il plane des incertitudes également envers le CNT qui est attaqué dans sa connexion à l'ancien régime. Ghoga, vice-président, se voit limogé ou contraint de démissionner « dans l'intérêt de la nation », après avoir été conspué et pris à partie lors d'une manifestation d'étudiants universitaires à Benghazi. A partir du moment où ce point d'appartenance resurgit, il n'y a aucune raison de ne pas s'en prendre au Président lui-même, Abdeljalil, pourtant présent à l'origine des soulèvements de février 2011. « Nous ne démissionnerons pas, sans cela, ce sera la guerre civile » déclare-t-il. Brandit par les autorités, ce spectre est révélateur d'un malaise qui s'intensifie (voir thème 22). Cette insécurité régnante oblige la commission, chargée de rédiger la loi électorale et son adoption, à se réunir dans un lieu tenu secret.

Des incertitudes aussi, après la prise de Ban Walid par 100 à 200 hommes armés qui se présentent comme pro-kadhafistes en s'appropriant le drapeau vert et en utilisant un vocabulaire déjà connu « nous allons mettre les rats dehors », ajoutant encore à la confusion. Il est admis que l'on est en présence de simples disputes entre bandes. Certes, mais malgré tout lourdement armées de mitrailleuses et de RPG et surtout capables d'éliminer la brigade « du 28 mai » pro-CNT en place. Doit-on intervenir pour reprendre la ville avec les brigades de Misratah et le reliquat avionique afin d'éviter la contagion ? Auquel cas, ce serait un retour à la case départ. Un véritable non-sens. Enfin, une dernière version qui mettrait en évidence la très, très puissante tribu des Warfallah qui entend bien être présente lors des élections prochaines avec pour leitmotiv : « Les Warfallah ne céderont jamais ».

Désormais, le CNT, pour des raisons de crédibilité, ne saurait accepter pareils débordements, et s'il n'a pas une armée unique et unifiée disponible, il dispose quand même de quatre régiments judicieusement répartis : un à Misratah, un à Az Zintan, un à Benghazi et un à Tripoli transformé en « garde nationale » doublé des « comités de surveillance » qui peuvent intervenir très rapidement dans leur secteur respectif. En l'occurrence sur Ban Walid ou sur tout autre point qui entrerait en dissidence.

## Les premières crises politiques ou rejet ?

*Le 28 01 2012*

Toutes ces insatisfactions obligent le CNT à revoir sa copie sur la loi électorale, et surfer entre tous les désidératas des uns et des autres n'est pas chose facile : les tribus, les islamistes, les ex-rebelles, les anciens kadhafistes et la société civile en général. Avec un notable changement : celui de la participation des femmes qui de 10% passerait à une parité idyllique du 50/50 sur les listes électorales. Confronté également à une migration toujours active par ses réseaux rémunérateurs à travers la Libye. Récemment un bateau rempli de Somaliens faisait naufrage au large de Misratah. Début janvier, les gardes-côtes libyens avaient sauvé de la noyade des migrants clandestins égyptiens qui tentaient de gagner l'Italie. On assiste de plus à des tentatives de retour de l'ancienne main-d'œuvre africaine qui ne trouve pas d'emplois dans leur pays d'origine.

*Le 30 01 2012*

Dans l'exercice de la fonction, il faut affronter les attaques venant de toutes parts. Et comme si cela ne suffisait pas surgissent les remarques d'Amnesty international et de la MSF sur des abus (pour ne pas dire des tortures) pratiqués dans les centres de détention où se trouvent entassés les prokadhafistes. Une prise de contrôle et des enquêtes doivent être conduites par le ministère de l'Intérieur. S'y accumulent les affrontements entre les rebelles de Misratah et ceux de Az Zintan, et enfin les propos de Jibril qui considère que le CNT n'est pas légitime car non élu par le peuple.

*Le 04 02 2012*

Des heurts sporadiques sur la place Tahrir au Caire réclamant le départ des militaires au pouvoir, à l'élimination ininterrompue du peuple syrien, il n'y a qu'un pas dans l'enchaînement des violences marquées par la pluie d'obus et le massacre de 230 personnes à Homs. Un record. Ce qui ne fait pas fléchir les Russes pour autant en utilisant leur véto sur une résolution devenue sans consistance à force d'amendements et présentée par la Ligue arabe au conseil de sécurité de l'ONU. Une collusion évidente des Russes avec le régime syrien, confortée par leur éviction de la Libye et par la volonté de garder un client friand d'armements. Pour preuves les achats en 2011 de 35 Yak-130, les 800Mons d'armes diverses en 2010 et la réalisation d'une raffinerie (gaz). Lavrov, ministre russe des Affaires étrangères propose de se rendre à Damas dans les prochains jours afin de raisonner Bachar el Assad.

*Le 08 02 2012*

Initialement prévu début février, le jugement des « 41 » par un tribunal militaire de Benghazi est reporté d'une semaine. Le gouvernement continue son travail de fond en se penchant sur une évaluation réelle des actifs et passifs en Afrique (thème 9). La Libye de Kadhafi avait largement investi sur ce continent.

En Syrie, l'ère des propositions redémarre avec une « nouvelle constitution » admise dans le principe par Assad, une conférence internationale voulue par la Turquie et un envoi de subsides, pourquoi pas des brigades au FSA par la Ligue arabe. Une effervescence dominée par un incessant rappel des ambassadeurs pour consultation.

*Le 12 02 2012*

Après le passage infructueux des Russes auprès de leur protégé syrien, ce dernier persiste avec désinvolture à n'en faire qu'à sa seule volonté. Avec la crainte de débordements : des kurdes irakiens viennent prêter mains fortes aux kurdes syriens ; des djihadistes sunnites irakiens franchissent la frontière pour aider les insurgés ; des heurts sont notés entre Sunnites et Alaouites côté libanais ; enfin une infiltration armée du Hezbollah est ressentie dans Zabadani à la frontière libanaise.

Assad renvoie d'un revers de main les résolutions de la Ligue arabe et continue son pilonnage sur différentes villes. Comment en serait-il autrement ? Après tous ces massacres organisés et l'optimisation éliminatoire qui en découle, son engagement est irréversible. Dans son for intérieur, il doit aller jusqu'au bout du matraquage. Après le rejet de ses observateurs, la Ligue arabe réunie au Caire n'a pas tardé, dans sa réplique, à se tourner cette fois ouvertement vers le CNS syrien.

En comparaison, en effet, les problèmes soulevés en Libye semblent dérisoires. L'ambassadeur libyen à Damas a été renvoyé. Du Niger, Saadi appelle au soulèvement : « personne n'est satisfait de la situation en Libye » déclame-t-il. Hayal demande à son homologue des Affaires étrangères de l'extrader vers la Libye. Les milices sont toujours actives et déboulonnent une statue de Nasser à Benghazi. Certaines sont accusées de tortures et de viols sur des centaines de femmes, comme il leur est rappelé la destruction d'un lieu de culte Soufi à Tahurgha. A vrai dire, il n'y a pas de résurgence évidente de violences générales mais plus une poursuite d'une épuration après conflit.

## Une transition : synonyme d'instabilité

*\* Le 15 02 2012*

Les heurts depuis deux jours à Al Khofra ne sont pas surprenants en soi tellement le contentieux est sous-jacent entre les communautés locales arabes et toubou, mais ils ne font qu'ajouter au malaise ambiant.

Dans le sud-est à proximité de trois frontières vivent 40000 habitants répartis entre Arabes et Toubou mais aussi d'Egyptiens, Soudanais et Tchadiens. Dans une ville dont le cœur très moderne est en opposition avec le grand marché des dromadaires en transit rassemblés par les nomades toubou (Teda) à 8 kms au sud .Dans une région, on ne peut plus sèche avec ses 3 à 4 mms d'eau par an contrastant avec les diverses plantations au pied des oasis et plus encore avec les pastilles maintenues vertes à grand renfort de puisage intensif et sans limite dans la nappe phréatique. Tels sont les 10 cercles de 400 à 500ms de rayon (voire 1Km) alignés au sud-est d'Al Jawf voués à terme d'un blanchiment par le sel.

Kadhafi avait coupé court à toutes les revendications en créant de multiples comités révolutionnaires, aidé en cela par les méthodes répressives et coercitives du général Al Abaaj. Lequel général avait été capturé le 20 septembre 2011 aux environs de Murzuq, en fuite vers l'Algérie. Depuis, l'après conflit a fait voler en éclat ces mesures contraignantes tout en réveillant les vieilles querelles.

Apparemment les Arabes de la tribu Zwaï (Zwaya) dont les brigades se disent pro-CNT et qui occupent les châteaux d'eau et le camp militaire avec ses quelques chars et son dépôt d'armes ne supporteraient plus les Africains présents. Alors que les Toubou, partagés en partie entre leur ancienne connivence avec le régime et en partie entre leur nouvelle adhésion dans les brigades Toubou, s'inquiètent : « nous craignons d'être exterminés ; le climat est pire que du temps de Kadhafi » rétorquent-ils. Jusqu'à ce jour, ils avaient été des laissés pour compte, écartés de toute responsabilités et de toute insertion dans les rouages administratifs. Dès la chute de Kadhafi, ils entendaient bien changer le cours des événements en établissant des barrières à l'entrée des villes et en pesant sur les autorités locales afin d'obtenir leur juste part des terres cultivables.

Si bien qu'il a fallu déplacer en urgence une brigade du nord sur l'aérodrome à l'est de Al Jawf accompagnée de médiateurs afin de ramener le calme et trouver une solution pacifique entre les islamistes arabes et le parti « Le rassemblement national toubou ». Le Président tchadien, Itno, concerné par la forte ethnie toubou au Tchad, avait pris la mesure exacte de la situation en déclarant fin décembre 2011 : « la guerre contre Kadhafi sera un facteur de déstabilisation dans tout le sud libyen ».

## Il y a un an déjà : la Lybie se soulevait

*\* Le 20 02 2012*

La commémoration du 17 février 2012 s'est bien déroulée. De nombreux habitants l'ont célébrée avec ferveur et spontanéité, malgré la réapparition des pick-up armés, les tirs en l'air des kalachnikovs et les barrages routiers filtrants. Certes, ils aimeraient mieux voir reconstruire leur quartier ou percevoir des indemnités correspondantes, voir circuler les étrangers en quête d'achats ou voir les magasins un peu plus achalandés. Il va falloir qu'ils s'accoutument à cette absence de décisions d'un gouvernement qui n'a plus que trois mois à vivre. Le seul réconfort est d'observer le déroulement d'un scrutin à Misratah, afin d'élire un conseil local (proche d'un conseil municipal). C'est une grande fierté que les citoyens de toutes conditions affichent sur leur visage en procédant à cet acte.

Autrement dit, on est loin d'un flamboiement ; le mécontentement va croissant à tel point que l'on s'interroge sur :
- les prochaines élections législatives. Ne vont-elles pas être repoussées ?
- la présence de Saif à Az Zintan. Ne serait-il pas protégé par la brigade de Mokhtar Al Akhdar qui le considérerait comme otage ou comme monnaie d'échange ?
- la formation d'un nouveau parti à la composition surprenante. Intitulé le « Mouvement libyen populaire national » dans lequel figureraient des partisans du régime kadhafiste. L'ancien Premier ministre Mahmoudi, ayant été acquitté à Tunis, retrouve son entière liberté de déplacement.
- enfin, la persistance des escarmouches entre tribus qui a fait environ 100 victimes depuis huit jours.

Replacer dans un tel contexte, les exigences de libertés sont renvoyées aux antipodes des espérances ; toutes ces aspirations et diversités ne pourront coexister avec un laxisme ambiant malgré les bonnes volontés affichées, par exemple vouloir rémunérer les anciens rebelles au chômage.

## Des frontières passoires à revoir au plus vite

*Le 25 02 2012*

Les affrontements dans Al Khofra sont révélateurs d'une incapacité de l'armée à intervenir sur le territoire. La petite unité formée de soldats qui avait rejoint les insurgés en février 2011 a tardé d'être sur les lieux ; elle attendait de recevoir du matériel lourd expédié depuis le nord d'Ajdabiya par une route que l'on qualifierait de dantesque sur 900kms. Quant à la base militaire de « Maaten al Sarra air base », elle n'a pas été opérationnelle dans cette affaire car non structurée et aux forces insuffisantes. Ainsi, dès l'entrée dans la ville, l'on déplore des blessés et des morts, des quartiers dévastés et saccagés parfois sans eau ni électricité. Il était observé de nombreux camions plus hauts que larges, surchargés de ballots, parfois bordés de grappes humaines fuyant vers le Tchad.

Révélateur également de ce qu'est devenue cette ville aux fins fonds du désert, à proximité de frontières virtuelles, où des réseaux de tous trafics se sont constitués notamment celui très payant des véhicules volés (30Mons en un an). Ce qui fait l'objet des conversations récentes entre G. Longuet, ministre français de la Défense en visite à Tripoli et Kib, Premier ministre libyen. Les Français proposent de participer au rétablissement de frontières dignes de ce nom et renforcer leur coopération en matière de défense. Bien qu'il ne s'agisse que d'une lettre d'intention les points particuliers suivants ont porté sur :

- Une aide aux contrôles des frontières (rappelons les 4148kms à surveiller par systèmes élaborés de sécurisation bien maîtrisés par EADS et Thalès entre autres).
- Une aide aux recrutements et à la formation de 15000 gardes frontières.
- Une aide à la formation d'officiers et spécialistes en déminage des ports.
- Une aide à la remise en état des mirages F1 (les deux F1 qui avaient fait défection en s'enfuyant à Malte au tout début des hostilités sont parfaitement utilisables).

Révélateur enfin de l'influence jouée par les exilés de l'ancien régime à partir du Tchad, Soudan, Egypte et Niger. A ce sujet, le Président du CNT menace de revoir les approches diplomatiques avec ces pays qui détiennent encore trop de figures emblématiques associées au « kadhafisme ». Nul doute que cette causalité apparaisse justifiée.

*Le 28 02 2012*

La Ligue arabe est de nouveau réunie à Tunis où se déroule une conférence sur la Syrie sans la participation de la Russie ni de la Chine. Que peut-il en ressortir dans ces conditions ? Seule l'Arabie Saoudite émet l'idée timide d'armer l'opposition. Pendant ce temps, Assad affiche un large sourire à la connaissance du résultat de son référendum sur sa nouvelle constitution. Une mascarade de consultation durant laquelle Homs et ses habitants sont toujours sous un déluge d'obus.

*Le 03 03 2012*

En Libye, Jibril, l'ancien Premier ministre regroupe 40 partis de toutes confessions et de toutes orientations politiques en une « alliance des forces patriotiques ». Apparemment trop nombreux, un tel regroupement de partis rejoint les vœux du gouvernement, d'autant que la charte peaufinée sur laquelle s'appuiera la nouvelle constitution, est disponible. Cependant ce gouvernement est taxé du terme « lénifiant ». De ce point de vue, il en découle un certain flottement dans les organes de commande, bien qu'Abdeljalil ait été reconduit dans cette fonction de Présidence intermédiaire, en s'adjoignant deux Vice-Présidents.

Une indolence apparente que les « frères musulmans » mettent à profit pour normaliser leur propre parti sous l'appellation : « Parti justice et développement ou construction », et qui sera dirigé par Sowan (sawane) originaire de Misratah. Un parti qui est déjà implanté dans plus de 20 villes. D'autres, ceux de Benghazi, et cela devient préoccupant, voudraient se démarquer de Tripoli critiquant ouvertement l'inaction et l'opacité du CNT.

Ces deux aspects montrent à quel point la Libye piaffe d'impatience, faisant craindre toutes sortes de dérives et d'improvisations néfastes. Les événements extérieurs contribuent à ces inquiétudes :

- L'armée syrienne a fini d'investir le dernier bastion de Homs et ses chars et canons exterminateurs font mouvement en direction de la frontière turque afin de poursuivre leur carnage sur Idlib.
- Al Qaida a fait 25 morts en Irak, a tué 180 militaires au Yémen et se déplace de l'Irak vers la Syrie profitant de cette conjoncture favorable pour pénétrer dans cette zone.
- Au nord du Mali, on se bat toujours entre Touareg et militaires dans un secteur très proche de celui d'Al Qaida d'où a été mené l'attentat récent à Tamanrasset. Les groupes islamistes intégristes omniprésents parlent déjà d'imposer la Chari'a dans tout le Sahel.
- Enfin des élections législatives s'effectuent en Iran ; On en prévoit peu de changement, en revanche les points de friction avec les

Occidentaux et Israël restent d'actualité (il est dit que l'Iran possèderait 100Kgs d'uranium enrichi à 20%).

## Ce désir d'autonomie sous-jacent

*\* Le 08 03 2012*

Totalement imprévue est l'attitude d'un nombre de tribus, de chefs de milices, d'officiers et de dirigeants cyrénéens qui s'autoproclament « entité autonome de la cyrénaïque ». Cette région indépendante sous le nom de « BARGA » s'étendrait de la frontière égyptienne jusqu'à Syrte et engloberait la Shabiyah (shabiyat) d'« Al Khufra ». La surprise n'est pas si totale qu'il n'y paraît car les plus avertis savaient qu'elle ne cachait plus sa non appartenance à la Libye en préparation. Depuis longue date, elle n'avait jamais toléré la tutelle de plus en plus pesante exercée par l'ancien régime de Kadhafi. Enfin, il était connu que chaque famille possédait des armes ; c'était donc sans étonnement de les retrouver armés le jour J du début de la révolution. Ils ne se sont pas précipités, à cet instant précis, faire leur emplette en armes et munitions chez l'armurier du coin. Autrement dit, un jour ou un autre il y aurait eu une révolte de la Cyrénaïque face au pouvoir central de Tripoli. Une étincelle en a décidé différemment.

Dans ce communiqué deux éléments attirent l'attention :

\* A la tête de cette formation se placerait Zoubaïr, le petit-neveu de l'ancien roi Idriss Al Senoussi.

\* Une nouvelle mouture qui ne correspond pas à la découpe royale en trois régions : Tripolitaine, Cyrénaïque et Fezzan, et qui récupérerait ipso facto la part belle du gâteau libyen, c'est-à-dire la majorité des champs pétroliers productifs et les grandes réserves d'eau potable du Sarir-Kalensho. Une découpe nouvelle qui remettrait en cause l'unité libyenne, car en s'appropriant la Shabiyah de Surt elle exclut la possibilité au Fezzan d'une sortie vers la mer méditerranéenne. Lequel Fezzan, en poursuivant les modifications territoriales et s'il ne voulait pas être enclavé, devrait obtenir les Shabiyah de Murzuq et de Jufra pour que le partage soit équitable. A moins que les berbères à leur tour revendiquent leur autonomie.

## Il se trouve que cette partition ne requiert pas l'unanimité

La méthode peut surprendre dans la forme car cela est présenté unilatéralement sans consultation préalable des autres régions ni des autorités du CNT. Mais dans le fond, ce fait accompli ne devait pas prendre de court le gouvernement en place qui ne pouvait ignorer à ce point ce qui se tramait à l'Est. Cette notion de fédéralisme n'a même pas été envisagée dans la charte nouvellement créée, c'est dire si la notion de partition ne peut être retenue, d'autant que l'adhésion des habitants de cette région sécessionniste ne sont pas tous d'accord sur le principe (manifestation à Benghazi et opposition du maire de Tobrouk).

C'est la raison pour laquelle, sitôt déclarée, l'annonce d'autonomie a fait l'objet d'une riposte verbale appropriée de la part du Président Abdeljalil qui en substance déclarait : « Une telle démarche est illégale, seul le CNT peut décider d'une idée fédérale, pourquoi pas par référendum, mais le peuple libyen ne tient pas à voir son pays diviser en autant de parcelles incontrôlables. Je me vois donc contraint d'employer la force si nécessaire si l'Est persistait dans cette direction absurde ».

Or, il se trouve que dans l'instant le CNT, malgré cette menace, ne dispose d'aucuns moyens notables de rétorsion face aux importants matériels dont sont dotés les militaires de l'Est. Ce n'est pas la seule et toute nouvelle brigade promue à Tripoli qui pourra faire impression, et qui plus est, une telle initiative entrainerait une deuxième guerre civile.

C'est pourquoi, et afin de prendre les devants, le Premier ministre Kib en visite aux USA en fait part ce jour auprès d'Hillary Clinton et demande son aide le cas échéant, tant sur ce point que sur celui des frontières, ainsi que sur le silence déconcertant des kadhafistes. En effet, on ne peut éluder les derniers incidents d'Al Khofra et ceux autonomistes de Benghazi, si ce n'est les rattacher à une influence souterraine des pays du Golfe. Quoiqu'il en soit, il sera très difficile de revenir en arrière après avoir semé un tel désarroi.

*Le 14 03 2012*

Le pavé dans la mare est jeté. A quelques mois des élections générales, voilà que la Cyrénaïque ou une partie de la Cyrénaïque souhaite tout modifié. On ne se lassera pas d'épiloguer sur le sujet. Devra-t-on tenir compte désormais de cette spécificité affirmée et se prévaloir d'une Cyrénaïque où les Senousi régnait à Al Khofra dans des temps révolus.

Cependant, il serait trop réducteur de traiter ce gouvernement de « laxiste », alors que la Libye n'est pas dans une rébellion ouverte ou enfermée dans des manifestations ne serait-ce qu'épisodiques. Il y aura toujours des soubresauts, des turbulences quelques soient les gouvernements à venir. Dans l'instant, la question est : que faire pour contrecarrer ce projet d'indépendance ?

## En Syrie, les constatations sont de tout autre nature

- On s'approche des 10000 tués depuis le début des hostilités.
- La Turquie s'apprête à recevoir 200000 réfugiés.
- L'armée d'Assad, forte de 300000 hommes, est suréquipée en armement lourd et est approvisionnée ouvertement par les Russes et

plus discrètement par l'Iran. Alors qu'en face l'armée dite de « libération » n'a ni char ni artillerie et encore moins d'aviation. Les 10000 insurgés qui la composent sont uniquement équipés d'armes légères.
- Idlib vient de céder, confortant la méthode et rendant Assad de plus en plus crédible aux yeux de Russes.
- Le sénateur américain Cain insiste pour que le conseil de sécurité décide d'intervenir unilatéralement et manu militari. A.Juppé au contraire désapprouve l'idée même d'un envoi d'armes aux insurgés. Les indignés s'indignent. Les « grâce à » et les « à cause de » ne trouvent pas la solution idoine.
- Les Chinois bloquent l'action du conseil de sécurité de l'ONU. Ils ne veulent pas d'intervention chez autrui encore moins d'ingérence d'Etats craignant en retour qu'un jour, ils ne soient confrontés au même problème devant des soulèvements massifs des masses populaires chinoises.
- Enfin la communauté internationale semble résignée.

Que faire en effet devant tant d'obstination ? Que faire pour que cesse cette escalade de la violence et ces massacres ? Kofi Annan, délégué, émissaire et messager à la fois de la ligue arabe et de l'ONU, sur place à Damas, s'évertue à persuader Assad de cesser le pilonnage des villes syriennes et essaie de le convaincre d'accepter au moins des couloirs humanitaires. De négociations en négociations, rien ne ressort de concret de ces contacts, si ce n'est une prévision d'une tenue d'élections législatives pour le 7 mai 2012.

*Le 18 03 2012*

Arrêté depuis hier sur l'aéroport de Nouakchott, à sa descente d'avion en provenance de Casablanca, Senoussi fait l'objet de nombreux mandats d'arrêts, les motifs ne manquent pas. Une demande d'extradition est aussitôt adressée à la Mauritanie par la Libye qui tient à la juger en interne. Senoussi n'est pas méconnu non plus des instances du CPI, d'Interpol et de la France.

A 62 ans, le beau-frère de Kadhafi, sera-t-il jugé en tant que colonel ou en tant que responsable du service des renseignements généraux ? A ce titre, il disposait de nombreux passeports, ce qui lui permettait de traverser les frontières avec aisance. De la Libye au Mali, puis vers le Maroc et la Mauritanie, reposant l'épineuse question de la perméabilité des frontières. Un sujet qui a été évoqué récemment entre Abdelaal, ministre libyen de l'Intérieur et son homologue marocain et ensuite avec le Président tchadien. En relation, il y a quelques jours, l'Algérien Belmokhtar, un des chefs d'Aqmi se serait trouvé en Libye-sud à la recherche d'armes ; peu après deux journalistes anglais auraient été fait prisonnier pour entrée illégale et libérés par la suite ; enfin à la frontière de l'ouest, des heurts ont été relevés entre l'armée tunisienne et des milices libyennes cherchant à s'approvisionner en essence dans la zone de Correnti.

*\* Le 22 03 2012*

Le Vice-Premier ministre libyen Chagour s'était rendu à Nouakchott afin de négocier la remise de Senoussi. Un premier contact qui laissait croire à une acceptation. En vain, car peu après les autorités mauritaniennes démentaient tout accord sur ce point. Rappelons que Senoussi intéresse beaucoup de gens. Il est une véritable source de renseignements sur l'ancien régime et pour cause ; et par ailleurs il se trouve que les Français ont une présence en Mauritanie.

A quelques pas de là, au Mali, une première base militaire est entrée en mutinerie vers Tessalit dans le secteur Azawad entrainant un coup d'Etat et écartant ainsi du pouvoir le Président Touré. Toutes les conditions étaient réunies : des milliers de réfugiés envahissant les pays voisins (Algérie, Niger, Mauritanie) et une sècheresse prolongée provoquant une crise alimentaire.

En Syrie, les combats font rage sans discontinuer. On entre dans un rapport 50/60 tués par jour. Le chiffre 10000 sera bientôt atteint et les manifestations se succèdent dans tout le pays après la prière du vendredi. Les « amis de la Syrie » vont devoir se compter lors d'une énième réunion à Istanbul. L'Union Européenne persiste à prendre des sanctions, cette fois envers des proches d'Assad dont sa femme (Asma, 36 ans) perçue jusqu'à ce jour comme la « lady Diana bis » mais qui, tout à coup, apparaît complice des tueries en cours et se complait dans une extravagance vestimentaire et mobilière qui n'est plus de mise ; à rapprocher d'Hannibal du clan Kadhafi lorsque celui-ci faisait construire un bateau démesuré avec nombres piscines pour y mettre des requins.

## Un climat d'insécurité règne dans ce monde arabe

Des actes de violences sont remarqués de plus en plus fréquemment en Egypte ; et à Tunis, les salafistes tentent en manifestant d'imposer la chari'a. Des tas de raisons qui amènent à déconseiller aux investisseurs et aux touristes de s'avancer vers ces pays. Or, et outrepassant ces conseils et ces craintes une société anglaise de voyage organisé n'hésite pas à offrir un voyage en Libye avec force garanties et assurances mais aussi risques et périls.

Dans une Libye où l'action de la Manul est prolongée de douze mois et où le budget 2012 a été adopté, bien que très élevé, sur une base de 68Mds de dinars (58Mds d'euros), et où, enfin, la bourse de Tripoli confirme sa réouverture.

*\* Le 26 03 2012*

A peine ce budget est-il voté et approuvé (15 03 2012) que déjà s'élèvent quelques critiques dans ses valeurs et dans sa répartition. On eut aimé voir un engagement plus élevé dans le développement et la reconstruction : au-delà de 15Mds de $ par exemple. Jibril, l'ancien premier ministre déclare que, sur ce plan : « les Occidentaux les ont laissés tomber ». Singulière manière d'expliquer ce dilemme car si contrat il y avait avec la coalition puis l'Otan devant la catastrophe prévisible face à Benghazi en 2011 par les troupes de Kadhafi, il n'y avait pas de service après-vente prévu comme cela est le cas après toutes les révolutions ou coups d'état, en un mot toutes destructions de guerre.

Ainsi ce budget prévisionnel de 68,5Mds de dinars ou 55Mds de $ est réparti pour 15Mds en salaires des fonctionnaires, 12Mds en subventions des produits alimentaires, 10Mds en fonctionnement général et 3Mds de $ à la réserve. Il est conçu manifestement sur d'hypothétiques recettes (tout au moins partiellement) provenant du pétrole et des rentrées de douanes pour quelques milliards ; un global de 54Mds de $. Acceptant ces chiffres comme tels, cela admet un faible déficit de 1Md.

## De turbulences en turbulences :

- En effectuant un déplacement en Russie, comme venait de le faire le CICR, Kofi Annan pense, après maintes consultations à Damas, que la clé du dénouement de la crise syrienne se trouve à Moscou et également à Pékin. Cela accrédite le rôle de la mission Annan qualifiée « de dernier parcours avant la guerre civile ».
- A la frontière égyptienne, au poste de Soloum, une tribu locale fait évacuer les milices libyennes acoquinées avec les trafiquants d'armes et de drogues, lesquelles imposaient des tributs de passage. Il faut dire que coté égyptien la situation, liée aux mouvements révolutionnaires récents, est aussi empirique. Le taux de criminalité est en augmentation et des armes transitent par leur territoire en direction des tunnels du Hamas à la frontière avec Gaza.
- A Sebha, une tribu toubou est entrée en conflit avec un quartier arabe soutenu par les Ouled Souleimane. Dans une ville de 150000h où les Toubou ne représentent que 10 à 15% de la population, le ton est monté entre les deux communautés. A l'origine, sont évoquées plusieurs raisons qui dégénèrent en opposition ouverte, est-il rapporté : un lucratif trafic de drogue en provenance de la frontière ;

l'assassinat de Galmaï, un dirigeant toubou ; des dissensions entre les Kadhadfa et les Magarha réactivant les tribus arabes conduites par Slimane, un ancien du régime kadhafiste.

Ya-t-il connexité entre ces deux derniers événements ? S'inscrivent-ils dans la continuité d'une recherche d'autonomie ? Certains admettraient volontiers une dichotomie toubou-arabe. Pourquoi pas une autonomie de chaque tribu libyenne dans quelque temps ?

*\* Le 31 03 2012*

A Sebha, le bilan des tués s'alourdit et devient significatif. Après six jours de combats avec des armes semi-lourdes (roquettes), de nombreuses maisons sont détruites ou incendiées. Il est signalé par les Arabes près de 140 morts et près de 400 blessés ; les Toubou n'ayant pas encore comptés les leurs. Il est patent, pour les uns, d'une guerre civile larvée à base raciale entre les noirs toubou et les Arabes, identique aux affrontements d'Al khofra ; pour les autres, il s'agirait d'une épuration ethnique ou d'une prise de Sebha aidé des Toubou du Niger et du Tchad afin d'en faire la capitale d'un futur Etat. Avec une volonté d'indépendance de la part de ces derniers, déclare Mansour, leur chef, qui annonce la formation d'un gouvernement du Fezzan sous la houlette de Mehdi, en marquant leur territoire depuis Murzuq et Al-Katrun.

Le gouvernement Kib ne prend pas à la légère ce genre de révolte à répétition dans le sud et, en fonction de moyens dont il dispose, détache l'équivalent d'une maigre brigade depuis Benghazi accompagnée de conciliateurs tout en lançant un mandat d'arrêt contre Mansour qui venait de réactiver son ancien parti : le FTSL. Ce qui lui permet de dire qu'un cessez le feu est imminent. Cela conforte également l'urgence de la mise sur pied de « brigades d'intervention rapide » sachant que 8000 ex-rebelles auraient rejoints les rangs de l'armée, la portant ainsi à 10000 hommes ; complétée par le désir de la formation d'un corps de sécurité qui recevra l'assistance et l'expérience des Algériens.

*\* Le 05 04 2012*

Cela concorde avec deux autres secteurs libyens préoccupants :
- celui de Zuara où les Berbères s'affrontent contre des *katiba* rivales à grands renforts d'armes lourdes. Il y a plus d'impacts de 23mms et de 40mms que de simples 9mms ponctués de colonnes de fumée visibles au-dessus de Jamil.
- celui de Sebha à Ghat où les Touareg ambitionnent une autonomie comme le tentent les Touareg du Mnla au Mali aidés des groupes armés salafistes et d'Aqmi. Kib, en visite à Sebha en début du mois ne pouvait que constater cette sorte d'anarchie ambiante et ne pouvait

qu'essayer de calmer toutes ces oppositions par des trêves superficielles.

Seuls réconforts : l'Italie vient de geler pour 1Md de biens diversifiés dans les actions, immeubles et forêts ayant appartenus au clan Kadhafi ; et la production pétrolière approche les 1,5 Mon de barils/ jour.

## Anarchie ici, poudrière ailleurs

Au Mali nord, ostensiblement, un mouvement de grande ampleur est en marche. Après avoir pris Kidal, les rebelles se sont emparés successivement de Gao où des pillages, saccages, vols et viols auraient été perpétrés par les milices maliennes avant leur fuite ou repli vers Bamako. Tombouctou tombait peu après et permettait aux chefs d'Aqmi (Belmokhtar le borgne, Zeid, leurs adjoints Abdelkrim et Djaoudi), et leurs katiba de parader et pavoiser en ville à découvert.

L'intention du Mnla, qui a été aidé par les hommes d'Aqmi dans cette progression, est de proclamer la « république démocratique de l'Azawad ». Qui pourrait s'y opposer ? l'U.A ? le Cedeao (CDAO) ? Qui peut réunir 3 à 5000 militaires face aux Touareg aguerris venus de Libye commandés par le colonel Majim et aux islamistes de l'Ansar Dine (Ansar-ed-din ou Ansar eddine) dirigés par le cheick Aoussa et commandés par Ghali, sans omettre les 400 hommes armés de l'Aqmi ? Une question demeure : est-ce que le Mnla qui se veut nationaliste et laïque va résister longtemps à la pression des islamistes fondamentalistes et à leur imposition de la chari'a. Déjà le drapeau noir voisine avec celui vert rouge et noir de l'Azawad dans les villes conquises.

Plus à l'est et à propos de la Syrie les réunions se succèdent. 74 pays dits : « amis de la Syrie », réunis à Ankara, s'apprêtent à reconnaître le CNS qu'Assad s'empresse de qualifier d'ennemis potentiels, abstraction faite de la Russie et de la Chine. A Bagdad, l'Irak revient sur le devant de la scène internationale en présidant le sommet de la Ligue arabe, après avoir reçu les ministres de l'Economie des pays arabes.

Par ailleurs, Annan aurait réussi à amadouer Assad ou à infléchir la position des Russes. Les deux consentiraient à un cessez-le-feu pour le 10 avril 2012. Or, six jours de plus font, à une cadence maintenue de 30 tués par jour, 180 morts. Les chars à Homs accélèrent le pilonnage de la ville sans discernement, ce qui fait que l'on est plus proche de 100 tués par jour.

Personne ne croit à une inflexion d'Assad ni à ses promesses. On reste dubitatif devant les six propositions d'Annan soumises au conseil de sécurité de l'ONU, portant sur : -l'aide humanitaire – la fin des combats – le droit de manifester dans la rue – la libération des internés arbitraires – le début d'un commencement de discussion du devenir politique et enfin la liberté d'action des journalistes.

*Le 08 04 2012*

Un nouveau pays vient de naître sous le nom d'Azawad, alors que le sud Mali retrouve son calme après la nomination de Troaré, son nouveau Président, et après la création du gouvernement intérimaire. La junte militaire, sous les pressions extérieures notamment du Cedeao, qui récuse toute partition du Mali, a été contrainte de céder le pouvoir aux civils. Apparemment tout semble idyllique : les Touareg ont obtenu leur territoire et déclaré unilatéralement leur indépendance.

### Une alliance implicite entre islamistes au Mali

Seulement, il y a un mais, dans leur sillage les islamistes intégristes qui ont fait le coup de feu se sont positionnés dans Tombouctou complètement désorganisé sur le plan économique. Surgis de nulle part, mais se tenant en embuscade, leur mode opératoire est parfaitement rodé et aussitôt mis en application : toutes les femmes de la ville doivent porter le voile ; toute la population doit se rendre cinq fois par jour dans les mosquées et écouter les discours religieux et politiques des imams dont beaucoup sont venus d'ailleurs. Une parfaite illustration d'un endoctrinement de masse à la vitesse grand V.

Pour parfaire le décor existe un deuxième groupe islamiste et salafiste proche d'Al Qaïda nommé Mujao ou Moudjao, qui, lui, serait maître du nord-est vers Kidal avec les mêmes objectifs, c'est-à-dire s'emparer du pouvoir, appliquer la chari'a et dans un deuxième temps établir la jonction avec le « Boko Haram » du Nigéria.

Le troisième larron, l'Aqmi, obtient également toute satisfaction. Il disposera désormais d'une vaste surface en plein centre du Sahel où il implantera ses camps d'entrainement militaire à ciel ouvert et activera son hégémonie sur tous les trafics d'armes, drogues, cigarettes et alcool à partir du fleuve Niger. Mieux structuré, fort de ces rentrées d'argent, fort des six otages ou plus toujours entre leur main, il va pouvoir pousser le Djihad vers l'Algérie en s'aidant de Droukdal toujours actif dans les maquis de Kabylie. (rappelons que ses dirigeants sont issus du Gspc algérien avant de recevoir l'adoubement d'Al Qaïda).

Comme on le voit, ces trois flèches aux ambitions divergentes préfigurent les mésententes futures. Les Touareg qui visaient à instaurer un Etat laïque sont en train de se faire envelopper par la mouvance islamique.

La thèse selon laquelle, Sanogo, le chef de la junte, rentrerait en contact avec eux de façon à élaborer une idée de fédération semble devenu illusoire. Le porte-parole du Mnla, Atthener, réaffirmant : « qu'il n'y aura aucun pourparlers dans ce sens avec la sud Mali, quitte à reprendre les armes si nécessaire ». Du coup, le tracé de la ligne passant par Douentza pourrait devenir pérenne quoi que l'on fasse.

\* Le 12 04 2012

En Libye, de dérives en dérives, force est de constater que chacun s'interroge sur le respect de la date des prochaines élections prévues fin juin. Seront-elles remises en cause ?

Ici, c'est le ministre du Logement qui est contesté, accusé d'avoir appartenu à l'ancien régime avec pour question : qui n'a pas collaboré de gré ou de force avec l'ancien régime ? Là, c'est Ghaith, le ministre des Finances qui est roué de coups parce qu'il aurait interrompu de verser les indemnités aux ex-rebelles suite à des listes frauduleuses. Auquel on associera une attaque à la grenade contre un convoi où se trouvait Ian Martin, représentant de la Manul, et qui de ce fait est obligé de se déplacer en voiture blindée dans Benghazi.

## Une certaine lecture d'un calme relatif

Les prisons sont de nouveau pleines comme sous l'ancien régime avec son cortège de tortures. Une seule différence : ce ne sont pas les mêmes prisonniers. Le CPI qui réprouvent ces méthodes a bien l'intention de poursuivre certaines milices de Misratah coutumières du fait, et qui de surcroît seraient accusés d'avoir forcé à l'exil les habitants de Taurgha, ainsi que d'une tentative d'assassinat sur la personne de Saif. (Il serait souhaitable que celui-ci soit transféré à Tripoli sur les conseils de son avocat commis d'office). Près de 300 personnes ont manifesté à Benghazi demandant d'éliminer tous ces groupes armés en scandant : « une seule armée, un seul drapeau ». Un délabrement personnifié par le squat d'Az Aziziah, l'ancienne demeure de Kadhafi transformé en souk ou par les déchets et ordures qui s'amoncellent dans plusieurs rues de la ville.

En Syrie, il semble se confirmer un cessez le feu. Retardé ces derniers jours par des prétextes futiles d'Assad, les chars se seraient retirés des principales villes après avoir terminé leur sale besogne jusqu'à la dernière heure, alors qu'il avait été convenu par courrier que l'armée rentrerait dans ses casernes et que seraient ouverts des couloirs humanitaires. Disons nuement la vérité : ces chars se sont repositionnés à l'écart des villes prêts à s'élancer si besoin était, tout en plaçant des tireurs d'élite sur le toit des immeubles. Une première conséquence : la Turquie n'a pas apprécié les tirs récents sur les 3000 syriens supplémentaires réfugiés sur son territoire.

En d'autres lieux, les combats continuent au Yémen entre Al Qaïda, les tribus et l'armée. Au Soudan, à peine les conciliabules sur un carré de terre (l'Abyei) à cheval sur la frontière avec le Sud-Soudan, se sont-ils terminés sans succès qu'aussitôt les bombardements par Mig29 et Antonov ont repris. Quant au Mali, il se confirme qu'Aqmi a bien kidnappé 7 diplomates algériens et que les hommes de Boko Haram (venu du Nigéria par le fleuve Niger) étaient déjà présents et se sont impliqués lors de la prise de Gao.

*Le 18 04 2012*

Les velléités d'autonomie remarquées en Libye ces dernières semaines ont fini par s'estomper. Selon plusieurs conseillers avisés, il fallait les interpréter comme des manifestations de rappel d'existence par les Cyrénéens, Berbères et Touareg : « nous entendons bien être partie prenante aux prochaines élections ». Une théorie un peu moins précise en ce qui concerne les Toubous emmenés par Wardougou auréolé de la libération de Murzuq, le 19 août 2011. Un allié des Touareg nigériens qui persistent à vouloir faire venir des émigrés africains afin d'augmenter leur communauté. En tous les cas, c'est ce que leur reproche les Arabes de la tribu Zwaï dont une des brigades partisanes des Oueled Slimane appelée « bouclier de la Libye » ou « Deraa libya » se réfère d'appartenir à l'armée libyenne. Son chef Nacir ne cache pas qu'il veut devenir le dirigeant de la province du Fezzan.

Mal interprétés, ces faits prêteraient à confusion dans la forme s'il n'était permis dans le fond d'avoir une vision plus optimiste et prendre en considération :

- la bonne volonté des Thowars du secteur d'Al Jufra disposés à déposer les armes ; acte qualifié de positif.
- la réunion des responsables de Sebha sur les problèmes sécuritaires de la ville.
- la manifestation d'envergure à Benghazi où est réclamée la fin de la militarisation et la dissolution des milices.
- la relâche de 80 tunisiens à Az Zawiyah, attirant l'attention sur le retour des travailleurs tunisiens en regard d'un taux de chômage impressionnant en Tripolitaine.
- La reprise du contrôle de l'aéroport international qui était aux mains d'une brigade d'Az Zintan.
- enfin, le succès enregistré pendant la foire internationale de Tripoli en début de mois.

Sans occulter les élections à venir dans deux mois et demi, en faisant paraître une loi sur la création des partis politiques et en recevant une mission européenne et tunisienne qui se propose d'envoyer des observateurs dans le but de veiller au bon déroulement de celles-ci. Par ailleurs, Abdeljalil lors de sa rencontre avec le Président algérien Bouteflika a souhaité que la Sonatrach reprenne ses recherches pétrolières vers Ghadamès et qu'il était surpris par le mutisme de la famille Kadhafi (hormis l'écho d'une poursuite de la justice française -pour maltraitance sur ses employés- envers la femme de Bachir Saleh, alias Kawi, l'ancien chef de cabinet de Kadhafi qui coule des jours heureux dans sa somptueuse villa de l'Ain). Tandis que Kib reprenait contact à Doha avec le Qatar afin d'ouvrir une coopération plus active.

A quelques distances, aux portes de la Libye, l'escalade des litiges se transforment en guerre ouverte entre les ennemis déclarés que sont devenus le Soudan et le Sud-Soudan. Ce dernier et nouvel Etat avait hérité de la traversée du Nil bleu avec ses barrages et ses terres fertiles parfois louées ou vendues, et de la partie pétrolière la plus importante après un référendum majoritaire et l'indépendance du 9 juillet 2011. Au détriment du nord qui, lui, en revanche disposait de l'oléoduc vers Port-Soudan en bordure de la mer rouge et des trois raffineries. Autrement dit : l'un restant dépendant de l'autre pour ce qui touche à l'exportation.

## Les litiges persistent entre les deux Soudan

Le Soudan et son président Bachir au fil du temps ont alors exigé une redevance de passage de plus en plus élevée pour atteindre tout dernièrement une valeur exorbitante de 26$ par baril alors que le sud ne veut pas aller au-delà de 5$70 afin d'évacuer ses 350000 barils par jour. La parade élaborée par le sud consiste en un accord de construction d'un oléoduc avec le Kenya en direction de Lamu. Au grand dam des Chinois qui avait fait du Soudan leur tête de pont vers l'Afrique. A contrario, les Indiens et les Américains voient là, en ce nouveau terminal sur l'Océan Indien une excellente sortie d'un approvisionnement supplémentaire. Les Israéliens verraient plutôt un pipeline vers Djibouti diminuant ainsi de moitié leur trajet et surtout en évitant le passage critique le long de la Somalie. Après réflexion, commerce oblige, la Chine n'a pas hésité à faire sienne la requête du Président Kiir du Sud-Soudan et lui octroyer 8Mds dans le but de parfaire ses infrastructures.

*\* Le 25 04 2012*

La directive inopinée, précisant que tel ou tel parti peut participer ou non aux élections locales de Benghazi et de Tripoli ainsi qu'à celle de l'Assemblée constituante, à fait l'objet d'une bombe. Bien que très nombreux, voire trop nombreux, beaucoup de partis seront touchés par les termes ambigus énoncées. Ceux-ci (les partis) : « ne doivent pas être fondés sur des considérations régionales, tribales ou religieuses, et ne peuvent être financés par l'Etranger », selon Landi, un membre du CNT.

Ce dernier fait un distinguo entre les partis islamistes dits « modérés » et les partis islamistes dits « radicaux ». Une différence et une limite très difficile à apprécier dans cette période ; un parti peut s'avancer sous le couvert « modéré » et passer au « radical » dès les résultats connus en sa faveur.

Une analyse sommaire démontre :
- Une formulation paradoxale entre les propos tenus antérieurement sur l'introduction de la loi coranique dans la constitution et cette évacuation du religieux dans l'accès à l'Assemblée.
- Une décision diversement appréciée qui expliquerait les embarras, la gêne ressentis par le gouvernement qui a planché longuement sur le sujet. Est-ce que cette loi, qui va exclure beaucoup d'aspirants, n'a pas été votée à son insu ? Un gouvernement provisoire qui, par ailleurs est contesté sur certains postes ministériels, réaffirme cependant qu'il n'y aura pas de remaniement ministériel avant les élections.
- Une loi qui sera forcément contestée comme l'est la disqualification des 10 représentants de partis en Egypte et la non référence à la chari'a dans la future constitution tunisienne comme le déclarait Ghannouchi le 4 avril 2012.
- Un prélude à une Assemblée, un Gouvernement, une Présidence plus laïque. Les élections de juin devraient nous en donner un aperçu.

Concernant la Syrie, le mot unanime à l'ordre du jour est : « inacceptable ». En réalité, Assad se soucie fort peu de la présence des bérets bleus qui ont du mettre très vite leurs casques tant les bombardements sont persistants. Il maintient un cap aux alentours de 50 tués par jour. De sorte qu'il ne se passe rien de nouveau à l'est. Les observateurs observent, les inspecteurs inspectent, la Ligue arabe persiste en l'envoi d'une aide militaire aux insurgés, les Russes temporisent et les Chinois au nom d'une non ingérence ne s'exonèrent pas de leur attitude négative en envoyant quelques casques bleus sur le terrain.

## Quand Assad finaude et révèle sa vraie nature

En ne voulant pas accepter parmi les futurs observateurs les « amis de la Syrie », que restera-t-il en impartialité d'observation de ces bérets bleus aux aguets s'il ne sont réduits qu'à ses seuls amis ? En outre, le déploiement de ces centaines d'observateurs sur la période des 3 mois à venir, dit-on, va entraîner nécessairement de nouveaux réfugiés vers les pays limitrophes. Ces 90 jours causeront la mort de quelques milliers de Syriens supplémentaires. On se rapprochera alors des 15000, peut-être même des 18000 tués.

Ces entraves évidentes à la résolution font dire à A.Juppé, ministre des Affaires étrangères français que le plan Annan est : « fortement compromis ». Il est vain de croire en effet qu'Assad va plier aux injonctions, ou à plus de sanctions à son encontre. S'il arrivait à ses fins, il donnerait des regrets aux Moubarak, Ali et autres Saleh d'avoir lâché le pouvoir un peu trop vite.

* *Le 29 04 2012*

Dans cette joute verbale des derniers jours (absence du conseil des ministres, motion de censure), dans cette disparité d'opinions entre le CNT et le gouvernement de Kib, il était normal que chacun revienne aux obligations qui lui incombent.

Il a été craint un certain temps que Kib, Premier ministre, soit désavoué et remplacé par Shakour l'islamiste ou par Rajbani l'actuel ministre du travail. Mais ces deux remplaçants éventuels auraient-ils disposé de plus de moyens pour réunir les différentes composantes de la société libyenne, pour poursuivre les anciens Kadhafistes qui dans une attaque à Benghazi font exploser une charge puissante contre le tribunal où se réunissaient des membres du gouvernement, puis recouvraient les murs de slogans pro-Kadhafi, enfin pour parer aux affrontements dans les prisons ou pour éviter des profanations de cimetières et des destructions de sites historiques ? Comment en serait-il autrement lorsque Jouili, ministre de la Défense, s'évertue à constituer une armée en appelant au secours les voisins algériens. Assurément, ce gouvernement doit composer avec les circonstances et il peine à terminer son parcours de transition, cependant nous sommes tout proche du 19 juin, jour des élections maintenues.

Il pourrait être admis qu'en suivant la guerre interne syrienne l'on s'éloigne de la Libye. Il n'en est rien comme le démontre l'arraisonnement par la marine libanaise d'un navire battant pavillon Sierra Leone. Celui-ci parti de Tripoli, après un arrêt à Alexandrie continuait sa route vers un port libanais chargé de conteneurs dont trois remplis d'armes de tous calibres destinées aux rebelles syriens. Ce qui suscite trois observations :
– Des armes s'échappent toujours de Libye et dans ce cas avec l'accord des autorités du port de Tripoli.
– Les rebelles syriens reçoivent donc bien des armes venant de l'extérieur contre balançant celles reçues par Assad.
– La Libye de nouveau en la provenance des armes reçues par les rebelles des montagnes Nuba près de Heglig sur la frontière entre le soudan et le soudan-sud.

Au même titre sera le conseil ou avis autorisé prononcé par la Ligue arabe sur le sujet brûlant qu'est le jugement de Saif et qui doit se dérouler d'après eux en Libye.

* *Le 05 05 2012*

L'abrogation de la loi sur les partis est aussi inattendue que sa parution éphémère. De façon à ne pas prêter le flanc aux rumeurs et à d'éventuels soulèvements cette démarche qui peut apparaître sinueuse laisse de nouveau la place à une représentation des différents courants, islamistes compris, en vue de l'élection des députés en Libye.

A la différence de l'Egypte où les salafistes dénoncent leur exclusion d'une campagne électorale par des manifestations face au ministère de la Défense et sur la place Tharir au Caire et à Alexandrie. Des premiers mouvements de protestation on dénombrait 20 morts. Des heurts violemment réprimés par des milices venues dont on ne sait d'où et inconnues à ce jour. Le chef des armées, Anan, après avoir imposé le couvre-feu, promettait alors son retrait du pouvoir dès les élections terminées.

*Le 10 05 2012*

Le schéma en cours au Mali s'affiche avec précision. D'un côté le Mali du sud vitupère et prétend vouloir reconquérir le Mali nord dissident avec l'appui du CDAO et ses 3000 hommes. D'un autre côté l'Azawad autoproclamé indépendant qui se fortifie et dont les tendances s'articulent autour du Mnla (Touareg), du Fnla, un nouveau groupement d'environ 500 hommes commandés par Khoulan qui se veut laïc et non sécessionniste, d'Ansar Dine à qui l'on reproche la profanation du mausolée Ben Amar, du Mujao à Gao et enfin Al Qaïda qui vient d'imposer sa loi à tous ces groupes en délogeant le Flna de Tombouctou et en le remplaçant par Hamade, un de ses chefs militaires.

## La pétaudière est en place. Les jalons sont posés

Al Qaïda est maître d'un territoire au pied du Maghreb. Dès lors les recrutements vont s'organiser depuis le Maroc, la Tunisie, la Libye, le Niger et Nigéria. Mieux : des instructeurs pakistanais, chevronnés, nouvellement arrivés se sont appropriés les casernes désaffectées et l'instruction des nouvelles recrues va pouvoir s'intensifier. Le tout repose sur deux piliers, l'un : les prises d'otages versus rançons comme l'est la séquestration des 7 diplomates algériens par le groupe Mujao qui demandent 15 Mons d'euros en échange ; l'autre : l'approvisionnement en armes venant de Libye.

Les salafistes et les fondamentalistes sont présents partout au Maghreb. Al Qaïda après l'absorption de groupes islamistes armés est prêt à donner l'élan nécessaire au djihad sur cette région dans le cas où les premiers cités ne pourraient accéder au pouvoir par les élections qui se succèdent (celle d'aujourd'hui en Algérie et bientôt celle de Libye). Une volonté expansionniste évidente.

Ce n'est guère différent en ce qui concerne la Syrie. Après une présence naissante en Jordanie, puis un déplacement vers l'Irak, Al Qaïda pénètre la Syrie et marque sa présence de deux attentats (l'un du 6 janvier à Damas, l'autre le 10 février à Alep) provoquant la mort de 55 personnes et des centaines de blessés. Les observateurs de l'ONU, dont un de leur convoi avait été attaqué près de Deraa, sont d'une impuissance totale dans cette affaire. Par conséquent que valent des élections législatives qualifiées à juste raison de « mascarade ».

En Libye, secouée elle aussi par les actions néfastes des milices armées, il faut contrecarrer l'action d'une dizaine d'ex-rebelles à Tripoli prenant d'assaut à l'arme lourde le siège du gouvernement toujours à propos des indemnités non négligeables de 2400 dinars (1200 euros) qui leur sont dues. Ou lorsqu'il faut faire usage de la force pour disperser un sit-in (appel d'emplois) devant la compagnie pétrolière : l'Arabian gulf oil company.

On assiste à une suite de carences et d'errements qui mettent les nerfs à rude épreuve. Il n'est pas surprenant de noter le malaise passager d'Abdeljalil épuisé face à de telles agressivités. A l'instar de Ghanem, l'ancien ministre du pétrole sous Kadhafi, retrouvé noyé dans le Danube en début de ce mois et qui sera inhumé à Tripoli ; ou encore la lutte contre la corruption qui se développe.

## *Le 18 05 2012*

Les intérêts contradictoires et les règlements de compte se poursuivent en Libye. Pareils aux affrontements de Ghadamis où des Arabes s'en prennent aux Berbères près de l'aéroport et l'hôpital. Pareil à l'assassinat de Saleh, un candidat sans étiquettes aux futures élections, à Awbari près de Sabha. Pareil, enfin, à une loi d'amnistie prévoyant d'accorder l'immunité générale aux anciens rebelles (N 38) alors que durant la phase de la guerre civile des crimes ont été commis des deux bords. Des faits qui ne font qu'envenimer les rancoeurs.

A peine les élections étaient-elles homologuées et officialisées en Algérie où était notée avec surprise l'éviction des islamistes du pouvoir, qu'Al Qaïda réagissait à la frontière sud en abattant un drone. L'incident de mineur devenait très vite d'importance car il mettait en évidence les moyens dont disposent les islamistes ultras dans ce nord Mali (Azawad), au-delà d'un pillage d'une banque à Kidal (1Mon d'euros).

- Al Qaida possèderait des missiles sol-air d'origine russe en provenance de Libye et surtout en état de fonctionnement avec tous les supports techniques et les dispositifs qui y sont liés.
- Il y aurait donc des drones qui survoleraient la région. Des drones qui se veulent par définition furtifs, volant à haute altitude à grande vitesse ; en un mot : le plus discret possible dans des missions de reconnaissance (survols des déplacements insolites d'Al Qaïda et autres groupes, localisation des otages détenus au Sahel). Des drones soutenus par une logistique : station de contrôles au sol ou depuis des

avions en vol dans les environs équipés de pods d'écoute, stations de réception, traitement d'images…).
- Dès lors, à qui appartiennent ces drones fabriqués par Gaas (General atomics) sous les formes les plus connues RQ1, MQ1, MQ9 (reaper, avenger, pretador-B) ? Seuls les Américains, voire Anglais, Français et Israéliens en possèdent. Ce qui apparaît nouveau : c'est le survol de cette région par les services de surveillance occidentaux avec l'accord, semble-t-il, des Algériens qui jusqu'alors interdisait la présence de drones au-dessus de leur territoire. Enfin, troisième élément : les débris du drone auraient été récupérés par l'armée malienne entre Ouikran et Toudenni. Ce qui laisse étrangement supposer que celle-ci est encore opérationnelle au nord Mali.

## Des incidences sur le Liban

Un autre secteur attire l'attention. Celui du Liban où des heurts se sont fait jour entre alaouites réfugiés et sunnites intégristes avec morts et blessés. Une escalade et une proximité syrienne dont la contamination avec ses réfugiés en grand nombre (25000) faisait dire à Mikati, Premier ministre libanais : « nous sommes sur un volcan en activité, dans un pays au bord d'une guerre civile en état larvaire ».

*Le 24 05 2012*

En Egypte, le premier tour des élections présidentielles s'est déroulé à la date prévue et dans un calme apparent. Un choix civique entre quatre fortes personnalités (hors Sabahi et Ali), très éloignés les uns des autres sur le plan idéologique. De l'islamiste Morsy, à la tête du parti « liberté et justice », ou de Fotouh, l'exclu des frères musulmans associé aux islamistes d'Al Nour, aux candidats situés à l'autre extrémité de l'échiquier ayant collaborés au régime Moubarak : tels Moussa, ancien ministre des Affaires étrangères, et Chafik, ancien chef de l'armée. Ces deux derniers sont honnis par les jeunes révolutionnaires de la place Tahrir.

L'inquiétude viendrait des deux bords :
- L'arrivée de Morsy à la présidence avec les islamistes qui contrôlent déjà le parlement (113 sièges y compris les salafistes).
- Le retour des militaires par Chafiq à la présidence soulèverait un aussi grand tollé, d'autant que l'on voit mal comment l'armée va monnayer son retrait, si retrait il y a, sachant qu'elle détient 25% de l'économie générale.
- En outre, l'avenir des Coptes est en jeu. Le passage du canal de Suez est en jeu. La fuite d'Egyptiens vers la frontière libyenne est en jeu. La protection des sites historiques face à la recrudescence des pillages

est en jeu. Enfin l'armement des Bédouins dans le Sinaï avec des armements neufs (RPG, kalachnikov, SAM-7...), accroît encore ce climat alarmant.

Au Yémen, lors de la répétition du défilé militaire en vue de la fête nationale, un Kamikaze s'est fait exploser au milieu des soldats tuant 90 d'entre eux. En quelque sorte une réponse de Ansar Al-Chari'a à l'avancée de l'armée au sud de Zanjibar.

Quant au Mali, les groupes islamistes s'apprêtent à fusionner avec les Touareg et à décréter la mise en marche d'un Etat « islamiste » en Azawad. Dorénavant tous les vestiges du passé apparentés à l'idolâtrie n'ont plus leur place à leurs yeux et doivent être démolis.

## Et puis survint le massacre de Houla en Syrie

*Le 28 05 2012*

Au-delà du massacre horrible de Houla au centre de la Syrie où 32 enfants ont trouvé la mort parmi 70 adultes et plusieurs centaines de blessés, les sommets de l'horreur ont repris leur chemin.

Les chars sont de nouveau rentrés dans Alep, et 33 morts ont été dénombrés à Hama sous l'œil observateur des casques bleus chargés d'appliquer un plan de paix qui n'existe plus. HRW n'hésite plus à inscrire au tableau le chiffre de 13000 tués à ce jour. Le médiateur délégué Annan, ballotté entre le verbe des uns et des autres, a échoué dans sa démarche de paix, et même en portant le dilemme devant le conseil de sécurité, il en résulte une simple déclaration d'intention très éloignée d'une résolution à mettre en œuvre.

Assad persiste à dire qu'il n'est pas décideur dans ces massacres, avec d'autant plus de facilité qu'il est sous la tutelle des Russes, lesquels ont également le beau rôle en participant au vote majoritaire des 15 à l'ONU dans des options déclaratives qui ne les engagent en rien sur le terrain.

Annan se rend ce jour pour la énième fois à Damas afin d'essayer de réparer l'irréparable. Face à ces perspectives débouchant sur le néant, les insurgés déclarent reprendre les combats.

En Egypte, la mobilisation est générale en prévision du deuxième tour programmé au 16 et 17 juin et qui met en challenge Morsy et Chafiq. D'ores et déjà sont envisagés par les uns et les autres le chaos général et une seconde révolution. Que devient le suffrage universel et reconnu dans cette formulation pessimiste ?

*Le 03 06 2012*

Inexorablement, la Libye s'avance vers les élections toutes proches. Le gouvernement KIB aura tenu malgré les incertitudes toujours présentes comme la circulation de tracts sur la « Jamahiriya verte » avec l'effigie de Kadhafi dans l'université El Fateh à Tripoli, ou le saccage de la maison de Moussa Koussa, ou enfin quelques échauffourées entre les rebelles de Tajura.

Inexorablement, la Syrie s'enfonce dans une guerre généralisée. Vers une guerre civile déclare H.Clinton (les Occidentaux ont rapatrié leur ambassadeur). Vers des éléments précurseurs d'une guerre civile renchérit Poutine. Afin que rien ne puisse se faire par la force, celui-ci préfère le relationnel en se rendant en Chine où il rencontrera à cette occasion Ahmadinejad l'Iranien. Par ailleurs, H.Clinton et Lavrov ont promis de travailler ensemble sur le sujet. 2 juin : 55morts, 3 juin : 37morts. A deux pas, Israël arme ses sous-marins allemands de têtes nucléaires.

Inexorablement, le conflit s'enracine au Soudan où les troupes se sont retirées du carré Abyei avec en compensation un déplacement à venir de plus de 500000 personnes vers le Sud-Soudan

*Le 09 06 2012*

Depuis plusieurs jours la brigade Al-Awfya de Tarhunah s'est emparée de l'aéroport international de Tripoli paralysant les vols ou les déroutant vers Mitiga, l'aéroport militaire, sous prétexte de la disparition d'un de leur chef : Al-Habchi. Cette prise fait suite à la présence de la police qui elle-même avait succédé à la brigade de Az Zintan démontrant ainsi la recherche de subsides en accaparant les rentrées des douanes, quand ce n'est pas la pratique d'un certain racket. Cette prise met à jour également les moyens guerriers dont disposent ces ex-rebelles.

### Le pouvoir des milices, ex-rebelles, en Libye

Il en est de même de la brigade de Az Zintan qui vient de séquestrer quatre membres du CPI en visite en Libye afin d'y rencontrer Saif, dont l'avocate australienne Taylor (La venue d'une délégation du CPI pour tenter de dénouer ce litige est très controversée, car la compétence du CPI est toujours contestée par la Libye). La brigade de Az Zintan reste fortement armée de 50 chars, autant de canons anti-aériens, un lot de manpads, mines et roquettes, et des quantités impressionnantes de caisses de munitions, faisant dire à Atiri, un de leurs chefs : « qu'ils étaient les premiers à prendre les armes contre Kadhafi et qu'ils seront les derniers à les rendre ». Cette puissance de feu leur confère une position dominante non seulement dans la patrouille des frontières, dans la sécurisation des champs de pétrole ou dans les conflits tribaux, mais aussi dans la détention de Saif toujours entre leurs mains et maintenant 4 personnes du CPI. Doit-on les considérer comme otages ? Doit-on s'attendre à une demande de rançon ?

Pour couronner le tout, hors les heurts persistant d'Al-Khofra, l'on vient d'apprendre le report des élections de l'Assemblée constituante au 7 juillet 2012, voire après le Ramadan si les problèmes techniques et logistiques n'étaient pas résolus.

En Syrie, l'imperturbable, jusqu'au-boutiste Assad entretient le rythme. Son attitude équivoque autorise la visite de quatre villes où tout a été camouflé préalablement, tout en annonçant un remaniement de son gouvernement laissant croire à de nouvelles intentions. A l'opposé de ce constat et au-delà des villes importantes désagrégées sur une ligne sud-nord (Deraa à Alep), les sinistres shabbiya (chabbiha) ou milices sanguinaires (égorgement d'enfants et balles à bout portant dans la tête des adultes) s'en prennent aux villes moyennes et villages entourant cet axe à l'abri des regards inquisiteurs des observateurs de l'ONU. L'armée suit cette avant-garde ravageuse, bombarde et recouvre le tout de gravats des immeubles et maisons détruites. Et, si d'aventure, quelques trop curieux traînent dans les environs, leur progression est stoppée au pied des barrages et les balles sifflent à leurs oreilles. « Circulez, il n'y a rien à voir ».

On s'achemine allègrement de Houla en Al-Koubeir (Mazraat-al-kabir) autour des 100 tués par jour (83 aujourd'hui) et vers un dépassement des 14000 depuis mars 2011, pendant que les défilés des manifestants à Damas continuent leur gestuel après la prière du vendredi. Force est de constater que la mission d'Annan est un échec dans la mesure où la triade RCI (Russie, Chine, Iran) s'oppose à toute intrusion extérieure dans le conflit. De réitérations en réitérations, chacun campe sur ses opinions premières.

*Le 15 06 2012*

De jour en jour, une certaine partie du monde arabe s'enfonce dans le chaos ; c'est le moins que l'on puisse dire. Tous les indices sont alarmistes et sont préludes à des affrontements. Il est sûr qu'il n'y a aucun signe d'apaisement.
- En Egypte, l'élection du futur Raïs, que ce soit Morsy ou Chafiq, va propulser ce nouveau président à la tête d'un Etat sans assise, ni parlement, ni constitution. La Haute cour constitutionnelle, précisément à la veille du scrutin, vient en effet d'émettre deux arrêts : l'un, dissolvant le parlement le jugeant « anticonstitutionnel », supprimant du même coup l'Assemblée constituante. L'autre, invalide une loi qui interdisait l'accès au pouvoir suprême des anciens du régime de Moubarak. Chariq était directement concerné par cette loi. Tout cela ressemble fort à un coup d'Etat que l'on

appellera « institutionnel ». Le grand gagnant reste l'armée et le CSFA qui se proposent d'élaborer une nouvelle constitution et se portent responsables du pouvoir législatif et exécutif. Le peuple égyptien, et c'est peu dire, est renvoyé à la case départ.

Baradei extrapole la situation par un : « élire un Président sans parlement ni constitution, c'est élire un Président sans pouvoir ».

## « Les Barbus sont derrière tout cela » déclare l'homme de la rue

- En Tunisie, lors d'une exposition artistique à Marsa, les exaspérations se sont déchaînées contre les mécréants qui osent exposer leurs lugubres cogitations aux yeux de Tunisiens en quête du « sacré ». Un blasphème notoire à leur endroit. Des dizaines de morts dans diverses régions font réapparaître le spectre des méthodes d'antan : « les couvre-feux, les gilets pare-balles, les autorisations de tirer sur la foule et enfin l'interdiction de nouvelles manifestations ». Un décalage indéniable entre un « printemps » qui s'éloigne et un temps des désillusions qui s'installent au seuil de chaque porte, faisant fuir encore plus l'embryonnaire activité du tourisme.

Les groupes islamistes Ansar Al Chari'a et Ettahrir conscient du danger avancent le bon sens et la raison en renonçant momentanément à manifester mais rappelle à Ennahda d'accentuer la mise en place de la chari'a. En arrière-plan, Al Qaïda maintient la pression sur toute cette filière. La condamnation d'Ali à la perpétuité par contumace retient à peine leur attention.

- En Libye, vaille que vaille, contre vents et marées, le gouvernement fait face aux nuisances locales. Hors le conflit Toubou et Zwaï qui perdure ; hors les heurts entre la brigade de Az Zintan et la tribu d'Al Machachia à l'ouest, des faits marquants continuent de se produire notamment à Benghazi où un convoi de l'ambassade de Grande-Bretagne a été attaqué faisant suite à l'explosion d'une bombe devant le bâtiment diplomatique américain. Le CICR a déjà reçu des tirs de RPG. Ce serait l'œuvre de groupes islamistes installés en banlieue dit-on !

Quant à la Syrie, tout est en stand-by. L'armée assiège Haffé : 35 morts, empêchant toute proximité de l'ONU. Lorsque les insurgés s'en prennent à leur tour à une ville, ils trouvent en préalable des enfants en bas âge placés là par le régime d'Assad en guise de boucliers. Viendra alors l'heure du retour chez eux de tous les observateurs, et ce n'est pas l'élection de Sayda, un Kurde, à la tête du CNS qui fera varier le cours de cette tragédie.

*Le 22 06 2012*

Le début de la campagne électorale vient de démarrer en Libye. Le nombre d'inscrits est très important face aux 2500 candidats libres et aux 1200 issus des partis politiques. Cela n'exclut pas les délits et méfaits locaux, tel celui de Benghazi où les « Partisans de la chari'a » s'en sont pris cette fois au consulat tunisien. Le FLS (forces de sécurité) a aussitôt réagi. Les consulats semblent des cibles privilégiées.

Hier, les Egyptiens devaient savoir qui de Morsy ou de Chariq serait l'élu officiel. Un report sans date déterminée a été signifié. La déception fût à la mesure du remplissage de la place Tharir composée en majorité d'islamistes qui déjà proclamaient la victoire de Morsy à 52%.

Devant l'emprise de ces islamistes qui contrôlent déjà les arts en général (cinéma, chanson, danse, peinture…) suivant l'influence des médias d'Arabie Saoudite, faisant fi de la culture égyptienne, l'armée concrétise la reprise des commandes en enlevant maintes prérogatives dépendant du futur Président. Le coup d'Etat est consommé.

Avant-hier : 58 tués ; hier : 83 ; aujourd'hui :170 ; un record. En Syrie, il n'y a pas de quoi se réjouir. L'ONU, bafoué, a mis ses observateurs à l'abri. En revanche, à ciel ouvert, les cargos russes, dont le « MV. ALAED », s'apprêtent à déverser leur armement. S'agit-il de matériels qui viennent d'être commandés ? S'agit-il d'hélicoptères en retour de réparations ou de rénovations ? Ou enfin, s'agit-il d'hélicoptères militaires destinés à la base de Tartous ?

Il apparaît notoire que nous assistons à un ***basculement*** en Syrie sur deux plans :
– L'un concerne les belligérants. Il y a presque autant de morts issus des combats entre les deux camps. L'armée de l'impavide Assad pilonne, sans discontinuer, les villes de Homs et de Deraa, pendant que l'armée dite « libre » reconquiert des quartiers, des villes et des surfaces à l'adversaire. Ce qui n'est pas sans apporter un surplus de victimes. Les tués proviennent des deux cotés.
– L'autre, concerne un positionnement des Russes suivi d'effets concrets : ouvertement des armes lourdes sont livrées au fidèle Assad. En face des armes arrivent de Turquie en provenance des USA et de la Ligue arabe. Ce qui fait penser aux sombres moments de la guerre froide où deux grandes puissances jouaient au chat et à la souris. Pour Poutine, le Russe, et avec persistance, il n'est pas question de déloger un dirigeant en place quelles qu'en soient les raisons.

Et lorsqu'un pilote de chasse syrien détourne son avion MIG 21 sur la Jordanie, son courage semble bien dérisoire.

Par ailleurs : 100 tués au Yémen ; 34 en Irak ; 56 au Nigéria.

*Le 27 06 2012*

La commission électorale en Egypte a tranché. Ce sera Morsi (Morsy) le futur président. (13Mons de voix obtenues contre 12 à son rival Chafiq. 26Mons de votants sur 51Mons d'inscrits : soit un taux de participation de 51%). A peine sa légitimité est-elle reconnue (les USA ont salué aussitôt cette élection) avec la manifestation de joie Place Tharir que déjà la qualification de Président sans couronne, ni parlement, ni constitution, est avancée. Tout juste si les mots : factice, neutre, « fantoche » ne sont pas susurrés. Une situation étrange face à une armée omniprésente emmenée par le Maréchal Tantawi, ses généraux et le CSFA reconnaissant les résultats affichés.

Mais malgré tout, cette junte, qui a enlevé toute substance sous les pieds du nouveau Raïs, reste un énorme contre-pouvoir qui conserve le plein contrôle sur les institutions, qui se veut garante du bon ordre intérieur au risque d'utiliser la loi martiale s'il y avait début de chaos, et enfin qui se veut garante de la protection de l'Egypte par rapport à l'extérieur. Donc voilà une entité placée au-dessus de la mêlée avec qui il va falloir composer. Le tout résidera dans le type d'alliance que les deux forces adopteront. Chacun va devoir faire des compromis : la junte mais aussi les frères musulmans et le parti FJP, afin de pratiquer une entente ne serait-ce que momentanée, et entamer une sorte de « cohabitation ».

Pour autant, les islamistes viennent d'acquérir une grande victoire : le premier Président islamique du monde arabe, même considéré comme « modéré » et sans pouvoir réel. Or, ce chef d'Etat d'un grand pays de plus de 83Mons d'habitants pourrait très bien réserver des surprises qui conduiraient à ce que vit la Turquie de nos jours, c'est-à-dire ramener une armée à son juste rôle par un Erdogan qui avait su utiliser toute la panoplie juridique et constitutionnelle mis à sa disposition.

36 morts avant-hier, 60 hier, 80 aujourd'hui provoqués par les deux belligérants en Syrie. Le chiffre de 15000 tués est largement dépassé.

Assad a réuni au grand complet son nouveau gouvernement (peu de remaniement, beaucoup de reconduction) dirigé par Hijab, Premier ministre, et leur a confirmé cette fois avec solennité et conviction : « nous sommes en guerre ». En effet, l'évolution est telle, qu'il peut craindre une avancée imprévue des insurgés, un renforcement de l'ALS avec plus d'armement et plus d'entraînement, une existence plus active des djihadistes dont le nombre augmente sans cesse et venant de tous les horizons (la destruction de la chaîne de télévision près de Damas et du Palais de Justice est bien dans leur signature), sans oublier l'éclosion des bandes armées.

A l'extérieur de la Syrie, les armées des pays voisins se rapprochent des frontières. La Turquie n'a pas digéré la destruction en vol de son F4-Phantom, ni la disparition de ses deux pilotes non retrouvés à ce jour malgré les recherches en cours, se réservant ainsi le droit de poursuivre et porter l'affaire devant l'ONU. Cela ne fait qu'augmenter les tensions d'un cran. Or, personne ne juge opportun d'intervenir militairement. Encore moins si l'on examine la facilité avec laquelle a été intercepté le F4 violant l'espace aérien syrien, si l'on examine une armée syrienne très aguerrie et approvisionnée de l'étranger, et enfin si l'on examine une garde républicaine entièrement intacte. Ainsi, la reddition d'Assad, il faut s'en persuader, ne se fera qu'intra-muros par les Syriens eux-mêmes.

## Que vont devenir les « manuscrits » de Tombouctou ?

Au Mali-nord ou Azawad, l'ascendant des islamistes radicaux se confirme suivant une programmation bien orchestrée. L'entreprise de démolition Ansar Dine est en pleine activité à Tombouctou. Etant donné l'ancienneté de ces mausolées (une quinzaine environ), il ne leur sera pas difficile dans venir à bout avec de simples pics et ainsi effacer toutes traces de glorification physique ancestrale. Un véritable désastre. Les « saints », pourtant musulmans ne peuvent s'intercaler entre le croyant et Allah clament-ils. Cela ressemble bougrement à la destruction des deux immenses bouddhas à Banyan en Afghanistan par les talibans, il n'y a pas si longtemps. En marge, une évacuation de toutes manifestations cultuelles pouvant aller jusqu'à l'éradication de l'animisme. Pourquoi ne pas s'en prendre au mausolée de Jahan : le Taj Mahal en Inde dans une prochaine étape.

Un peu plus au nord, la ville de Gao reprise récemment aux Touareg, est entourée de mines par le groupe Aqmi. La question est : d'où proviennent ces mines ? Entraînant une seconde question : où en est l'armement d'Aqmi, capable d'abattre un drone et disposant de plus en plus d'armes lourdes. Cette branche d'Al Qaïda ne tient pas à ce que tous les habitants s'échappent de Gao car ceux-ci leur assurent une couverture, les protègent voire, leur servent d'otages et enfin leur procurent une intendance gratuite. Pendant que la portion sud de l'ancien Mali est en déshérence, si ce n'est en complète anarchie, et attend d'être dévorée par le premier envahisseur venu, islamistes du nord compris. A moins que les voisins immédiats arrivent à leur secours, sinon, il faut qu'il sache que ce sera bientôt leur tour d'être pris dans la nacelle islamique intégriste.

En Tunisie, la programmation est similaire, peut-être plus sournoise mais aussi efficace de la part des groupes salafistes et des islamistes fanatiques : Hijra, Ilmiya, Tabligh ou Djihadiya et le plus connu Ansar Al Chari'a très offensif. Virulents, ils s'en prennent à tout ce qui personnifient les libertés, les arts en général, le tourisme, par des agressions, des violences, parfois par le saccage des symboles « mécréantiques » en fonction de leur sensibilité. Dès que les groupes armés apparaissent, les débordements et accrochages se font nombreux. Encore récemment, trois camions venant de Libye, chargés d'armes légères, étaient interceptés. Qui vend ces armes en Libye ? Qui les laisse passer la frontière ? Qui les réceptionne en Tunisie ?

Enfin, en Irak, 10, 20, 30 tués tous les jours.

# III.

# A L'AUBE DE LA NOUVELLE LIBYE LES TRAGÉDIES CRÉPUSCULAIRES

*« ALLAH AKBAR »*

Kamal Ben Hameda :
« …ne ressent la brûlure du feu,
que celui qui marche dessus… »

Le 17 mai 2012, A. JUPPE déclarait :
« En Libye, nous avons évité un massacre,
nous avons évité ce qui se passe aujourd'hui en Syrie. »

III.

A L'AUBE DE LA NOUVELLE LIBYE
LES TRAGÉDIES CRÉPUSCULAIRES

***

*Le 03 07 2012*

Nous ne sommes plus qu'à quelques jours d'un grand jour : « *à l'aube de la nouvelle Libye* ». Près de 3Mons de Libyens vont déposer leur bulletin dans les urnes. Les tracts sont distribués, les affiches collées, les panneaux à même le trottoir représentent les différents candidats d'une multitude de partis. Chacun avance son slogan majeur avant de se départager. Tout est prêt pour un vote organisé et surveillé. Qui l'emportera d'un rassemblement de partis connus sous le nom d'Alliance des forces nationales ou AFN conduit par Jibril, l'ancien Premier ministre, ou de Fallah, cette jeune femme voilée représentant le parti justice, construction et développement des « frères musulmans » à moins que ce soit Belhadj et son mauve parti El-Watan ?

### Une vie locale basée sur le scrutin à venir

Cela ne veut pas dire pour autant qu'il n'y a plus de contestations, notamment dans le sud. Dans le Fezzan, les Gadhafa à Sebha veulent démontrer, par une abstention annoncée, qu'ils n'approuvent pas tous les projets en cours ; seront-ils suivis par leurs concitoyens ? Identique pour les Touareg dont les discours en Tamacheq laissent à penser que l'adhésion n'est pas totale. Enfin dans le sud-est à Al khofra les heurts entre Arabes et Toubou se prolongent depuis plusieurs mois. Auxquels on associera une détérioration du local où siégeait la commission électorale à Benghazi par quelques centaines de manifestants dès qu'ils apprirent que seulement 38 postes de représentants à l'assemblée leur étaient réservés alors que Tripoli en aurait 102.

On ose espérer, cependant, que le scrutin se déroulera en toute sérénité à un moment propice où les quatre membres du CPI ont été libérés et à un moment où les deux grands voisins traversent une période d'accalmie, particulièrement l'Egypte où le nouveau Président Morsy a tenu à prêter serment devant la foule réunie place Tahrir, mais aussi devant le Parlement dissous avant de l'effectuer plus solennellement et officiellement devant la

Haute cour constitutionnelle tout en rassurant ses détracteurs d'un : je vais fonder un Etat dit « civil ».

A propos de la Syrie, le nouveau ministre des Affaires étrangères français Laurent Fabius a rencontré le dirigeant du CNS (comité national syrien), puis il s'est rendu à une importante réunion internationale à Genève au siège de l'ONU. Qu'en a-t-il résulté ? Peut-on dire qu'il y ait eu un accord final sur l'affaire syrienne, ne serait-ce que sur un seul point ? Hélas : un vague vouloir d'une ingérence virtuelle, un vœu pieux timoré sur un éventuel départ d'Assad en est ressorti.

Un point sur lequel les Russes ne s'opposeraient plus dans la mesure où ils se préparent à l'éventualité d'une fissuration des assises de leur protégé. En somme, ce n'est pas Assad en temps que personne qui les intéresse dorénavant mais plutôt la Syrie même si elle se présente comme un petit client face à la Chine, l'Inde, l'Algérie ou l'Egypte dans le domaine des armements. Puis viendra l'heure des comptes à partir de quoi il faudra payer les fournitures ; la base de Tartous pourrait alors servir de monnaie d'échange.

En attendant, y aurait-il 20000 ou 30000 tués au combat, personne ne veut d'ingérence réelle. Personne ne veut entreprendre une intervention aérienne comme ce fût le cas par l'OTAN en Libye, car entretemps, il a été remarquée la capacité antiaérienne détenue par l'armée syrienne, confortée par les dires de Poutine en déplacement en Israël, au 25 06 2012, lorsque s'adressant à Netanyahu il lui déclarait avoir fourni à Damas le système de défense sophistiqué anti-aérien S-300. Du coup les jeux sont faits ; on voit mal comment dans les prochains mois une offensive serait déclenchée sous quelques modes que ce soit.

## Suffit-il seulement d'être « *indignés* » ?

Autrement dit, une séquence de réunions (celle du Caire en cours) au terme de laquelle l'action exterminatrice d'Assad se perpétue sur Homs et Douma. Avant-hier : 80 ; hier : 30 ; aujourd'hui : 80 tués. Etre « *indigné* » ne suffit plus. Seule reste admissible une désintégration par des désertions graduelles mais notables de l'armée.

Un comble serait de faire appel à l'Iran pour trouver une parcelle de compromis. A un moment où ce pays montre sa force. S'agit-il d'une simple démonstration du bon fonctionnement de ses missiles ? En tous les cas une nouvelle posture qui s'apparente à une escalade.

\* *Le 07 07 2012*

*Ce 7 juillet 2012 restera un grand moment dans l'histoire libyenne : un événement historique. Les urnes transparentes aux couvercles rougeâtres viennent de recevoir maints et maints bulletins de vote. Ya-t-il eu pour autant une grande participation ? La réponse est déjà oui ; près de 60% déclare-t-on, soit près de 2Mons de votants. Ya-t-il eu des incidents ? Comment en aurait-il été autrement ? Venant des indépendantistes à Benghazi où des tirs sur un hélicoptère transportant des urnes près de Haouari ont été enregistrés. Venant des opposants insécurisant une centaine de bureaux de vote. Venant de partisans cessant leurs activités dans d'importants terminaux pétroliers en guise de protestation.*

*Ceci dit, il n'a pas été remarqué de manifestations pro-Kadhafistes ; les autorités ayant pris soin d'éliminer tout ce qui s'en rapprocherait. Les observateurs de l'U.E ont déjà annoncé que le scrutin s'était bien déroulé. La population, d'une manière générale, a participé avec décontraction, aucunement impressionnée par des interdits, et avec la conviction d'une parfaite connaissance de l'enjeu. Il n'a pas été noté d'agitation, au contraire une exubérance et un enthousiasme affichés. Le sérieux des préparatifs a contribué à ces comportements. Dans la rue, les hommes, petits drapeaux noir, rouge et vert déployés, participaient à la ferveur populaire. Quelques-uns, kalachnikov en bandoulière, turban au damier rouge et blanc ; d'autres en véhicules 4WD surmontés de leurs 4 canons anti-aériens, tenaient à rappeler l'époque des combats. Ce pourquoi ils étaient là. A la mémoire de tous ceux morts au combat, tombés au champ d'honneur : qui du père, de l'oncle, du neveu, du fils ou de l'ami, afin que la Libye puisse avancer dans la bonne direction.*

*Les femmes n'étaient pas en reste. Partout présentes, en longue file, fichus de couleurs sur la tête, voilées en majorité, niqab noir pour certaines, elles tenaient à montrer que, elles aussi, étaient partie prenante dans cette* **nouvelle Libye** *et qu'elles adhéraient à ces* « **droits naturels** » *que sont la liberté et l'égalité : deux doigts levés en forme de V en signe de victoire dont un teinté de noir prouvant qu'elles avaient bien fait leur devoir. Une étudiante de l'université de Tripoli s'exprimait ainsi :*

**« Nous aspirons à la paix. Nous voulons surtout du travail, la liberté, et le droit d'exercer notre religion sans en rajouter. Nous voulons retrouver la prospérité. Nous voulons côtoyer les touristes ; la Libye doit rester ouverte à autrui. Nous voulons voir fleurir les grues partout au-dessus des villes : symbole de la reconstruction et d'un nouveau départ. »**

*Le soir venu, le dépouillement a débuté dans la sérénité, auréolé d'empressement et de hâte afin de découvrir au plus vite les vainqueurs du scrutin. Il faudra attendre quelques jours avant de connaître le résultat définitif. Mais déjà une tendance semblait se dégager par les déclarations de Krekchi, secrétaire de l'AFN et par Tahrouni, l'ancien ministre des Finances et du Pétrole du CNT, dirigeant le parti national centriste (PNC) mais aussi membre de l'AFN : « dans une analyse partielle, nous pensons être en tête ».*

*Les islamistes se sont tenus à l'écart durant cette journée, sans manifestation ostentatoire, tapis dans l'ombre, mais aussi impatients que les autres partis en quête d'information. Ils conviennent qu'il est encore prématuré de pronostiquer la victoire.*

Pour ce qui est de la Syrie, une réunion a eu lieu à Paris (après celles de Tunis et d'Istanbul) des « amis du peuple syrien ». Importante par le nombre de nations présentes, plus de 100, elle a rappelé l'urgence qu'il y avait de mettre en place un gouvernement de transition et de souhaiter le départ d'Assad. En l'absence de la Russie et de la Chine, chacun n'a pu que réitérer une accentuation des sanctions et l'application des recommandations de Kofi Annan, à savoir : la création de couloirs humanitaires et un soutien plus marqué à l'opposition syrienne. Cet APS continuera à se réunir jusqu'à ce que le conseil de sécurité prenne ses responsabilités face à deux camps opposés qui s'ignorent de plus en plus. H. Clinton n'hésite plus à dire que : « nous sommes dans une situation de blocage ».

\* Le 13 07 2012

K. Annan persiste à poursuivre ses entretiens auprès de Salehi, ministre des Affaires étrangères iranien puis auprès de Maliki, Premier ministre irakien, en tête de la Ligue arabe. Une troisième démarche en quelque sorte qualifiée de la dernière chance avant de déposer une nouvelle résolution à l'ONU, à laquelle d'ores et déjà les Russes refusent d'adhérer, notamment sur le chapitre VII.

D'ailleurs, afin de contrebalancer cette action, une armada russe en provenance de Soveromorsk (mer baltique) vient d'arriver au port de Tartus. Plusieurs bâtiments de guerre, dont une frégate anti sous-marine, ont déposé du matériel visant à compléter la couverture aérienne en cours en Syrie tout en laissant entendre que ce passage a pour but d'effectuer un ravitaillement en eau, vivres et carburants. En outre, on apprend par images satellites qu'un cargo bien connu, le *Alaed*, chargé d'hélicoptères du type *Mi 25* essaie d'atteindre un port syrien. Personne ne croit plus à un retour d'hélicoptères qui auraient subi un quelconque entretien ou rénovation. Equilibrer cette action par une noria de camions citernes rempli d'essence ou de kérosène et autres liquides franchissant les frontières du sud. Contrer cette action enfin, par l'approvisionnement en grande quantité de C 802 (missiles terre mer) auprès de la Chine par le Hezbollah au Liban.

## Un point d'orgue à Treimsa en Syrie : 150 victimes

Réprouvé par l'opposition et les insurgés, un semblant d'accord aurait été obtenu avec Bachar el Assad, lequel excelle à louvoyer ne s'accordant aucun répit dans l'élimination : 50 le 11 ; 38 le 12 juillet 2012 et du jamais vu : 150

au bas mot ce jour (le chiffre de 17000 victimes est cité). L'intervention des hélicoptères en complément des chars et des canons auto portés relève du massacre. Il est manifeste qu'Assad désire aller jusqu'à l'ultime limite quitte à étendre le conflit par des tirs frontaliers sur le Liban voisin complètement imbriqué dans la chose syrienne. L'opposition syrienne interpellée en appelle à la démission de K.Annan (qui pourtant n'a pas démérité). Et ce n'est pas la défection d'Al Fares, un diplomate syrien qui changera quoi que ce soit face à une situation impossible à démêler.

En Egypte, Morsy contre-attaque et annule la dissolution de l'assemblée. Les conciliabules ont débuté afin d'esquisser des alliances. Le Président a l'intention de puiser dans toutes les composantes de la société en vue de former le futur gouvernement. Des noms sont avancés : Baradei serait pressenti Premier ministre ; le maréchal Tantawi resterait ministre de la défense. Tout en réservant une large part aux islamistes (Madi, Mahmoud...).

En Azawad, les islamistes, au pouvoir destructeur, continuent les démolitions en toute quiétude, du culturel au cultuel généralement associés, autour de la grande mosquée. Dans l'instant, ces groupes dits « terroristes » s'organisent, se structurent, s'approvisionnent avant de repartir de l'avant en djihadistes qu'ils sont. C'est bien ce qui inquiètent les membres de l'UMA réunis sur ce principal sujet le 09 07 2012. On peut imaginer que les conversations du ministre des Affaires étrangères français, Laurent Fabius, en visite prochaine en Algérie, ne se limiteront pas à réactualiser l'amitié franco-algérienne. Il est convenu de penser que s'il y avait intervention militaire au Mali-Azawad ce ne pourrait être que sur les instigations de l'Etat le plus puissant du Maghreb, l'Algérie, soutenant les pays limitrophes.

Entre temps, l'avancée la plus plausible de ces djihadistes se fera en direction du Mali-sud où l'attirance sera forte vers les terres bordant les fleuves Niger et Sénégal ; vers la découverte récente d'un forage remontant de l'hydrogène pratiquement à 100% (2% de $CH_4$) ; une rareté au monde ; enfin vers les mines d'or dont celle de Kodieran. Après quoi, le nord du Niger attirerait leur convoitise leur permettant d'être en liaison directe avec le sud de la Libye et ses armes à bon marché. Autrement dit : des craintes sans précédent au sud de l'Algérie.

La Libye attend toujours avec impatience le résultat définitif des élections. Tous les matins les citoyens se ruent sur les journaux locaux en arabe : de Akhbar libya à Al jamahiriya, Al shams, El khabar, Libya jeel ou du Tripoli post en anglais, parmi de nombreux autres. Des « bémols » toutefois sur la victoire assurée des « libéraux » se font entendre de ci de là, bien que les décomptes au fur et à mesure du dépouillement semblent conforter leur prédominance. Restera à répartir l'orientation des 120 sièges au scrutin uninominal. A ce titre, les islamistes ne s'avouent pas vaincus.

\* Le 17 07 2012

Ce n'est pas tant les Mi 25 qui posent problèmes, ces hélicoptères rénovés qui cherchent à rentrer en Syrie sur un cargo russe obligé de zigzaguer entre les surveillances côtières des différentes eaux territoriales traversées. En effet, ces Mi 25, version améliorée des Mi 24 HIND-D, sont des appareils rustiques, robustes par leur épaisseur de tôles, rapides dans leur déplacement à plus de 300km/h, mais surtout se trouvent dotés des dernières technologies installées (suite à leur révision) en systèmes électroniques de détection et de communication. Ils deviendraient redoutables contre les chars si par hasard l'armée libre (FSA ou ALS) venait à capturer ceux de l'armée régulière. En appui-feu rapproché des blindés avec ses multitubes 12mm7, ses SA-7, AA-8, AT-2 et ses roquettes pods, ils seraient d'une grande efficacité. En outre, sous les 5 pales, les deux ailes soutiennent des missiles air/air et air/sol. On imagine l'appoint fourni aux chars et aux canons de l'armée d'Assad s'ils étaient opérationnels.

## Une guerre civile et une guerre par procuration à la fois

En somme, ils ne s'éloignent pas des tout nouveaux hélicoptères présentés au dernier salon près de Moscou en début de mois parmi une multitude de matériels et armements flambants neufs que regardait avec des yeux écarquillés une assistance composée de tous les Etats arabes et au-delà. Carnets en main, les commandes s'accumulaient. Les délégués de l'armée syrienne s'attardaient plus particulièrement sur les véhicules rapides tout terrain surmontés de canons anti-aériens et insistaient sur les missiles et roquettes. Il s'agissait de ventes officielles qu'il faudra livrer en urgence malgré les embargos, en employant des circuits détournés, quitte à passer par l'intermédiaire iranien afin de déjouer les contrôles et parvenir en Syrie. Les contrats en cours entre les Syriens et les Russes dépasseraient les 4Mds de dollars (des MIG-29 aux SAM M2E) et tant que la Syrie reste solvable il n'y a aucune raison que cela s'arrête. Cette guerre civile qui n'en finit pas (105 morts le 15 07) pourrait se dénommer alors : « guerre par procuration ».

Bien qu'ils s'en défendent, les Russes continuent donc leur livraison en faveur de l'armée du régime Assad. Bien qu'ils s'en défendent, l'autre camp, USA, U.E, et leurs alliés arabes soutiennent indirectement et financièrement les insurgés. Par ailleurs ces derniers peuvent s'approvisionner largement dans les entrepôts des trafiquants le long de la frontière nord du Liban. Des armes provenant en grande partie de Libye. L'équivalent d'une bombe atomique en armes classiques que chacun essaie de contenir à l'intérieur des frontières syriennes. Si cela explose, tout le Moyen-Orient sera éclaboussé.

C'est pourquoi, malgré cette épée de Damoclès en suspension, K.Annan ne renonce pas pour autant à convaincre les Russes afin de trouver une solution au-delà de tout rejet systématique. Des refus qui vont de niet en niet. L'Iran veut bien recevoir les belligérants s'ils en expriment le désir. H.Clinton rencontre les officiers égyptiens, préoccupée dit-elle par le kidnapping de deux ressortissants américains dans le Sinaï (libérés depuis) et confirme que l'Iran ne deviendra pas « nucléaire ». Enfin, la Turquie se dérobe et ne tient pas à voir se déchirer en guerre intra religieuse les groupes divers sur le sud de son territoire ; entre les Alaouites (500000), les Arabes sunnites (1000000), les Alevis ou les Kurdes.

Tandis que dans Damas, la capitale, les rebelles se découvrent et mettent à mal les forces régulières d'Assad dont la 4$^{ème}$ division dirigée par Maher, son frère. Après la prise de deux quartiers où sont rapportés des combats rapprochés, les kalachnikovs, les fusils d'assaut AK-104 et les grenades sont de sortie dans cette flambée de violences. A tel point qu'il est possible d'envisager un tournant décisif. En tous les cas, cela ressemble à s'y méprendre à la prise de Tripoli en Libye par les Thuwars aguerris au combat de rues et utilisant des méthodes qui ont fait école depuis. Quant aux observateurs de l'ONU, la question est : doit-on les maintenir sur place ? Ou les rapatrier après le 20 juillet ?

*Du haut de son balcon, chacun attend l'implosion, la désintégration, seules issues possible après l'emploi du verbe et seulement le verbe étant donné que personne ne veut intervenir dans ce bourbier. Il ne reste donc que l'éclatement interne : par un soulèvement général armé d'une population lasse des sanctions à son encontre qui lui sont imposées et par l'élimination d'Assad et son entourage, par les seuls Syriens.*

*\* Le 21 07 2012*

L'attentat qui a eu lieu en Syrie, le 17 juillet 2012, contre un bâtiment hautement sécurisé du ministère de l'Intérieur, est un événement marquant. L'ASL s'en attribue la paternité, bien que cela ressemble à une manière de faire des obédiences d'Al Qaïda. Le résultat est basé sur une parfaite connaissance des déplacements et réunions des plus hauts personnages du régime : le beau-frère d'Assad, le responsable de la sécurité et le ministre de la Défense ont été tués sur le coup. Le 20 juillet 2012, trois jours plus tard débutait le Ramadan.

Il eut été permis de croire à cette occasion en un arrêt des hostilités en Syrie. Avec désolation, la résolution de l'ONU renvoyait dos à dos les deux camps avec 11 voix sur 15 dont les deux vétos habituels des Russes et des Chinois (plus deux abstentions). L'un maintient son soutien indéfectible à Assad, l'autre hésite et va de propos nuancés en propos nuancés afin de ne pas froisser les Russes sans pour autant leur proposer une porte de sortie honorable.

Il eut été permis de croire en cette occasion un arrêt des pourparlers de K.Annan et de ses observateurs. Alors que la maison blanche s'interrogeait sur l'opportunité d'une démarche qui consiste en fait à réconcilier l'inconciliable. Une médiation fortement contestée. Tout juste leur mission est-elle prolongée d'un mois.

## La bataille de Damas à son point critique

Il eut été permis de croire que le déplacement d'Assad vers le port de Lattaquié avait pour but de fuir Damas. Cette fuite apparente avec sa famille coïncidait avec celle de sa mère et de sa belle-sœur vers Tartous. Bien au contraire, après avoir laissé ses consignes semi-confidentielles, transformées aussitôt en directives impératives à toute la hiérarchie militaire par le nouveau ministre de la Défense nommé au pied-levé, il relançait l'armée du nord depuis son nouveau QG en direction de Hama et Alep. S'il n'a pas la verve d'un Kadhafi, il reste le donneur d'ordre de l'armée syrienne officielle. Le leitmotiv devenant : « pourchassez et évacuez les terroristes de Damas coûte que coûte ; ratissez et écrasez la ville s'il le faut ».

Il eut été permis de s'interroger sur une autre appréciation. Le staff Assad, réfugié dans un de ces ports côtiers serait prêt à sauter sur un navire russe naviguant dans les parages le cas échéant (la Russie : seul pays qui pourrait leur accorder l'asile). Ou inversement et dans un changement de stratégie, cette zone ouest serait considérée comme un dernier retranchement après y avoir évacué les sunnites. Un prélude à la création d'une bordure côtière alaouite indépendante.

Il eut été permis d'espérer une désescalade des violences lorsqu'était annoncée l'avancée des insurgés vers Damas suite à une offensive intitulée : « le volcan de Damas et les séismes de Syrie » ; lorsqu'était confirmée la prise de postes frontières : Nassib vers la Jordanie et celui d'Abou Kamal près de l'Euphrate vers l'Irak. En quelque sorte, une fermeture des approvisionnements d'Assad depuis l'Iran via l'Irak et une ouverture vers la réception de produits divers venant de Turquie ; lorsque les Russes bloquaient momentanément l'expédition d'hélicoptères vers la Syrie et enfin lorsque de nombreux ressortissants étrangers retournaient dans leur pays d'origine rappelés par leur ambassade.

Il eut été permis de ne pas croire à cette occasion en une contre-offensive généralisée de l'armée syrienne à l'aide d'une concentration de chars dévastateurs reprenant les quartiers investis. La population terrée dans les sous-sols n'avait alors pour seul échappatoire l'exode vers la terre d'accueil la plus proche : le Liban. Plus de 30000 réfugiés en deux jours au passage de Masnaa, au risque de déstabiliser et d'entraîner ce pays voisin dans le conflit. Que constate-t-on ? Une adhésion toujours active d'une partie de la population à la cause Assad notée lors de l'enterrement des hauts dignitaires tués dans l'attentat récent. Des journées meurtrières qui succèdent à d'autres journées meurtrières : 100 morts le 20 juillet 2012 ; et avec répugnance, citons les plusieurs centaines le lendemain. Avec célérité, on se rapproche des 20000 victimes.

**Les affrontements arabes font fi du jeûne et des privations**

Il eut été permis de croire en ce début de Ramadan à un arrêt des bombardements du nord-Soudan sur le sud-Soudan.

Il eut été permis de voir s'arrêter la folie destructrice des islamistes radicaux à Tombouctou démantelant des monuments religieux musulmans.

Enfin, il eut été agréable de connaître le résultat définitif des élections en Libye. Il faudra encore patienter huit à quinze jours avant de savoir de quel côté va pencher la balance ; vers les libéraux, les indépendants ou les islamistes ? A un moment où les vraies révolutions se font le ventre creux. A un moment où Allah porte les insurgés au combat. A un moment, et il y a un an déjà, où le fantasque Kadhafi s'apprêtait à fuir de Tripoli vers la ville de Syrte son dernier retranchement.

*\* Le 25 07 2012*

Il aurait été mésestimé la capacité à rebondir du camp Assad. Il aurait été sous-évalué la masse de matériels militaires accumulés en Syrie sous le commandement d'une foison de Généraux, quasiment tous formés en URSS ou en Russie, privilégiant la guerre terrestre versus l'armée de terre au détriment de l'aviation tout en reconnaissant l'appui des hélicoptères.

C'était méconnaître le jusqu'au-boutisme d'Assad avec pour seul repère : mâter la rébellion même s'il fallait pour cela en dernier recours utiliser les armes chimiques. En effet, tandis que les regards se portent sur l'arrivée d'hypothétiques hélicoptères russes, une vérité première est ressortie : la Syrie disposerait d'un arsenal sans conteste le plus élevé au monde composé principalement de gaz Sarin, VX, gaz de combats asphyxiants et innervants. Une menace brandie par Assad dans le cas d'une intervention d'armées étrangères sur son sol.

Du coup, tous les pays du Mashreq deviennent préoccupés au premier degré. A l'instar d'Israël qui débute la distribution de masques à gaz. L'analyse de Barak, ministre de la Défense, depuis le Golan repose sur des déplacements de convois vers les aéroports, avec la crainte de savoir ces armes tomber in fine dans les mains du Hezbollah. Rappelons que le Golan occupé par Israël et bordé d'une occupation FNUOD (1000 soldats environ) est à 50kms de Damas, c'est-à-dire tout proche. Si bien que l'armée de Tsahal est passée de veille permanente en alerte avancée prête à intervenir dès l'apparition de convois en partance vers la Liban. Les pourparlers intenses entre les Israéliens et les Américains ne présagent rien de bon. Pas davantage les recommandations des Russes qui ont fournis ces armes diaboliques à la Syrie leur rappelant de ne pas les utiliser suivant l'accord signé en 1925. Autres temps, autres mœurs. Enfin, la Turquie masse de plus en plus de troupes à la frontière et si le besoin s'en faisait sentir la zone tampon de 5kms interdite au survol serait vite franchie. De même des forces spéciales américaines s'accumulent au nord de la Jordanie.

**La fuite éperdue des habitants hors des villes syriennes**

Tout cela n'est pas sans effrayer la population syrienne qui se sauve, on ne peut mieux, en direction de l'Irak, la Jordanie, la Turquie et le Liban. Des chiffres très contradictoires des réfugiés ont été avancés : 100000 récemment, 110000 dit Reuters, 200000 à 300000 antérieurement, évoquent HRW et UNHCR. Quoi qu'il en soit ceux-ci posent de sérieux problèmes aux pays qui les reçoivent et engendrent des conditions de vie précaire et des tensions induites.

En complément, un constat s'impose en ce qui concerne la situation dans les grandes villes. Elle s'est aggravée. Un palier vient d'être franchi par l'intensification des combats de part et d'autre. Un changement radical dans l'utilisation massive des moyens militaires. C'est pourquoi, (les informations sont parfois erronées) Assad irait de la zone alaouite au pied du djebel Ansariyya à Damas soutenant une structure militaire par définition zélée, d'une fidélité à toute épreuve et aux convergences de vue sans failles. Comment pourraient-ils se comporter différemment ? Sachant que, s'ils perdent la bataille, ils seront poursuivis et condamnés.

D'ailleurs, l'ALS, par son porte parole Masri, s'adressait aux militaires syriens les enjoignant de déserter avant la fin juillet, car après cette date ils seront considérés comme complices du régime. Cet ultimatum sera-t-il suivi d'effets ? En définitive, le dernier partenaire des Russes vit-il ses derniers jours ? Rien n'est moins sûr. En revanche ce qui est certain : chacun demande à Assad de s'en aller au plus vite et de laisser la place à un gouvernement de transition. Une métamorphose aux conséquences multiples et imprévisibles mais attendues.

Si tel était le cas, et seulement si tel était le cas, il serait urgent de prévoir l'après-Assad :
- La relève des insurgés est-elle organisée ? Apparemment non, si l'on en croit le peu de cohésion qui existerait entre eux sur le plan politique. Sont-ils préparés à cette échéance ?
- Les insurgés ne semblent pas vouloir d'un membre du gouvernement actuel en remplacement d'Assad.

- Les Alaouites et leurs partenaires chrétiens redoutent d'être pris pour cibles. Ils représentent respectivement 15% et 10% de la population, soit près de 6Mons d'habitants ; presque autant que la population d'Israël.
- L'épineux problème des mercenaires, des milices iraniennes et des bandes étrangères à désarmer.
- La réaction de l'Iran si le maillon de la chaîne chiite est rompu vers le Hezbollah. (la Syrie, un allié indispensable).
- La Turquie intervenant sur la partie nord du territoire.
- Le comportement des Russes devant la remise en cause de leur implantation en Syrie. Etant donné leur qualité de premier fournisseur d'armes et armements depuis des décennies, il apparaîtrait justifié qu'ils gardent une option sur ce matériel afin qu'ils puissent l'entretenir, l'améliorer et le renouveler dans le futur.
- Le morcellement du territoire en plusieurs régions allant des Druzes dans le sud, Kurdes au nord est, Alaouites au nord ouest et des clans sunnites éparpillés. Les Chrétiens fuyant et essayant de trouver un point de chute.
- Le Hezbollah profite de cette décomposition et s'empare des missiles sol-air et sol-mer laissés à l'abandon.
- Les deux compères Al Qaida et Al Nosra prennent le pouvoir à Damas.
- Le coup d'Etat militaire s'instaure face au chaos général.
- Enfin, la séparation en gestation des deux courants religieux : les Chiites et les Sunnites s'entredévorant en quête du pouvoir total. L'apparition des « frères musulmans » en deviendrait presque souhaitable.

Si tel était le cas, mais apparemment l'armée loyaliste qui avance pas à pas dans Damas ne le laisse pas présager.

## Des étapes dans la reprise en main des institutions

En Egypte, le Président Morsy a nommé son Premier ministre. Qu'en est-il en Libye ? Le CNT vit ses derniers jours, il démissionnera dès la première assemblée des 200 membres élus formant le « Congrès national général ». Les Libyens attendent la répartition exacte et l'espérance d'un gouvernement représentatif de toute la société. Les velléités qui s'étaient manifestées dans l'est devraient s'estomper dans la mesure où une répartition équitable entre les trois grandes régions est admise dans la commission chargée de rédiger la constitution (20 par région). Faudrait-il aussi pour cela que Jibril, chef de l'AFN, et Sawan, chef du PJC puissent trouver un terrain de collaboration.

*\* Le 28 07 2012*

Il est compris aisément l'intérêt de la prise des postes frontières en Syrie, faut-il encore que cela se fasse sous le couvert de l'ALS et non pas par des milices ou bandes armées qui n'auraient d'autre but que de prélever des tributs et des droits de passage, reproduisant ainsi ce qui a été connu dans la Libye après-coup. Or, même s'il s'agit de gains non négligeables, ce qui se passe à Alep est autrement préoccupant. Les insurgés ont fait prisonniers des centaines de militaires du régime dont des officiers et obtenus quelques résultats dans la capture des BMP adverses. Mais ce qui se prépare est d'une tout autre ampleur.

### L'offensive sur Alep, faite d'alternances, se poursuit

Assad et son armée, après la reprise apparemment définitive de Damas, peuvent libérer suffisamment de troupes de la $4^{ème}$ division et diriger en longues colonnes des blindés par centaines sur Alep ; une ville clé, économiquement et stratégiquement parlant, d'environ 2,5Mons d'habitants. La préparation et la concentration sont telles que cela ressemblerait à l'assaut de Benghazi en Libye avec une toute petite différence : c'est qu'en ce lieu, aucune nation étrangère n'interviendra. L'enjeu est donc crucial pour les deux belligérants, tout en convenant qu'en apparence il sera difficile aux insurgés de tenir à terme devant un tel déploiement de forces.

La contre-offensive est lancée par les loyalistes. Un déluge de feu s'abat sur la ville avec le mitraillage par hélicoptères en basse altitude, les bombes des MIG, les obus de l'artillerie lourde et des chars, aidés des moyens de communications inter armes d'une grande efficacité. Coutumier du fait, Assad et son armée ne recherchent aucunement la confrontation par des combats de rues mais bien le pilonnage à outrance et l'écrasement des quartiers cernés occupés par les insurgés. Ils se moquent éperdument des victimes civiles, femmes et enfants inclus, qui se comptent par centaines, ni de la fuite en exil de la population terrorisée. Ici, personne ne parle d'effets collatéraux, tant reprochés à l'OTAN lors de son intervention en Libye sur la moindre victime. Ici, on écrase tout dans ce massacre organisé. L'objectif est on ne peut plus clair : reprendre Alep par tous les moyens et chasser l'adversaire.

Devant une telle impasse depuis 16 mois, l'ONU fait revenir 150 de ses observateurs inopérants. Le drapeau noir d'Al Qaïda flotte à Idlib. Les Kurdes arborent ceux du PKK ou du CKK (démontrant qu'ils n'ont pas pris position en faveur de l'un ou l'autre camp). Des groupes de Moujahidines émergent parmi les insurgés. Au Liban, des combats se font jour entre sunnites et alaouites. Tout cela pendant le Ramadan.

La Libye, en comparaison, semble être devenue un havre de paix. On ne peut dire dans l'instant qu'il se dégage une majorité claire dans le Congrès général national. Le PJC espère recevoir l'apport des « indépendants » lesquels se considèrent plutôt comme une troisième force ; un groupe compact pesant dans la balance. Des pourparlers bien avancés si tant est que le transfert du pouvoir du CNT à la nouvelle assemblée nationale serait envisagé pour le 8 août.

*\* Le 04 08 2012*

## L'implication de la Russie et des USA dans le conflit syrien

Un pas de plus des deux « Grands » dans leur participation à distance : Obama dévoile un décret secret, qui n'a plus rien de secret dans la mesure où ses nouvelles intentions vers les insurgés se feraient à partir de la Turquie, auxquelles répond Poutine par l'envoi de trois bâtiments de guerre avec près de 400 militaires débarquant à Tartous.

Dans ce jeu d'échec, ils viennent de sortir leurs deux tours en relation directe avec ce qui se déroule à Alep. Les insurgés réclament des missiles, des « manpads » et des munitions, seuls moyens de combattre les chars et les hélicoptères. L'armée d'Assad semble stagner, loin d'une avancée décisive. Sans trêve pour autant car les bombardements continuent, tant à Hama qu'à Damas sur la rue Bagdad et aux alentours des quartiers chrétiens de Bab Touma.

Ce rapport de force peut surprendre à propos de l'armée d'Assad après les supposés renforts de chars et l'apparition des avions de chasse. A moins que le jugement porté sur la liste impressionnante de ses matériels soit erroné. Citons une liste non exhaustive presque entièrement d'origine russe :

**Armée de terre (par centaines)**
- Chars T72, T62, T54/55.
- Véhicules blindés BMP 1 et 2.
- Artilleries automotrices 2S1 et S3.
- Canons de défense anti aérienne ZSU23.
- Missiles AT3, 4, 5.
- Défenses anti aériennes SA7, 8, 9, 13 et SCUD.
- Lance-roquettes RPG7, 29 et BM21.
- Fusils d'assaut AK 47.

**Armée de l'air**
- 450 avions de combats MIG 21, 23, 25, 29.
- 100 avions d'attaques SU22, 24.

- 100 hélicoptères MI 24 ET 25 SA 341, type Gazelle d'origine française.
- 25 avions de transport.

Soit l'ensemble est judicieusement reparti sur le territoire, protégeant Damas et les frontières notamment du Golan, Liban et Turquie, et répondant aux harcèlements des rebelles sur divers secteurs. Dans ce cas, la dose déployée sur Alep serait justifiée.

Soit l'ensemble n'est pas si opérationnel qu'on veuille bien le dire. Un leurre qui ressemblerait à ceux d'Irak et de Libye. Car, comment concevoir, d'après les vidéos, si peu d'appareils volant dans le ciel d'Alep : une dizaine de MI 24 et 3 à 4 MIG tout au plus. Loin du descriptif ci-dessus.

C'est pourquoi, revenant sur l'arrivée des 400 soldats russes, à moins que ce soit pour étoffer la base de Tartous, on pourrait souscrire à une autre idée : celle d'une arrivée de spécialistes en maintenance de chars et hélicoptères, de spécialistes en coordination de mouvement de troupes et des formateurs de pilotes (en accéléré). Bref, tout ce qui manque à l'armée loyaliste revue et corrigée. Car l'enjeu est bien de reprendre Alep, sinon les rebelles seront non seulement maître de la ville, mais surtout d'une zone jusqu'à la frontière turque. D'où l'acharnement des militaires d'Assad face à la hardiesse et la motivation des rebelles dans la prise des services de renseignement, les « moukharabat » ou contre les locaux de la télévision. Pas de progressions évidentes sauf dans le quartier de Tadamoun, dernier bastion des rebelles à Damas, mais des actes barbares et des atrocités de part et d'autre, telle la pose de mines sur la route d'exil qui mène en Jordanie faisant preuve d'un machiavélisme sans pareil.

## Les guerres et l'aspect humanitaire associés

Dès lors, personne ne sera surpris si tout à coup près de 3000000 Syriens réclament des vivres (les USA débloquent 12Mons de $ et l'Arabie saoudite expédie 45 camions à leur intention en aide humanitaire). C'était écrit. Au même titre était écrite la démission de Kofi Annan, désavoué et lâché par tous, dont les paroles de paix n'ont jamais été prises en considération. Avec pour effets, le retour de tous les observateurs dans leur foyer au 19 août 2012 et le remplacement de Annan au plus tard le 31 août 2012. La fin pitoyable du « verbe » en quelque sorte.

\* *Le 09 08 2012*

Pendant que la gent de l'hémisphère nord profite des derniers rayons de soleil s'éloignant ainsi de toutes les préoccupations à travers le monde, des drames continuent de se dérouler au Moyen-Orient (Mashreq).

### Est-ce le début de la fin pour l'ALS ?

Alep encerclé, après les bombardements des dernières semaines sur Salehedinne (Saleh el Din) et Soukkari, l'armée syrienne pénètre dans la ville avec ses chars et ses blindés, une progression militaire attendue. Les chiffres des tués, volontairement approximatifs, relèvent de la désinformation, de la communication erronée et des démentis, assez classiques en temps de guerre. L'Observatoire syrien des droits de l'homme (OSDH) annonce 265 victimes avant-hier et 122 hier. Rien sur les « trop rapidement recousus » ou sur les handicapés à vie. Rien sur les séquelles causées. Omission intentionnelle des chocs mentaux irrémédiables sous le feu intense des violents combats de rue.

Assad, fort du soutien de l'Iran dont il vient de recevoir un émissaire du guide suprême Khameneï, renouvelle sa décision de « purger le pays de tous ces terroristes ». Un sujet d'inquiétude cependant pour l'Iran en ce qui concerne le rapt de 48 pèlerins dont on ne sait pas ce qu'ils sont devenus ni qui sont les ravisseurs. Pour détenir autant d'otages, il ne peut s'agir que d'un groupe très puissant. La rançon sera à la hauteur car, parmi ces dits pèlerins, il y aurait des militaires à la retraite et des islamistes Pasdaran (milice des gardiens de la révolution).

Assad reste toujours obstiné à souhait, à croire qu'il ne mesure pas la gravité de la situation. Qu'à cela ne tienne, malgré le départ d'Hitaj, le Premier ministre, de quelques officiers et leurs familles vers la Jordanie, il considère que ces désertions sont sans conséquence, car il lui suffit de puiser dans ses réserves et remplacer in situ le Premier ministre par Halqi, l'ancien ministre de la Santé.

Dans Alep assiégé, les rebelles rassemblés, 5 à 6000 face aux 20000 militaires du régime, appellent à l'aide. Comment pourraient-ils résister au rouleau compresseur de l'armée d'Assad consciente d'une victoire prochaine. Ce n'est pas dans ces conditions que ces militaires vont déserter en masse. Les rebelles attendent des hommes armés, des brigades internationales, des armes lourdes, des soutiens et une intervention extérieure. C'est ce que vient d'exprimer le président du CNS à l'ancien président français Sarkozy avant la réunion d'une trentaine de pays à Téhéran et avant la réunion ministérielle prévue le 30 août 2012 au conseil de sécurité de l'ONU.

### Ouverture d'un autre front : celui du Sinaï

Entretemps, le cercle des turbulences s'est élargit impliquant cette fois Israël, Gaza et l'Egypte. Un commando d'islamistes du Sinaï, soutenu par ceux de Gaza, abat 16 gardes frontières égyptiens et franchi ensuite la

frontière à l'aide de deux blindés aussitôt anéantis par l'aviation israélienne. Un incident plaçant le Président Morsy devant les dilemmes suivants :
- Faire appel à l'armée égyptienne en réunissant d'urgence l'état-major du CSFA.
- Prouver aux Israéliens qu'il peut ramener la sécurité dans le Sinaï ; sous peine d'être discrédité et avec le risque de voir l'armée israélienne empiéter le Sinaï à sa place.
- Enfin, devoir s'opposer en tant qu'islamiste à des islamistes armés du Sinaï ou de Gaza. Islamistes contre islamistes : un comble.

Dans un désir de vengeance, la réponse ne s'est pas fait attendre : 20 djihadistes tués près d'Al-Arich, le limogeage du directeur des renseignements, la destruction de centaines de tunnels sur les milles existants, une seule ouverture du passage vers Rafah dans le sens retour et une poursuite des opérations de nettoyage dans le nord Sinaï. Un ensemble d'actions occasionnant des frictions entre le Hamas, les Bédouins et les autorités égyptiennes. Il n'empêche que ce franchissement de la frontière, là où la barrière en fil de fer barbelé appelée « sablier » n'est pas encore terminée, est pris très au sérieux par les Israéliens.

Turbulences en Irak entre les sunnites et les chiites. Plus de 200 morts en juillet.

Turbulences également entre les Turcs et les Kurdes à la frontière irakienne où les membres du PKK sont visés.

Turbulences enfin au Yémen où l'armée fait la chasse aux adeptes armés d'Al Qaïda.

## Agitations, troubles et confrontations se poursuivent en Centre Afrique

Depuis le Sénégal jusqu'en Somalie :

Turbulences au Mali-sud où les bons vœux et les bonnes intentions se sont élevés en vue de créer un gouvernement d'union nationale et de constituer une armée devant reprendre le Mali-nord. Le Tchad serait partie prenante étant donné sa bonne connaissance du désert. Le Maroc considéré comme la première armée du Maghreb pourrait suivre. L'Algérie dans une attitude équivoque semble peu intéressée d'autant que les 7 otages détenus en Azawad lui ont été rendus. Quant à la Mauritanie, elle refuse d'adhérer à ce qu'elle considère comme une intervention non gérable. Touchée par la sécheresse (elle vient de recevoir 10Mds de $ de la banque mondiale), elle doit faire face a des problèmes intérieurs par la présence de plus de 30% d'Africains sur son sol (esclavage, discrimination, refoulement et expulsion) dont beaucoup ont pour but de poursuivre vers la zone maritime européenne censée être protégée par l'agence Frontex. Quant au colossal gisement de fer de Zouérate, son éloignement par rapport à la mer, son interminable chemin de fer sur un interminable parcours à travers le désert et sa rentabilité font qu'il est tributaire des cours au plus bas des matières premières.

En effet, dans l'Azawad, depuis que les islamistes radicaux se sont emparés des principales villes, ceux-ci se sont mélangés à la population devenant ainsi quasiment inattaquables. Le sachant, leur endoctrinement tant par l'oral que l'écrit et l'entraînement sont soutenus vigoureusement. On vient d'enrôler une centaine d'enfants fanatisés dans des sections de combat. Et si cela ne suffit pas, les châtiments corporels pleuvent sur l'hérétique : une personne lapidée pour concubinage le 30 juillet 2012 ; l'amputation de la main d'un voleur le 10 août 2012. Il est très commun en ce lieu et en application de la chari'a d'assister à des séances de fouettements à l'encontre de tout fumeur ou buveur d'alcool.

Turbulences également au Nigéria où les hommes du Boko Haram revendiquent toutes les attaques contre les églises évangéliques qui ont fait plusieurs centaines de morts depuis un mois avec les réactions inhérentes.

Turbulences, enfin, entre les deux Soudan, malgré l'accord mercantile récent sur le pétrole, n'excluant pas les bombardements sur leur frontière commune et sur le Darfour. 600000 Soudanais seraient traumatisés par la fureur des combats.

C'est vers le Maghreb qu'il faut se porter pour observer un calme relatif. Le grand réconfort soufflerait de la Libye. Le CNT vient, il y a quelques heures, de remettre son pouvoir à la nouvelle assemblée, au doyen du conseil national général (CNG) dans une cérémonie (authority transfert ceremony) place des martyrs. Une pléthore de voiles chamarrés et de drapeaux aux trois couleurs d'une foule exubérante et pleine d'émotions à la fois. Le premier volet d'un moment exceptionnel.

Vraisemblablement, un gouvernement devrait se former après la fin du ramadan, dit-on. Ainsi Abdeljalil quitte la vie politique tout au moins aux avants postes. Cet homme affable, discret mais déterminé restera à tout jamais le père de la nouvelle nation. Il aura été celui qui a conduit la révolution armée et assuré le passage, la transition vers la Libye nouvelle, entouré des hommes tels Jibril ou Kib non moins valeureux. Il serait souhaitable que la Libye reconnaissante lui rende un immense hommage dans un proche avenir.

## Printemps dévoyé. « Drôle de printemps » répète l'écrivain

Paradoxalement, un seul bémol dans ce Maghreb qui se cherche concerne la Tunisie. Là, précisément, où le dit « printemps » a pris naissance par l'immolation d'un jeune tunisien à Sidi Bouzid, ville mythique. Les tirs de sommation et les gaz lacrymogènes d'Ali ont été remplacés par d'autres tirs de sommations et gaz lacrymogènes, pendant qu'à Tunis étaient réclamés plus de liberté et plus de respect des femmes lors de défilés. Agitations passagères pour certains, troubles de fond pour d'autres.

*Le 15 08 2012*

En Libye, l'élection a permis de clarifier la coloration de l'Assemblée. En effet, au- delà de la désignation de Megarief au détriment de Zidane plus libéral, s'est dégagée une majorité pro-islamique par 113 voix contre 85. Ce nouveau Président islamiste de l'Assemblée reçoit de plus un pouvoir élargi avant l'arrivée d'un nouveau Premier ministre. Originaire de Benghazi, il apparaît comme l'homme qui peut calmer le jeu à l'est, en Cyrénaïque.

La vraie surprise vient plutôt d'Egypte où le Président Morsy reprend la main dans sa joute avec les militaires, ou plus exactement reprend la totalité des manettes de l'Etat égyptien.

- En limogeant ou mettant en retraite le plus haut gradé et ministre de la Défense : le maréchal Tantawi, il s'affirme en Président capable de neutraliser et ramener l'armée à sa fonction première (bien que le CSFA ne soit pas encore dissous).
- En retrouvant la totalité des pouvoirs législatifs et exécutifs conduits par le Premier ministre Qandil.

La surprise est en effet de taille car les islamistes ont maintenant tous les pouvoirs. Cela se manifeste déjà par la création d'une chaîne TV (Marya TV) exclusivement réservée aux femmes portant le niqab noir de la tête aux pieds.

## La guerre et la diplomatie ne font pas bon ménage

En Syrie, la situation s'envenime de jour en jour avec son lot de victimes annoncées. 50 à 100 restent une constante journalière ; 23000 bientôt 24 voire 25000 depuis mars 2011 demeurent une variable. A en croire les réfugiés, qui s'échappent en flot continu (seuls moyens d'information), les combats perdurent dans Damas et Alep où personne n'avance et personne ne recule. Il y aurait 150000 réfugiés en Jordanie et 60000 en Turquie.

Ce qui devient ahurissant est la mésentente criante entre les différentes factions rebelles : le CGRS (Commission générale de la révolution syrienne) à l'opposé des points de vue de la CCNCD (Comité de coordination national pour le changement démocratique) lequel n'hésiterait pas à entrer en pourparlers avec Assad. Le CNS (Conseil national syrien) dirigé par le Kurde Sayda semble loin de toutes ces dissensions et de la création du CRS (Conseil de la révolution syrienne) emmené par Mateh. Sans omettre le mouvement Al Nusra proche d'Al Qaïda à l'affût et les salafistes dans leur rôle humanitaire à partir de l'argent reçu des Emirats et de l'Arabie saoudite.

Toutes ces divergences et cette dispersion dans l'objectif ne pourraient s'expliquer que dans le cadre d'une fin prochaine d'Assad.

L'étonnement concernerait aussi l'incendie circonscrit jusqu'à maintenant à l'intérieur de la Syrie et qui se propagerait sur la périphérie :
- Incidents à la frontière turque avec l'enlèvement d'un député (libéré ensuite).
- Incidents à la frontière jordanienne (des tirs sur les réfugiés) dans le secteur de Tourra.
- Incidents en Irak où l'EII (l'Etat islamique d'Irak), groupuscule d'obédience Al Qaïda, ne cache plus son appartenance et revendique la totalité des attentats commis depuis deux mois.
- Incidents dans l'est de l'Arabie saoudite où un garde-frontière a été tué.
- Incidents au nord Sinaï où la chasse aux islamistes radicaux se poursuit par l'armée égyptienne, érodant la lune de miel entre le Hamas et les islamistes au pouvoir en Egypte.
- Incidents au Liban où un complot a été déjoué et qui aurait été fomenté par les services secrets syriens. Des heurts deviennent permanents entre les Sunnites et les Alaouites avec des prises d'otages. Dans un Liban où fourmillent activistes et ultras en tout genre. Ce qui a conduit tous les pays du Golfe à rapatrier leurs ressortissants.
- Incidents en Algérie où deux terroristes islamistes extrémistes ont été tués dans le maquis de Boumerdès.
- Incidents en Tunisie avec la grève et les revendications persistantes.
- Enfin, incidents au Yémen où des nostalgiques de Saleh s'opposent au retrait de Ahmed à la tête du régiment d'élite de Sanaa.

Le dernier point non moins déconcertant est le report sine die de la nomination du remplaçant de K.Annan qui doit quitter son poste dans quelques jours. Pourtant il y a une impérieuse nécessité. La proposition de nommer Brahimi, ancien ministre des Affaires étrangères algérien à ce poste de délégué de la Ligue arabe et de l'ONU, a été repoussée. Il est vrai que des oppositions d'analyses sont réelles entre le Maghreb et notamment l'Algérie sur des interventions militaires autant au Mali qu'en Syrie ; ce qui n'est pas le cas des monarchies du Golfe. A 22, il est difficile de s'entendre, mais avec les 60 membres que composent l'OCI, c'est encore pire. Le débat qui devait s'en suivre à la Mecque sur la Syrie, à savoir son éviction de cet organisme, n'a fait qu'accentuer les divisions. Une mise au ban qui ne fait pas plaisir à l'Iran. Malgré tout, cette « organisation de la conférence islamique » qui regroupe des Etats du monde musulman au sens large du terme ne peut avoir qu'une vue objective sur la situation syrienne. De même, la réunion des M.A.E, prévue le 18 août 2012 à Djeddah, a été reportée.

*Le 21 08 2012*

La diplomatie se maintient sur le devant de la scène ; elle a horreur du vide. La case restée inoccupée depuis le départ de K.Annan est de nouveau en effervescence mesurée avec la nomination de Brahimi auréolé du prestige d'ancien ministre algérien des Affaires étrangères. Conscient des événements, celui-ci n'a pas manifesté un enthousiasme délirant à la prise de son poste. Ces premières paroles étaient empreintes de doute sur ses attributions réelles et sur ce rôle de Médiateur délégué de la Ligue arabe et de l'ONU.

## Une diplomatie paralysée

Car parler de médiation dans un imbroglio où tous les belligérants veulent en découdre jusqu'au dernier survivant, relève de l'utopie. Comment servir d'intermédiaire et quelles solutions de conciliation proposer, alors que l'on se bat dans Alep et autour de l'aérodrome militaire de Mazzé près de Damas ? Pendant que, sur ces entrefaites, Assad marque de sa présence détendue la prière de fin de Ramadan à la mosquée de la ville et sur lequel l'obligation de s'éloigner n'ont aucun écho. Comment remédier à cette situation qui se dégrade et se pérennise, pendant que les réfugiés s'entassent dans les camps surchauffés où règnent la promiscuité et la précarité. Ce qui ne manque pas d'inquiéter les pays d'accueil ; à l'exemple de la Jordanie qui, débordée par ses 180000 voire 250000 très bientôt, fait appel à la communauté internationale et réclame 600Mons de $ pour subvenir aux besoins de population syrienne qui manque de tout. Où sont les préceptes coraniques lorsqu'on assouvi son obsession de destruction jusqu'à l'ultime instant ? Comment peut-on fêter les Aïds dans de telles conditions ?

La diplomatie se gorge de réunionnites en réunionnites. De la Mecque à Djeddah, de Istanbul à Ankara, de Paris recevant Brahimi suivi de près de Sayda responsable du CNS syrien et attendant l'émir du Qatar. Tout en scrutant le mot, la phrase ou le communiqué qui feraient bouger les lignes. D'infimes indices pourraient le faire croire :

- **Les Russes ne s'offusqueraient pas d'un appel à la communauté internationale.**
- **Les Chinois accepteraient les démarches de médiation.**
- **Assad accueillerait formellement l'idée de discussions avec l'opposition sous réserve qu'elles se fassent sous son contrôle, déclare l'Ambassadeur de Syrie en Iran.**

Parmi ces attitudes de façade et ces très vagues souhaits, aucun signe d'apaisement à l'horizon n'est décelé.

Or, paradoxalement l'agitation guerrière ne se limite pas au seul conflit syrien. C'est ailleurs qu'il faut porter ses regards où les ébauches d'antagonismes augmentent d'un cran. Notamment celles entre Israël et l'Iran. Les propos venimeux proférés par Khameneï qui font résonnance à ceux tenus par Ahmadinejad sur la « tumeur israélienne », soutenu par une foule hostile de Téhéran, n'ont fait qu'attiser le feu qui couve depuis plusieurs mois.

### Un autre foyer d'incendie à craindre

Israël, divisé par les réactions à prendre (les débats houleux à la Knesset sur le sujet en témoignent) prépare la population à une éventuelle riposte. Prête sur le plan offensif, l'armée (Tsahal) entame l'aspect défensif et dissuasif en installant des batteries d'interception de roquettes à Eilat, un radar puissant et d'alerte avancée (X-band) dans le Neguev, et distribue des masques à toute la population par crainte de guerre NBC (nucléaire, biologique, chimique).

En liaison avec d'autres pays du Golfe qui se sentent concernés par la protection de leurs propres citoyens : l'achat récent des « patriot » au Koweit, des radars au Qatar, des matériels militaires aux Emirats et par l'Arabie saoudite. En liaison enfin avec la mise au point de missiles antibunker perforant le béton jusqu'à 18ms, avec la construction de près de 10000 drones-avions (aussi facile à construire que les Spitfire et Hurricane au début de la guerre 39-45), avec les essais en cours des drones-hélicos par les Américains.

Reste à définir qui sera l'attaquant ou l'attaqué ? Si Israël attaque le premier (dans une offensive aérienne courte de 30 jours souhaite-t-il), il entraînera ipso facto les USA et à coup sûr les pays sunnites du Golfe. Plaçant ainsi l'Iran dans la position du contre-attaquant attendue par son opinion publique. Une période psychologique où chacun s'épie et attend le moment T le plus opportun. Si un tel recours à la force survenait nous assisterions alors à un embrasement général du Moyen-Orient.

*\* Le 26 08 2012*

Il y a peu, le ministre de l'Intérieur de Libye faisait arrêter ceux qui avaient commis les derniers attentats le jour de l'Aïd el Fitr. En remontant la filière et fait plus surprenant, il mettait à jour l'inimaginable : la saisie de 100 chars et 25 lance-missiles dans une caserne militaire occupée par la milice de Tarhunah. Ce qui soulève quelques interrogations :

Comment peut-on parler de « milices » lorsqu'il est cité un pareil arsenal et autant d'armes lourdes en leur possession. Cela relève de l'euphémisme et ressemble plus à une armée dans l'armée ou à un Etat dans l'Etat.

Comment peut-on découvrir tout à coup que cette « milice » soit apparentée aux « Kadhafistes ». Cela relève de l'aveuglement. Alors que pendant la guerre civile toute cette région depuis Tripoli jusqu'à Ban Walid restait la porte ouverte en direction de l'est. Une section de l'arc restée non contrôlée allant de Gharyan à Al Khums et restée acquise au « kadhafisme » (voir l'événementiel de juillet 2012).

Comment peut-on ignorer qu'il y ait une probabilité d'existence de « milices » toutes aussi fortement armées ? Cela relève de la naïveté. A commencer par celles de Misratah, Benghazi et Az Zintan. Celles-ci auraient tort de s'inquiéter étant donné qu'il n'y a toujours pas de programme de désarmement.

Or, il doit être souligné la diligence avec laquelle la police et le conseil suprême de sécurité (CSS) ont mis à résoudre cette opération. Le grand bénéficiaire sera l'armée qui va ainsi récupérer l'équivalent d'une division blindée avec des hommes formés à la conduite, au maniement des armes (canon et mitrailleuse) et à l'utilisation des radios et moyens de communication de bord.

### Les Islamistes extrémistes se manifestent en Libye

Pendant ce temps, des entraves supplémentaires apparaissent. Des islamistes extrémistes s'en prennent aux représentations du Soufisme et aux mausolées considérés comme impies, avec des moyens qui interpellent : bulldozer sur celui d'Al Dahmani (près de Tripoli) et explosifs sur celui d'Al Asmar (près de Zlitan). A associer aux heurts inter tribaux et à l'incendie de la bibliothèque d'une mosquée de Zlitan. On ne peut s'empêcher de faire un rapprochement avec les actes d'intolérance commis au Mali et en Egypte et plus spécialement en Tunisie où un estivant français et sa famille ont été molestés.

En Syrie, le pilonnage des villes par l'aviation se poursuit, et vice versa les rebelles avancent à l'arme lourde, à tel point qu'il devient inutile de citer le nombre de tués ni les charniers découverts chaque jour. Les civils fuient, résignés, c'est le mot approprié, les zones guerrières. Dans la zone kurde, à Derik exactement, il est de plus en plus question d'indépendance par rapport au pouvoir central. Du coup, Assad ressort sa phobie du complot. Alors qu'au Liban les communautés de Tripoli se déchirent avec la même intensité. Pendant que les Wahhabites tentent de s'implanter au nord, dans la région d'Akkar. Ce que le Hezbollah perçoit comme une intrusion territoriale .

*Le 02 09 2012*

La Syrie est à l'ordre du jour de toutes les réunions qui se succèdent. Celle du Conseil de sécurité présidée par la France où le seul thème retenu, plausible, acceptable, est l'humanitaire accentué, voire la création de zones tampons. Sur ce point, personne n'est dupe, toutes les propositions sont inapplicables. De telles zones préconisées devraient être protégées par une couverture aérienne, que ce soit au nord-ouest d'Alep ou près des frontières d'Irak, Liban et Jordanie. En territoire syrien, cela prendrait l'allure d'attaque extérieure, donc une déclaration de guerre, donc une transformation de conflit local en conflit régional. Sous cet angle, tout le monde reste prudent d'autant que ni les Russes ni les Chinois n'ont participé à cette réunion ; plus marquant, les USA et H.Clinton, par lassitude, ont ignoré ces énièmes conciliabules.

Assad peut ainsi poursuivre son œuvre en faisant une déclaration, sans ambages, à la chaîne syrienne Al Dounia :
- que les zones tampons sont irréalistes.
- qu'il lui faudra encore du temps pour gagner la bataille.
- qu'il ne craint pas les attaques contre les aéroports militaires d'Alep et Damas. Ce qui explique sa présence désinvolte dans Damas.
- qu'il a reçu le soutien des Arméniens d'Alep qui ont pris les armes en sa faveur (à vérifier).
- que l'opposition qui agit en ordre dispersé, n'a rien à proposer.
- que les manifestations du vendredi ne l'impressionnent pas
- enfin, que le départ des fuyards vers les frontières correspond à de « **l'auto- nettoyage** ».

### Un mot qui en dit long sur l'état d'esprit

Dans le langage assadien, la fuite est synonyme de délit. Alors que cette population, qui vient d'être bombardée et massacrée, qui à vu ses proches tués, qui a tout perdu (maisons et nourritures), ne fuit pas de son plein gré et encore moins pour des raisons spécifiquement politiques et religieuses. Mais du fait qu'elle se sauve elle reçoit d'office l'étiquette d'opposante au régime. Cette phrase *d'auto-nettoyage* est lourde de sens et s'apparente à de l'épurement pour ne pas prononcer le mot « épuration ».

Ce n'est pas par hasard si ces propos ou messages clairs sont tenus au moment où se déroule à Téhéran la réunion du MNA (Mouvement des non-alignés). Réunion importante par le regroupement de 120 nations et marquée par la présence de 30 chefs d'Etat. Marquée également par le discours de Morsy, Président islamiste égyptien, qui transmettait la présidence du MNA à l'Iran et qui définissait le régime syrien de « régime oppressif ». La délégation syrienne se levait alors d'un seul bond et quittait la salle. Une nouvelle fois, la Syrie était mise au ban des accusés après l'OCI sous l'œil impassible de Ban Ki Moon représentant l'ONU qui assistait impuissant à tous ces débats.

A l'extrême, ce MNA peut apparaître obsolète, ou dominé par les problèmes locaux. Il permet cependant aux représentants de ces 120 Etats de se côtoyer, de se dire, ne serait-ce que quelques mots ou de se serrer la main à défaut d'accolades. Il permet au Premier ministre syrien, hors protocole, d'exprimer son point de vue. Il permet à l'Iran de réaffirmer son désintérêt de la bombe atomique (en contradiction avec l'avis de l'AEIA qui ne peut accéder au centre de Fordow).

En Azawad, tout se dilue en milices minuscules transformant cette région, par excès, en terrain d'entraînement ou, par défaut, en Etat de non-droits. Le MNLA se subdivise en l'apparition du FPA (front populaire de l'Azawad). Le Mujao (Aqmi) y affirme son existence en exécutant un de leur otage algérien, le vice consul Tatoui, répondant ainsi à l'élimination de 15 islamistes radicaux en Kabylie. Ya-t-il relation ? Sallal est nommé nouveau Premier ministre en Algérie, à la tête d'un gouvernement remanié.

En Tunisie, l'état d'urgence est prolongé jusqu'à fin septembre 2012. Pendant qu'au Maroc, « le mouvement du 20 février » est sur la sellette. Quant à la Libye, le ministre de l'Intérieur, après analyses, est revenu sur son intention de démissionner ; tout à coup convaincu qu'il lui faudrait accepter dorénavant les islamistes extrémistes et le fond commun : celui du « kadhafisme ».

*Le 09 09 2012*

Il est des guerres chiffrées en nombre de victimes journalières. Dans cette région, en Syrie, après un conflit qui dure depuis un an et demi, il n'y a pas de chiffres précis. Que ce soit en nombre de tués : 25000, 30000, 50000, on ne sait plus, ou en nombre de réfugiés dans les pays voisins ou errant dans la Syrie : 200000, 300000, 500000, (100000 en août). Qu'elles soient logarithmiques, exponentielles ou népériennes, les courbes sont insoutenables. Assad s'est d'ailleurs félicité du résultat et de l'action des organismes humanitaires. Différemment formulée en langage « vert » et suivant l'adage : « moi, je pilonne et je matraque, vous, cantonnez-vous dans l'humanitaire ». Un summum de perfidie et d'ignominie avec le risque de voir cette guerre interne s'éterniser.

Il est pourtant du devoir des Etats de venir au secours des réfugiés à défaut d'obtenir un cessez-le-feu (100Mons de $ accordés par les USA). A la rigueur, aider les insurgés qui essaient, avec leur faible moyen, de détruire les pistes d'envol militaire sans grand résultat.

Une région saturée d'hostilités et devenue incontrôlable. Dans laquelle :
– les affrontements entre Kurdes et Turcs ont gravi un échelon (30 morts en une seule journée).
– la chasse aux islamistes intégristes par l'armée égyptienne se poursuit dans le Sinaï. Lesquels islamistes se mêlent aux membres d'Al Qaïda

et détruisent un mausolée près d'Al Arich assimilé à de l'idolâtrie. Un contexte défavorable sous-entendant le désir d'autonomie des Bédouins armés (ex : la tribu Sawarka), si on ne les prend pas en considération dans l'établissement de la nouvelle constitution. Un désir d'autonomie également partagé par les palestiniens de Gaza avec l'assentiment de Morsy l'égyptien.
- la bataille engagée entre le CSF (central security force) et l'Aqap (Al Qaïda) au Yémen est soutenue par les Américains et leurs drones expédiés par-dessus la mer rouge sur des personnes ciblées (le N° 2 d'Al Qaïda et ceux qui ont saboté le gazoduc). Là où, dans le sud, entre Aden et Zanzibar, le drapeau noir flotte en maints endroits.

Tous ces conflits ont crée un climat de défiance et au pis-aller de la méfiance. Ce qui conduit bien des Etats, proches ou éloignés, à se tenir sur leur garde, au cas où tout cela viendrait à dégénérer, par des exercices et manœuvres répétés de leurs armées :
- les manœuvres entre les USA et Israël. L'exercice intitulé « Austère challenge » n'a pas reçu l'engouement escompté, si ce n'est un achat supplémentaire de missiles « Patriot » par Israël. Un exercice qui sera renouvelé en octobre en fonction des budgets de l'époque.
- les manœuvres en Iran ont fait l'objet de tests sur les derniers matériels sollicitant la base d'Al Ambia. Ce qui permet de constater que les Russes, comme en Syrie, ont livré le système de défense de missiles sol-air longue portée : le S-300, lequel, au fil des mois devient opérationnel. La protection première étant les sites nucléaires et les raffineries. Un Iran qui subit de plein fouet l'embargo sur son pétrole dans une période où celui-ci est à 114$ le baril, quelque peu aidé d'une façon clandestine par les chiites d'Irak qui font circuler l'essence à travers la frontière (notons que l'Irak retrouve petit à petit sa production antérieure de 3Mons de barils/jour). L'Iran ne manquera pas d'évoquer ses problèmes au Caire lors de la conférence en cours.

Doit-on accorder un intérêt majeur à toutes ces gesticulations ou doit-on relativiser certaines d'entre elles ?
- A l'annonce d'un scrutin présidentiel en Iran pour le 14 juin 2013. Le Président Ahmadinejad céderait sa place à son proche collaborateur Mashaie, par une méthode à la « Poutine ».
- A l'annonce de la nomination tant attendue d'un nouveau Premier ministre en Libye. Qui de Jibril ou de Barassi l'emportera parmi une dizaine de candidats ?

\* Le 11 09 2012

Le fait marquant de ces derniers jours aura été la destruction du consulat des Etats-Unis d'Amérique à Benghazi. Un acte gravissime faisant réagir le monde entier qui dénonce, qui condamne unanimement et qui s'excuse pour d'autres. L'Ambassadeur a été tué dans des conditions atroces (inhalation de gaz dû à l'incendie) ainsi que trois personnels et tous les dossiers des différents services ont été brulés.

## Y a-t-il causalité entre un film navet et l'attentat de Benghazi ?

Qui est derrière cette attaque ? Car c'est bien de cela qu'il s'agit : les moyens et les méthodes ne laissent peu de doute quant à une action des islamistes d'obédience Al Qaïda, même si par ailleurs on y associerait volontiers la présence de pro-kadhafistes. Les milices autour de Benghazi sont lourdement armées, pour preuve l'utilisation de roquettes RPG. Donc il n'est pas nécessaire de planifiée une opération des semaines à l'avance. Il suffit qu'un ordre soit donné, venant d'un quelconque « Head-quarter », d'entrer en action sur telle ou telle cible par les moyens habituels de communication : GPS ou les réseaux internet en messages codées ou non, pour que ces extrémistes soient opérationnels dans la seconde suivante. Autrement dit : ceux-ci sont super entraînés suite à la guerre civile libyenne et se tiennent dans les « starting-block » en permanence.

Pourquoi cette date précisément ? Ce n'est pas tant le bâtiment en soi comparé à celui du WTC « world trade center » qui est à considérer, mais bien la date du **11 septembre**, hautement symbolique pour les Américains.

Quel en a été le déclic ? Si déclic il y a, et ce n'est pas prouvé. Apparemment, l'attaque prolongeait les manifestations du Caire. Un film anti-islam, blasphématoire circulait sur le web, que chacun pouvait admettre comme un navet d'une grande médiocrité sur le plan de l'art, de la création, voire de la création artistique, mais suffisant pour heurter des populations ultra-sensibilisées sur le sujet. La provocation était évidente pour qu'aussitôt la colère se propage à travers le monde musulman. Les ambassades des occidentaux sont attaquées les unes après les autres. Les drapeaux américains sont brulés. Dans bien des cas les personnels de ces « terres internationales » doivent être évacués. On voit ainsi apparaître des bâtiments de guerre américains se déployer sur toute la région : devant Benghazi et face au Yémen. « Justice sera faite », déclare Obama, alors que les responsables des pays concernés tentent de ramener le calme.

Qui a intérêt à provoquer un tel embrasement ? Faut-il dissocier les deux actions ? On ne peut s'empêcher de penser à une action délibérée de personnes qui auraient voulu aiguillonner les USA ? Leur forcer la main en quelque sorte. Quand on connaît le contexte global du Moyen-Orient, beaucoup seraient partisans d'en découdre. Réciproquement, et cela vaut quitus pour les extrémistes radicaux et les djihadistes d'Al Qaïda, pressés de prendre des pouvoirs qu'ils trouvent trop laxistes détenus par les dirigeants actuels. En maintenant leur troupe sous pression permanente, il entraîne une région sous-tension, en état de nervosité entretenue et en excitation extrême. La moindre étincelle peut mettre le feu aux poudres.

*\* Le 12 09 2012*

De dérives en dérives, telle l'exécution sommaire de 15 soldats du régime syrien par les insurgés, l'ALS se devait de réagir. Le constat est clair : ses troupes vont au combat en ordre dispersé et parmi la profusion de tenue vestimentaire hétéroclite émergent les barbus aux longues tuniques afghanes. On imagine déjà ce que sera l'après-Assad aux mains des extrémistes djihadistes dont beaucoup viennent de l'étranger (Irak, Afghanistan, Tchétchénie…). Al Qaïda et ses suppôts sont bien ancrés dans le milieu ambiant. Le général Tlass et une dizaine d'autres généraux appelaient alors à une symbiose générale et poussaient au rassemblement sous une même autorité, seule condition si les Syriens veulent se libérer par eux-mêmes du joug tyrannique du régime Assad. Bharimi, délégué de l'ONU, après ses divers contacts à Damas indiquait que la situation était désespérante et affligeante face à toutes ces actions subversives et que ces dernières conversations étaient vouées à l'échec.

## On se rapproche du dénouement en Libye

*Conformément aux prévisions et malgré toutes ces embuches, le Président Magariaf (Megarief) du CGN, après bien des consultations auprès de personnalités et prétendants à la fois, acceptait la nomination de Chagour comme Premier ministre. Une élection qui s'était déroulée en deux temps : Ier tour, 68 voix en faveur de Jibril ; 2$^{ème}$ tour, 96 voix en faveur de Chagour. Celui-ci, ingénieur en électricité, était Vice- Premier ministre dans l'ancien gouvernement Kib et se présente comme un proche des islamistes. Va-t-on se diriger vers un gouvernement technocrate reconduit ou refondu avec une nouvelle période de transition, ou va–t-on entrevoir un nouveau gouvernement dans lequel un certain nombre de postes seront réservés aux libéraux de Jibril ? Il n'empêche qu'il s'agit là d'un tournant heureux et d'importance pour la Libye.*

*\* Le 18 09 2012*

Après un tel remue-ménage, puis un déferlement de désapprobations et de colères dans tout le monde musulman (avec les prolongements vers le Pakistan, l'Inde, l'Indonésie…), on en viendrait presque à oublier les affrontements guerriers de tous les jours en zone arabe : 500 tués en un mois entre l'armée turque et les indépendantistes kurdes – 41 hier et 86 aujourd'hui en Syrie.

### De la grogne et la rogne à la fronde et la foudre

En effet, spontanément, un fort vent de violence s'est propagé à l'aide des moyens de communication moderne (les blogs, les sms ou par Youtube) et sur la base de connivences provocatrices de Bacile (Basseley, Bacily, des noms d'emprunt) à l'origine du micro film, relayé par Sadek, copte égyptien-californien, Terry Jones ou encore le sheik Abdallah et sa télévision Al-Nas.

Violemment réprimés dans certains pays (Tunisie), tolérés dans l'Egypte de Morsy, soutenus par le hezbollah au Liban dont le chef Nasrallah faisait une réapparition surprise, ces ferments de haine et ces manifestations trouvaient une atténuation proclamée par les dirigeants des Etats islamiques, par les Imams dans leur prêche du vendredi et par les responsables des communautés musulmanes. La visite du Pape aura eu sa contribution en exprimant sa volonté d'apaisement entre les chrétiens, les chiites et les sunnites. Un apaisement également recherché au Caire par L.Fabius, ministre français des Affaires étrangères, tout autant par Brahimi qui poursuit sans relâche ses entretiens vers la Turquie et la Jordanie.

Or, et au-delà, les sources de discordes et les exactions demeurent permanentes :

- Que ce soit au Mali-nord où Aqmi joue la surenchère dans sa demande de rançon passée à 90Mons de $ pour les 4 otages qu'il propose d'exécuter si la France soutient une attaque sur l'Azawad. Dans un jeu tour à tour ouvert à la négociation et à la menace, Aqmi incite par ailleurs à s'en prendre à tous les biens américains au Maghreb, tout en continuant à détruire des mausolées (au nord de Gao). Au Niger voisin, une église vient d'être saccagée.
- Que ce soit en Libye où Magariaf (Megharief) et Chagour ont dû prendre une décision ferme face à l'assassinat de Stevens, l'ambassadeur américain, à Benghazi, en limogeant les responsables de la sécurité jugés trop laxistes. Le secteur de Benghazi demeurant un dème turbulent. Pas étonnant si les autorités libyennes dans un tel contexte aient reporté le jugement de Saif de six mois. Inutile d'étaler le « kadhafisme » en pleine lumière par ces temps agités.

D'aucuns attisent les braises ou ne font qu'en rajouter, comme si l'on voulait porter à ébullition une eau dormante de façon à faire remonter à la surface les bulles extrémistes des fondamentalistes dévoilant ainsi leurs réelles intentions dans leurs aspects les plus rétrogrades. Est-ce que cela signifie un avant-goût de ce que sera le futur de la zone arabe ?

Un tel dira : Baradei, l'Egyptien : « l'humanité pourra vivre en harmonie lorsque les croyances sacrées, les représentants de Dieu et les Prophètes seront respectés ».

Une telle ajoutera : H.Clinton, ministre américaine des Affaires étrangères, en parlant de la Libye et de l'ambassadeur Stevens : « il avait risqué sa vie pour arrêter un tyran, il avait donné de lui pour aider à bâtir une nouvelle Libye ; le monde à besoin de cet espèce d'hommes ».

## *Le 26 09 2012*

La situation dans le monde musulman s'est apaisée, même si quelques fatwa font leur apparition : 100000$ contre le producteur des caricatures ; augmentation du tarif exécutoire contre Rushdie, passé à 3,3Mons de $. Ce retour au calme est en complète contradiction avec les maux quasi constants voire amplifiés de la zone arabe, qui, eux, n'ont rien de fortuit.

– A commencer par la Syrie où les bombardements sont incessants. Après sa rencontre avec Salehi, le ministre des Affaires étrangères de l'Iran, Assad parle de négociations et admet 150 tués en un seul jour (19 septembre 2012). A l'opposé l'ALS, l'armée des insurgés, déplace son commandement depuis la Turquie vers une zone occupée au nord d'Alep. Il n'en demeure pas moins que les armes en provenance d'Iran se déversent toujours sous le couvert d'un accord tacite de l'Irak autorisant certains couloirs aériens aux avions civils 747. Ces derniers contiennent non seulement des armes légères mais aussi des armes semi-lourdes en pièces détachées que « les gardiens de la révolution », faisant partie du voyage, se chargent de remonter à l'arrivée en Syrie. Evidemment, l'Iran dément toutes ces interprétations.

– Ensuite à Bamako au Mali. Ici le triumvirat : Traore, Diarra, Sanogo, gesticule et prétend avoir le consentement du Cedeao pour attaquer le nord. Il est peu probable qu'il en ait la capacité, à moins de recevoir l'appui de la France. Pourtant la reconquête du Mali-nord ne peut être différée. Car en Azawad, la Chari'a rentre en application (à l'exemple de Tombouctou où l'on ne parle que d'amendes perçues ou d'emprisonnements envers les femmes non voilées). Les djihadistes entament leur influence vers le sud et s'apprêtent à foncer sur Mopti ; Douentza est déjà sous leur coupe. L'exigence d'un versement d'une rançon afin de libérer les 4 otages français est en relation directe avec cette probabilité d'intervention du Mali. C'est pourquoi Aqmi veut bien négocier avec Bamako sous réserve d'appliquer la chari'a sur toute cette région. Une autre version de l'engagement, à la fois par le « nerf de la guerre » et par la « guerre des nerfs ».

– Puis en Iran, là où un éminent responsable militaire n'hésite plus à se prononcer sur une guerre Israël-Iran devenue inéluctable. Ce disant,

Israël accélère sa protection sud et la Turquie déploie des canons et des missiles anti-aériens à la marge de sa frontière sud.

## Des brigades et milices légitimes et illégitimes à Benghazi

– Enfin en Libye. Afin de remédier aux exigences des extrémistes et leur implantation ascendante dans Benghazi, les habitants et manifestants les ont chassés de leur caserne enflammée. Devant l'incurie des services de sécurité, ils ont entamé le rejet de ce qu'il considère comme une application excessive de l'Islam. Au prix d'affrontements sanglants, les brigades Ansar-al-chari'a, Abou Slim et celle de Cheikh Rahman (sous les verrous aux USA) plus connue pour ses méfaits contre le CCIR (le 22 mai 2012) et composée en partie de Maliens et d'Algériens, ont été renvoyées en périphérie. Chassées mais non désarmées, ces brigades s'inscrivent dans cette mouvance islamique associée à Al Qaïda et soutenue par la proximité du Caire et d'Alexandrie. Magarief penche pour une dissolution totale de ces groupes armés, alors que Jibril verrait plutôt une discussion avec ces djihadistes. Dans la pratique, il est rappelé au général Mangouch de créer un « centre opérationnel » et de procéder à l'élimination de tous ces hors-la-loi. En revanche, d'autres brigades ont reçu l'aval des autorités libyennes. Celles du 17 février, de Deraa libya et d'Al-Sahati sont habilitées à intervenir auprès de l'armée libyenne.

Pendant ce temps à New-York, 120 chefs d'Etat, Premiers ministres et ministres sont réunis à l'ONU, sans grande conviction, puisque ni la Russie ni la Chine ne sont présentes. Les spécialistes affirment qu'il n'en résultera que des pléthores de bonnes intentions ou des résolutions futures tant sur la Syrie que sur le Mali. Le Qatar appelle à l'intervention militaire à l'opposé du vœu des USA pour qui « on ne doit toucher à rien » tant que les élections de novembre ne soient pas terminées. En attendant les 30000 tués en Syrie sont dépassés : 114 hier, 83 aujourd'hui.

*\* Le 07 10 2012*

Brusquement poussé à réagir face aux obus qui tombent sur son territoire, la Turquie par Erdogan, veut avertir et dissuader l'adversaire sans partir totalement en guerre mais en considérant ses rétorsions comme de la légitime défense, comme il en est des frictions avec les Kurdes à la frontière irakienne : « A chaque obus reçu, il y aura riposte ». Il apparaît très nettement qu'Assad cherche la provocation et veut internationaliser le conflit (la Turquie fait partie de l'OTAN avec les clauses d'inter protection inhérentes). Un conflit dans lequel aucun belligérant ne prend vraiment le dessus ; l'un désire investir Alep et à chaque quartier conquis, l'autre réplique par une pluie de bombes des avions et hélicoptères. Nous sommes dans un cas de figure inédit où ni la diplomatie ni les moyens guerriers connus n'en viennent à bout.

### Le doigt dans l'engrenage pour la Turquie contiguë

Le parlement turc va plus loin et vote la possibilité de pénétration sur le sol syrien en émettant le souhait de remplacer Assad par Chareh. Cependant et suivant la tournure que prennent les derniers événements, ne nous leurrons pas, il s'agit de l'ouverture d'un nouveau front, cette fois entre la Turquie et la Syrie.

Ce qui se passe en Libye n'a pas de similitude avec cette zone de combats à laquelle il est fait allusion. Or, là où le paysage semblait atteindre au dénouement par l'instauration d'un nouveau gouvernement, hélas, chacun a dû déchanter. A une première mouture concoctée par Chagour intervint le refus de l'Assemblée (CGN) le 4 octobre 2012. L'homme aux cheveux, moustaches et barbes blanches n'eut pas plus de succès trois jours plus tard. De surcroît, il mettait en jeu son poste de Premier ministre. En effet, entretemps, la rumeur se propageait sur la nomination de personnes non compétentes et sur leur non représentativité. Le raisonnement valait pour Tripoli où des protestataires se ruaient sur le parlement mais aussi pour Benghazi, Al Khofra et Sebha. Quant aux femmes, une seule était retenue parmi les 29 ministres pressentis. Enfin, il s'avère impossible et incongru d'écarter les membres de « l'alliance des forces nationales » conduits par Jibril.

### Un prosélytisme des ultras bien rodé

Ceci nous ramène à une préoccupation récurrente : les islamistes fondamentalistes, chapeautés par les djihadistes, qui pourraient devant ces incertitudes profiter de la situation. Il serait naïf de les ignorer comme le soulignait Geriani, le grand Mufti de Benghazi lors de ces rappels au calme. Tous ces partisans de la chari'a progressent par prosélytisme sous-jacent et par influence sectaire grandissante à tous les étages. Il serait naïf tout à coup de les découvrir comme semble le suggérer Marzouki, le Président tunisien, déclarant apercevoir « un problème sécuritaire menaçant la région du Maghreb ; que le danger est à la porte » auquel Ghannouchi de l'Ennhada surenchérissait et s'inquiétait « d'une atteinte aux libertés publiques ».

Difficile dans ces conditions de renouer avec une alliance intitulée : « *Union méditerranéenne* ». Un projet obsolète duquel peut-on tout juste extraire une approche économique (voir les thèmes) ou un consensus sur l'émigration sud –nord. La réunion, ce jour à Malte, ne pouvait aller au-delà.

\* Le 15 10 2012

Après l'incident de parcours de l'avion civil entre Moscou et Damas, forcé d'atterrir à Ankara sous l'injonction de deux F4 turc, cet avion a pu reprendre son vol avec sa quinzaine de « voyageurs » russes. S'arrogeant le droit de l'interception, la Turquie confirmait la présence d'armes et de munitions dans les caisses saisies. Une affirmation démentie aussitôt par les Russes et les Syriens. Cela démontrait s'il en était besoin le soutien et l'implication des Russes dans le conflit syrien et aggravait d'autant les hostilités extra régionales (V.Poutine repoussait son rendez-vous prévu sous peu en Turquie). Le Hezbollah, ne cachant plus son rôle intrusif à la frontière libanaise (1500 de ses membres seraient actifs auprès des troupes syriennes), n'hésite plus à propulser des drones en provenance de l'Iran, au-dessus du territoire israélien (remarquons au passage l'assurance ostentatoire tenue par l'Iran de disposer des drones en quantité).

Par ailleurs, les insurgés et rebelles semblent s'ancrer un peu plus dans la partie nord de la Syrie. La prise d'un tronçon d'autoroute entre Alep et Damas coupant court à tout renfort rapide du régime d'Assad et la prise des deux aérodromes d'Alep montrent bien la progression et l'impact stratégique qui en résulte. Toutefois l'aviation syrienne reste toujours opérante et l'armée syrienne prépare déjà la contre-offensive. Un simple rappel : 96 tués le 12octobre 2012 et 33000 morts enregistrés.

Une évolution encore plus marquante en ce concerne le Mali, après le vote de la résolution présentée par la France au conseil de sécurité. Un vote unanime sur la base d'un plan détaillé à établir dans les 45 jours tout en admettant plusieurs mois supplémentaires avant d'entrer en vigueur.

Profitant de son passage dans la région, lors de la réunion sur la francophonie, le Président français F.Hollande n'a cessé de rappeler aux groupes islamistes d'Azawad, tant à Dakar qu'à Kinsasha : « qu'il leur fallait rendre au plus vite les otages, avant qu'il ne soit trop tard ». Il apparaît évident que la France s'investira en épaulant une force de 3000 hommes à composer et aura recours aux troupes et aux drones dégagés d'Afghanistan avant la fin de l'année 2012. Une attitude confortée par l'éventualité d'une participation de l'Algérie qui ne dit plus non au principe retenu. Encore faudra-t-il qu'il y ait adhésion des pays africains limitrophes.

La réaction d'Aqmi et sa tentacule : le Mujao, ne s'est pas fait attendre ; mais on doute fort que leur volonté d'exécuter les otages soit suivie d'effets, car il faut s'en convaincre, pour eux, il ne s'agit pas d'otages-rançon mais bien d'otages-parapluie, protecteur de leur maintien en Azawad. De ce fait, il sera difficile de les déloger sans une action terrestre, au corps à corps, dans les villes de Gao et Tombouctou. Autrement dit, partout où ils seront mêlés à la population.

Toujours en zone arabe, en Lybie, l'attente se fait tardive en la création d'un nouveau gouvernement. Le CGN siège sans discontinuer après le limogeage de Chagour. D'après certaines sources, on s'orienterait vers la candidature de Kib remodelant son gouvernement ou vers Zeidan qui aurait la faveur de l'Assemblée pour ce poste de Premier ministre. Rien n'est donc abouti dans l'instant. Pas plus que cela ne l'est en Egypte où Morsy se trouve confronté à de nombreux opposants réunis place Tahrir. Des affrontements durant lesquels les armes sont de nouveau ressorties.

*Le 22 10 2012*

L'éventail du désordre s'ouvre chaque jour un peu plus dans la zone arabe. Au Koweit, l'instabilité du parlement devient chronique. Bahrein est toujours confronté aux manifestants. La Jordanie démantèle un réseau d'Al Qaïda. En Tunisie, les laïcs font entendre leurs voix d'opposants, pendant que s'érigent des camps d'entraînement salafistes dans le sud du pays. Comme c'est d'ailleurs le cas en Libye à l'est de Benghazi : Darnah est entièrement imprégné de salafistes. Des heurts ont lieu entre bandes armées et les Kadhafistes de Ban Walid après une évasion de 150 de ces derniers d'une prison de Tripoli.

De surcroît, des attentats perdurent dans Damas et des tirs sont entendus dans le secteur sunnite à l'est de Beyrouth suite à l'enterrement du général Hassan, chef des renseignements du service de sécurité libanais. Le conflit syrien dérape et les conversations x fois répétées sur un cessez-le-feu éventuel auprès d'Assad restent sans suite. Brahimi vient de nouveau d'en faire les frais. Il s'avère utopique, dans ces conditions, d'espérer une trêve durant la fête de l'Aïd al Adha toute proche.

Quant au Mali, les extrémistes continuent de démolir les mausolées : « le cimetière des 3 saints », alors que l'on remarque l'arrivée d'une centaine de Mujahidin soudanais et sahraouis venus prêter mains fortes aux djihadistes d'Al Qaïda dans l'éventualité d'une confrontation avec le CDAO. Omar, l'homme à la barbiche rousse confirme son intention de poursuivre le djihad sur le Mali sud, d'y faire flotter le drapeau noir et d'y imposer la chari'a partout.

## La spirale de la violence s'enroule en zone arabe, Afrique et Sahel inclus

Dès lors, où trouver une note d'optimisme dans cette région ? Peut-être faut-il revenir en Libye, où depuis une semaine le nouveau Premier ministre Zeidan planche sur la formation d'un gouvernement avec bien des difficultés. Comme il en avait été de son prédécesseur Chagour par les allégations mensongères proférées, à savoir : « favoriser ses proches au détriment d'une représentation plus large et plus nationale ». Zeidan, 62ans, ancien diplomate en Inde, désigné par 93 voix contre 85 à son rival Hariri, n'a plus qu'une semaine pour résoudre le problème. Il aura alors un mandat d'un an avant les prochaines élections.

Peut-être faut-il évoquer la venue des émirs du Qatar à Gaza désirant déverser une partie de leur « Fond » dans des infrastructures locales. On subodore de leur part une anticipation sur une possible fermeture du détroit d'Ormuz, auquel cas Gaza deviendrait à leurs yeux un point éminemment stratégique en y installant un terminal gazier permettant l'évacuation de leur production gazière vers la méditerranée et l'Europe. A moins que d'autres desseins plus pernicieux et équivoques animent le Qatar comme le laissent entendre des experts en voulant parallèlement propulser le **Wahhabisme.**

*\* Le 29 10 2012*

L'adjectif « inextricable » est accolé décidemment à la situation en Syrie. Peu d'évolutions, si ce n'est une constance dans le nombre de tués (140, le 24 octobre 2012 d'après l'OSDH) et un nombre incalculable de blessés. 34000, 36000, 40000……50000 tués. Ce n'est pas la fête de l'Aïd Al Adha ni celle de l'Aïd El Kébir qui atténueront les soifs d'en découdre. Dès les premières heures, dans un irrespect total de ces fêtes religieuses, la trêve s'est interrompue. La bataille a repris encore et toujours avec rage entre ces belligérants obstinés et enfermés dans une logique de destruction systématique, d'élimination, voire « d'extermination ».

Cependant trois attitudes attirent l'attention :
- Des membres de l'ALS se sont affrontés aux Kurdes dans Alep. L'ALS n'avait pas besoin de cette nouvelle pomme de discordes car les Kurdes sont structurés sur la base de 10000 hommes entraînés et armés dans une zone autonome au nord est de la Syrie. Le parti kurde syrien (PYD) prône un Kurdistan englobant les Kurdes voisins de l'Irak, de l'Iran et de Turquie.
- Le hezbollah depuis le Liban sud, protège des villages chiites au sud est de la Syrie en bordure et au pied du Golan offrant des passages éventuels aux chars syriens vers le plateau occupé par Israël.
- Indirectement, Israël devra en tenir compte dans sa protection de territoire à un moment où le gouvernement remanié fait appel à une alliance du parti Likoud de Netanyahu et du parti d'extrême droite de Libermann. Ce qui entraînera assurément un durcissement délétère des analyses. Les visites en cours de Netanyahu en Europe, empreintes de courtoisie, ne cachent pas l'approche d'alliances dans le cas d'un conflit avec l'Iran. La base française du Qatar, indéniablement, lui sera d'une grande utilité sur le parcours. En attendant, il lui faut faire

face à l'escalade avec le Hamas de Gaza et riposter aux obus qui pleuvent sur le Golan expédiés par les Syriens.

*Le 05 / / 2012*

Le gouvernement élaboré par Zeidan (Al Zidane) a reçu l'agrément du CGN le 31 octobre lors d'un vote houleux ponctué d'interventions de manifestants et de bandes armées. On comprend mieux pourquoi ce dernier veut faire de l'armée et de la police la « priorité des priorités ». En effet, hors ces pressions et désordres, il plane un doute sur le terme : « libération totale » notamment en ce qui touche Ban Walid où des milices se sont emparées de la ville sans être affirmatif quant à leur appartenance aux instances gouvernementales. (Rappelons que cette région est foncièrement kadhafiste).

## Un gouvernement post-révolution s'installe en Libye

Autrement dit rien n'est figé, d'autant plus si l'on ajoute les intentions d'autonomie de la région de Benghazi, toujours actuelles, sous la houlette de Senoussi (manifestation du 3 novembre devant l'hôtel Tibesti). Il faudra donc attendre quelques jours supplémentaires pour y voir plus clair ; environ 68 députés étant encore à la Mecque et le vote s'est fait sans eux. Soit : 105 voix pour, 9 voix contre et 18 abstentions.

La répartition peut apparaître équitable : le mouvement de Jibril enlève six ministères à égalité avec le parti justice et construction (PJC) des islamistes. Six autres ministres poseraient problème dont Aujeli, ancien diplomate aux USA (Oujli ou Al Owageyli) aux Affaires étrangères et Saad aux Affaires islamiques, considérés comme trop proches de l'ancien régime. Hors les deux principaux partis, les Indépendants (120 députés) ont été sollicités accaparant des ministères clés tels les Affaires étrangères, l'Intérieur (Chwayel), la Défense (Barghathi) et les ministères stratégiques du Pétrole (Aroussi) et du Tourisme (Mme Imam). Il est a remarqué la présence de deux femmes dans les ministères et compte tenu de la conjoncture, les postes de l'Intérieur et de la Défense se rapprochent de ministères d'Etat. Est-ce une répartition idoine, optimale ou encore contestable ? Nous le verrons dès les premiers pas, après la prestation de serment prévu dans trois jours et après le remplacement du gouvernement Kib. En attendant, les regards de nombreux pays sont tournés avec acuité vers les ministères de l'Economie, de l'Industrie et du Pétrole. Déjà l'Italie, le Qatar, la France, les USA et la Tunisie ont pris date et s'apprêtent à passer des accords économiques. Il en est l'heure.

**La Syrie s'enfonce dans un combat fangeux**

Dans un tout autre registre, en Syrie, il n'y a pas de relâche à la barbarie. Les uns comme les autres utilisent des méthodes hors des règles guerrières : exécutions expéditives de soldats du régime ; fusillades après des jugements sommaires de rebelles prisonniers ; utilisation de bombes à fragmentation. 200 vies supprimées le 4 novembre ; 190 le 5 ; 250 le 6 novembre. Une cadence moyenne qui dépasse les 150 tués par jour. Nous sommes donc loin d'une agonie du régime Assad. D'autant qu'en face l'unification n'est pas totale ; le CNS tarde à créer un gouvernement de transition tant les vues sont différentes. Pas facile de rassembler toutes les tendances dans une coalition. La rencontre attendue à Doha devrait permettre à cheikh Al Khatib de diriger, enfin, toutes les composantes de l'opposition. Sur le plan militaire, il est évident qu'il leur manque des armes notamment des missiles Stinger afin de contrer l'action des avions de combat. La seule possibilité offerte aux deux protagonistes serait d'aller vers un constat de forces égales, donc un combat sans issue les dirigeant vers la négociation. Conformément à l'adage : « sans négociations, pas de solutions possibles ».

On en est loin, car la Syrie ne s'est pas soulevée d'un seul bond contre Assad. Devenu caudataire pour ne pas dire feudataire de Moscou et Téhéran, celui-ci repoussera aux extrêmes limites son départ, malgré les conseils de Cameron, Premier ministre anglais, selon lequel : « la sécurité lui serait assurée s'il le demandait ». Il omet de préciser qu'il est devenu impossible à Assad de quitter la Syrie sans prendre de grands risques et lorsque ce dernier ajoute qu'il veut : « vivre et mourir en Syrie », comment ne pas le croire !

Par ailleurs, il est observé des mouvements divers et variés autour et dans le Mali à l'approche de l'échéance des 45 jours définie par la résolution de l'ONU. H.Clinton s'est déplacée en Algérie ; l'Union Africaine a rencontré les dirigeants de Bamako ; par oui dire, des Etats non africains seraient prêts à participer. Une réunion au 9 novembre est programmée à Abuja (Nigéria) sur le sujet. Ansar Dine de l'Azawad sentant le vent venir, pour ne pas dire la tempête et afin de gagner du temps, s'est déplacé à Alger et à Ouagadougou. Mujao s'apprête à prendre la ville de Menaka aux Touareg. Qu'en résultera-t-il ? Qu'elle sera l'attitude des Touareg s'il y a intervention ?

*Le 07 / 1 / 2012*

Aux USA un événement majeur vient de se produire en la réélection du Président sortant Obama et ce pour quatre ans. Il est majeur car si les Etats-Unis possèdent deux atouts : le dollar et la puissance militaire, ils sont aussi très atteints par les maux communs occidentaux et non des moindres, à savoir : la crise, la dette (16000 Mds de $), la croissance et le chômage. Ainsi, perçus dans un déclin relatif face à la Chine classée prématurément première nation économique au monde, les USA conservent une grande aptitude à rebondir. L'autonomie énergétique escomptée à court terme et le retrait prochain de ses troupes du bourbier afghan pourraient faire basculer la donne.

En attendant et pour revenir à la scène arabe assaillie de vicissitudes, il faut avouer que, de leur part, les dossiers principaux du Mashreq sont demeurés dans les tiroirs (Syrie, Yémen, Israël, Palestine et Iran). Dorénavant, si des opérations d'envergures étaient envisagées, engageant 3000 à 10000 hommes, la présence des USA resteraient incontournables, non pas en première ligne au sol, mais bien en couverture globale. Son influence ne sera donc pas sans incidence sur les conflits en cours et futurs, dans ou proche de la zone arabe, a fortiori si des regains de tension les entraînaient malgré eux dans des attitudes belliqueuses locales.

*Le 16 / 1 / 2012*

Il a été maintes fois décrit l'état de nervosité dans lequel évoluait le Mashreq avec un prévisionnel de guerre entre l'Iran et Israël. En conséquence les armées de ces deux pays se maintenaient en alerte, mieux, en statut d'attaque.

A la surprise quasi générale, les tirs quotidiens de roquettes depuis plusieurs semaines à partir de la bande de Gaza, suivis de raids aériens des Israéliens ont viré à une guerre ouverte dont on ne connaît ni la tournure ni l'ampleur. **La ligne rouge** ayant été franchie par les tirs des Fajr5 qui se sont rapprochés dangereusement de Tel-Aviv et de Jérusalem, deux villes situées à environ 70kms de Gaza (des tirs revendiqués par le Djihad islamique opposé au Hamas de Gaza). Les deux belligérants ne peuvent s'offusquer du résultat en cours. Ce n'est donc pas les imprécations ni les appels à la retenue parvenant de nombreux pays qui changeront quoi que ce soit dans ce début d'hostilités. Les roquettes continuent leur voyage destructeur et l'aviation israélienne son pilonnage avant l'intervention au sol imminente de Tsahal.

Haniyeh, chef du Hamas accueillant Qandil, Premier ministre de l'Egypte, déclarait : « nous sommes prêts à résister au-delà de 20 jours….. » (Israël parle d'une opération qui durera au minimum 7 semaines). Hague, ministre anglais des Affaires étrangères ajoutait : » je condamne totalement les attaques à la roquette depuis Gaza sur le sud d'Israël » qu'il complétait en soutenant l'action d'Israël en cours.

## Une nouvelle guerre va-t-elle s'ouvrir au Moyen-Orient ?

Des constats s'imposent :
- Pour bien comprendre le milieu ambiant, il faut se rappeler que tout doit s'examiner en termes de proximité. Les distances entre les points majeurs sont extrêmement courtes et se chiffrent en dizaines de kms. Les villes de Gaza, Jérusalem, Tel-Aviv, Haïfa, Damas et Amman tiennent dans un mouchoir.
- L'Iran, de cette manière, gagne du temps et termine sa base de Fordow en toute tranquillité. Il a trouvé là, par l'entremise du Hamas un excellent moyen d'occuper une partie de l'armée israélienne.
- Israël avait prévu de se prémunir des tirs qui atteindraient ses principales villes en créant une voute, un dôme et en terme militaire un bouclier anti-missiles (notons le coût élevé d'une telle protection). Les tirs récents l'obligent à accélérer cette parade plus tôt que souhaité. Israël s'attendait à ce que le mur de béton l'enclavant un peu plus dans ce monde arabe avait ses limites de protection, mais de là à ne plus avoir l'apanage de la sécurité dans un environnement hostile, il y avait un pas. Désormais, la survie d'Israël est en jeu.
- Le Hamas, extrémiste et militarisé, en persistant dans la provocation, devait s'attendre à une réaction d'Israël. Comment a-t-il pu se transformer en kamikaze étatique en prenant en otages les Gazaouis et en engageant l'adversaire à réagir d'une façon disproportionnée ? Ce Hamas est-il vraiment à la solde de l'Iran ou du Qatar ou de l'Egypte ? Lui a-t-on donné l'ordre d'entrer en conflit avec Israël ? Quel gain peut-il en tirer ?
- Le Hamas, par sa décision qui peut apparaître aberrante, ne voulait-il pas saboter l'intention d'Abbas (Fatah) de demander l'adhésion de la Palestine à l'ONU ?
- Y a-t-il coïncidence avec les futures élections israéliennes de janvier 2013 ?
- Israël ne pouvait ignorer l'approvisionnement en armes de plus en plus lourdes et de longues portées depuis ces dernières années à Gaza. Des armes en provenance de la Libye et de l'Iran via le Soudan qui, après avoir traversé la mer rouge, continuaient leur chemin à travers le Sinaï vers les tunnels à la frontière égyptienne. Libye toujours, à la source des armes légères et l'Iran avec ses longs tubes livrés en pièces détachées dont la portée de 60 à 100kms dépassait largement les Grad (ou BM 21 ou Katyusha). Sans pour autant éluder l'existence des Qassam M75, tout aussi efficaces. Ces Fajr5 d'environ 7m de longueur nécessitent des annexes ou des aires de lancement repérables, donc vulnérables. Dans l'instant on en est aux roquettes à

poudres sans grande précision quant à leur impact. Qu'en aurait-il été s'il s'était agi de missiles téléguidés ?
- Le Hezbollah, au sud Liban, possède les mêmes armes. La ville d'Haifa n'est pas très éloignée de leur tir. Dans l'éventualité de cette nouvelle agression, à laquelle s'ajouteraient les ripostes aux tirs syriens près du Golan, Israël serait obligé de puiser et faire appel à autant de réservistes (disons 150000 sur les 450000 disponibles). On serait encore loin d'un engagement total de Tsahal.
- L'objectif d'Israël est dorénavant arrêté : détruire toutes les rampes de lancement des roquettes et missiles à Gaza ; détruire tous les systèmes de commandement du Hamas et du Djihad islamique ; détruire les centaines de tunnels à la frontière avec l'Egypte par où transitent les armes et enfin préconiser une zone tampon près de cette frontière gérée par eux-mêmes ou par l'ONU.
- Le conflit en cours est considéré circoncis dans le périmètre cité. Qu'adviendrait-il si l'Iran s'en mêlait avec ses missiles longues portées ?
- Quelle va être l'attitude de l'Egypte ? Suivant l'inclinaison qu'elle adoptera, elle verra le soutien de 1,5Mds des USA à son armée fondre ou non au soleil. Cela aura au moins le mérite de l'éclaircissement.

L'opération : « Pilier de défense » est donc lancé. Les chars et les bulldozers s'amoncellent sur la ligne tampon face à Gaza. L'approvisionnement s'accélère et les brigades se forment, réparties en blindés et infanterie (75000 réservistes peuvent être rappelés). Une fois les renseignements fournis par les drones et avions de reconnaissance exploités, l'incursion sera effective, dit-on. En face, le silence angoissant des 1000000 d'habitants de la bande de Gaza qui attendent l'orage venir. Les tirs de roquettes persistent. La confrontation apparaît semble-t-il inévitable.

*Le 22 / 1 / 2012*

Avec persistance, et nous étions habitués à ce délai optimum afin de venir à bout des aires de lancement des roquettes, l'aviation israélienne continue et même intensifie ses frappes depuis 7 jours. Aidé en cela par la marine qui longe la côte et pilonne la façade méditerranéenne de la ville de Gaza. Dès le 14, Israël a cherché à éliminer non seulement les sites de tirs, les bâtiments de commandement de Haniyeh, les organes de presse et de télévision mais aussi les chefs militaires du Hamas : Jibari et Dalow.

Côté Hamas et autres groupes islamistes, les roquettes expédiées n'ont jamais été si nombreuses témoignant une fois de plus des dilemmes auxquels sont confrontés les deux adversaires :

\* L'aviation, la marine, les drones et les hélicoptères israéliens, au bout de sept jours, n'ont pas stoppé l'envoi de roquettes (1500 sorties ciblées et 1000 roquettes tirées). En ont-ils tout juste diminué le nombre.
\* Les islamistes de Gaza ont constaté l'inefficacité des impacts, bien qu'ils aient vérifié leur capacité à atteindre les grandes villes israéliennes.

Une situation apparemment inéluctable dans laquelle se sont engouffrés « **les hommes de paix** ». Ces derniers jours, le ballet diplomatique s'est déployé du Caire à Doha et de Jérusalem à Gaza. Chacun proposant sa solution. Deux lignes majeures étaient avancées : celle de la France, du Qatar et de la ligue arabe, non retenue par Israël car le Qatar soutient le Hamas ; celle de l'Egypte par Morsy confortée par la venue de H.Clinton auprès de Netanyahu. De tractations en négociations **l'idée de trêve** faisait son chemin et devrait être effective à partir du 22 novembre 2012, stoppant du coup ce prélude à l'entrée des chars dans Gaza et évitant ainsi une hécatombe humanitaire malgré l'épandage de tracts indiquant à la population de fuir Gaza (notons la très forte densité de population de cette ville).

## Une trêve n'est pas un cessez-le feu, encore moins un accord à long terme

En effet, cette confrontation a mis en exergue les points suivants :
- La procuration des armes en provenance d'Iran.
- L'apparition et la mise au devant de la scène des groupes islamiques. Ainsi on retrouve le schéma pyramidal classique. Une graduation ascendante bien connue par ailleurs :
  a) Un islamisme modéré représenté par le Fatah de M.Abbas.
  b) Un islamisme radical du Hamas conduit par Mechaal et Haniyeh et dont la branche armée a pour devises :
     - La destruction de l'Etat d'Israël, qu'il ne reconnaît pas
     - L'instauration d'un Etat islamique sur toute la Palestine.
  c) Enfin, le JIP (jihad islamique palestinien) dirigé par Shallah ou (Challah) prônant l'application intransigeante de la chari'a et la poursuite du Djihad.

Il en découle, à l'approche de cette fin 2012, que :
- La Palestine se dirige vers deux Etats distincts ; l'un la Cisjordanie, l'autre Gaza.
- La bande de Gaza, cette petite surface d'environ 42 Kms de longueur et à peine 10Kms de largeur en moyenne est appelée à devenir un nouvel Azawad, c'est-à- dire sous la coupe des extrémistes religieux islamiques rattachés à Al Qaïda.
- Gaza, une enclave subissant le blocus des Israéliens, encerclée, colonisée, emprisonnée, voire assiégée est une configuration sans

lendemain. Cette enclave est non viable. Certains verraient bien un déplacement de toute la population gazaoui vers la Cisjordanie alors que d'autres n'admettraient pas un tel exode. Un préalable à la création d'un seul et unique Etat palestinien.

## Un début de conquête de territoire par les « extrémistes »

Tout ce qui vient d'être évoqué est en relation directe avec ce qui se passe dans le nord de la Syrie. Où, après la création du nouveau rassemblement du CNS dont le siège s'installe au Caire, il a été observé des désaccords avec les groupes islamistes. Ceux-ci, dorénavant, font bandes à part et voient au-delà du simple combat et opposition au régime d'Assad qu'ils considèrent en fin de parcours.

Le but, finalement, est de mettre la main sur Alep et sa région et créer ipso facto un territoire d'obédience Al Qaïda. Ce, par les groupes al Nosrah et al Thawhid suivi de près par les salafistes d'al Cham (sham) et un peu plus loin ceux d'al Fateh. La Turquie s'en inquiète et demande à l'OTAN d'installer des missiles « patriot » tout le long de sa frontière avec la Syrie à un moment où Assad ressort la menace des gaz neurotoxiques : Sarin (GB) et VX.

Comme il est vu : de révolutions arabes en « printemps islamique » les extrémistes, après leur volonté d'hégémonie, ouvrent **le troisième volet** de leur conquête : celle du territoire ; autant de bases futures permettant de pousser le **djihad** et d'appliquer la **chari'a**.

*Le 29 / / 2012*

## La naissance de l'Etat palestinien

Entre Israël et Gaza la trêve continue. Une accalmie inespérée tant que cela ne cache pas d'autres offensives. Dans l'intervalle, Abbas a obtenu une reconnaissance de fait auprès de l'assemblée de l'ONU par 138 voix contre 9 (les USA s'y sont opposés). La politique du rameau a fini par payer à l'inverse de celle extrémale du Hamas. Serait-ce les prémices d'une embellie dans le ciel du Moyen-Orient ? Malheureusement de courte durée. Aussitôt Israël réagissait, outre l'aspect financier, et déclarait incongrue cette nomination d'Etat, même accolée du terme « observateur » inapproprié. « Tout juste un strapontin qui ne changera rien au statut juridique sur le terrain », précisait-il. Une attitude sans doute réductrice, précipitée mais caractérisée par la délivrance de permis de construire à l'est de Jérusalem. Ainsi Israël, sans donner un seul coup de canon, poursuit un de ses objectifs prioritaires, à savoir : encercler Jérusalem par des milliers de constructions (s'ajoutant aux 1230 déjà prévues le 6 novembre) dont la finalité sera de faire de cette ville la capitale.

Si l'on poursuit l'analyse de ces rétorsions, il est visible qu'un autre objectif se dessine. Ces ensembles immobiliers se trouvent connectés les uns aux autres et jalonnent la route qui va de Jérusalem à Amman (Jordanie) jusqu'au Jourdain. Avec à terme, la conséquence d'une séparation de la Cisjordanie en deux portions et dans le prolongement : trois zones palestiniennes si l'on inclue Gaza. Très rapidement alors, la partie au sud de Bethléem deviendra non viable. Comme il est remarqué, rien n'est aplani. Cependant, désormais, il faudra parler en relation d'Etat à Etat dès qu'il s'agira de la Palestine. Pour le Président Abbas, c'est **une grande victoire**.

*\* Le 05 12 2012*

Il nous faut s'appesantir sur les manifestations en Egypte qui perdurent sur la place Tahrir de ceux qui s'opposent aux différents décrets pris par le Président Morsy. Celui-ci, dans la hâte, a voulu faire passer en force sa constitution et ses 234 articles au grand dam des laïcs. A leurs yeux, il s'est accaparé tous les pouvoirs donnant au pays une image d'autocratie. Le dernier en date, celui du pouvoir judiciaire (les recours) dont il conteste l'impartialité et les jugements. « Par nécessité temporaire », dit-il. Suivies de contre-manifestations aux slogans non moins forts avec drapeaux noirs recouverts de formules blanches religieuses et réclamant l'application immédiate de la Chari'a, source de toute législation. Des exigences mal venues que Morsy tente de temporiser en redonnant la voix au peuple egyptien par un référendum prévu au 15 décembre 2012. Serait-ce le début du **rejet** ?

*« L'événementiel » est sans limite. Indéfectiblement, il poursuit son chemin. Les êtres humains se côtoient, s'entendent, s'affrontent et se déchirent, en zone arabe comme de par le monde à un moment où la plume doit se poser.*

# IV.

# LES THÈMES
# LE PRINTEMPS ISLAMIQUE

*CORAN, Sourate 1, verset 5 :*
*« Dirige-nous dans le sentier droit »*

Par cet écrit, j'ai tenté de comprendre.
Je n'ai pas cherché à détruire.
Michel Prou

IV.

LES THÈMES
LE PRINTEMPS ISLAMIQUE

# THEME I : LES RECALCITRANTS SUR LA LIBYE

*Les objections évoquées par les antis « va-t- en- guerre » sont multiples et reposent sur :*

- On agit sur le régime libyen, au dépend d'autres pays tout aussi oppresseurs, avec autant de despotes à la tête de leurs Etats ; tout simplement parce qu'il y a du pétrole et du gaz à portée de l'Europe, et que l'on espère en tirer profit dès le conflit terminé.
- On agit sur ce régime libyen car il est entouré de pays qui n'offrent aucune crainte de contre-attaque ou d'alliance militaire avec la Libye, notamment la Tunisie à genoux après l'amorce de changement politique et l'Egypte dont l'armée est soutenue par les USA. Quant au Tchad ou au Niger, ils sont sans moyens notables, et l'Algérie tient à se tenir à l'écart si le conflit dégénérait. C'est ce qui différencie ce régime de la Syrie, soutenue par les Russes et l'Iran, et entourée de la Turquie, l'Irak, Israël et la Jordanie, recueillant toute chance d'extension de guerre au Moyen-Orient.
- On agit, et ceci s'adresse plus précisément à la France, parce que ce conflit lui offre l'occasion de tester en grandeur réelle les avions Rafale qu'elle a toutes les peines à vendre à l'étranger, bien qu'il s'agisse de bijoux de technologie comme le sont les Eurofighters. Une vitrine d'évolution en grandeur nature censée attirer le regard des Etats en quête d'achats d'avions de combat performants, qui devrait finir enfin par payer avec la proposition de vente de 120 appareils à l'Inde (31 01 2012).
- On agit, parce que l'occasion est propice pour évacuer toutes les munitions obsolètes, et ainsi reconstituer les stocks avec du matériel plus conforme au goût du jour.
- On agit, car même si cela coûtera cher, peut-être plus de 500 Mons d'euros pour chaque participant, eh bien, lorsque le nouveau gouvernement libyen sera autonome et maître de la situation, nous lui enverrons la facture. Un juste « retour sur investissement » en quelque sorte, ou une hypothétique compensation.
- On agit, car la mise en fonctionnement du processus sous forme d'une coalition devrait faire prendre conscience aux 27 Etats de l'Union ce que serait une armée exclusivement européenne, au-delà d'en envisager la création.
- On agit enfin à un moment où la conjoncture internationale est mauvaise. Certains feux d'Etats occidentaux sont au rouge (banques, chômage, dette publique, à la limite de défaut de paiement…).

## THEME 2 : RESOLUTION 1970 DU CONSEIL DE SECURITE DE L'ONU

*\* Le 26 février 2011, le conseil de sécurité des nations unies impose des sanctions contre le régime de Qadhafi à la suite de la répression meurtrière en Libye.*

Extraits du projet de résolution S2011/95.

Le conseil de sécurité se déclare gravement préoccupé par la situation en Jamahiriya arabe libyenne, et condamne la violence et l'usage de la force contre des civils. Agissant en vertu du chapitre VII de la charte des nations unies et prenant des mesures au titre de son article 41 :

1- Exige qu'il soit immédiatement *mis fin à la violence* et demande que des mesures soient prises pour satisfaire les revendications légitimes de la population.

2- Exhorte les autorités libyennes à *garantir la sécurité de tous les étrangers* et de leurs biens et à faciliter le départ de ceux qui souhaitent quitter le pays.

4- Décide de *saisir le procureur de la cour pénale internationale* de la situation dont la Jamahiriya arabe libyenne est le théâtre depuis le 15 février 2011.

9- Décide que tous les Etats membres doivent prendre immédiatement les mesures nécessaires pour *empêcher la fourniture*, la vente ou le transfert direct ou indirect à la Jamahiriya arabe libyenne à partir de leur territoire ou à travers leur territoire ou par leurs nationaux ou au moyen de navires ou d'aéronefs battant leur pavillon, *d'armements et de matériel connexe* de tous types…

15- Décide que tous les Etats membres doivent prendre de mesures nécessaires pour empêcher l'entrée ou le *passage en transit sur leur territoire* des individus désignés dans l'annexe I à la présente résolution… (16 sont concernés :les membres de la famille Qadhafi, et en premier lieu Muammar mais aussi, Saif al islam, saif al arab, Saadi, Mutassim, Mohammed, Khamis, Hannibal, Aisha, également des proches du régime, Qadahaf al dam, Al baghdadi, Dibri, Dorda, Jabir Yunis, Matuq et Al Senoussi.

17- Décide que tous les Etats membres doivent *geler immédiatement tous les Fonds, autres avoirs financiers et ressources économiques* se trouvant sur leur territoire qui sont en la possession ou sous le contrôle direct ou indirect des individus ou entités désignés dans l'annexe II… (6 nommément cités de la famille Qadhafi : Aisha, Hannibal, Khamis, Muammar, Mutassim et Saif al islam). Il est à remarquer que le nom de la femme de Qadhafi n'apparaît pas dans la liste.

# THEME 3 : RESOLUTION 1973 DU CONSEIL DE SECURITE DE L'ONU

*Extraits de la résolution 1973 du 17 mars 2011.*

Déplorant que les autorités libyennes ne respectent pas la résolution 1970. Agissant en vertu du chapitre VII de la charte des nations unies.

4- Autorise les Etats membres qui ont adressé au secrétaire général une notification à cet effet et agissent à titre national ou dans le cadre d'organismes ou d'arrangements régionaux et en coopération avec le secrétaire général, *à prendre toutes mesures nécessaires*, nonobstant le paragraphe 9 de la résolution 1970 (2011), *pour protéger les populations* et les zones civiles menacées d'attaque en Jamahiriya arabe libyenne, *y compris Benghazi*, tout en excluant le déploiement d'une force d'occupation étrangère sous quelque forme que ce soit et sur n'importe quelle partie du territoire libyen…

6- Décide *d'interdire tous vols* dans l'espace aérien de la Jamahiriya arabe libyenne afin d'aider à protéger les civils.

13- Décide que le paragraphe 11 de la résolution 1970 (2011) sera remplacé par le paragraphe suivant : « Demande à tous les Etats membres, en particulier aux Etats de la région, agissant à titre national ou dans le cadre d'organismes ou d'arrangements régionaux, afin de garantir la stricte application de *l'embargo sur les armes*…

14- Prie les Etats membres qui prennent des mesures en haute mer par application du paragraphe 13 ci-dessus de coordonner étroitement leur action entre eux et avec le secrétaire général…

16- Déplore les *flux continus de mercenaires* qui arrivent en Jamahiriya arabe libyenne et appelle tous les Etats membres à respecter strictement les obligations mises à leur charge par le paragraphe 9 de la résolution1970 (2011) afin d'empêcher la fourniture de mercenaires armés à la Jamahiriya arabe libyenne.

19- Décide que le *gel des avoirs* imposé aux paragraphes 17,19,20 et 21 de la résolution 1970 (2011) s'appliquera aux Fonds, autres avoirs financiers ou ressources économiques se trouvant sur le territoire des Etats membres qui sont détenus ou contrôlés, directement ou indirectement par les autorités libyennes, désignées comme telles par le comité…

20- Se déclare résolu à veiller à ce que les avoirs gelés en application du paragraphe 17 de la résolution1970 (2011) soient à une étape ultérieure, dès que possible, mis à la disposition du peuple de la Jamahiriya arabe libyenne et utilisés à son profit.

## THEME 4 : LES ARMEMENTS DE LA COALITION PUIS DE L'OTAN EN LIBYE

Les armements utilisés sont ceux d'une coalition dans un premier temps puis ceux d'une opération d'envergure sous le nom « *unified protector* » sous les auspices de l'OTAN (organisation du traité de l'atlantique nord). Il serait vain d'aligner les armes contenues dans le catalogue de cet organisme pour des raisons que l'on peut comprendre, mais plutôt relater celles qui ont fait l'objet de rapports publiques dans les opérations effectuées sur le territoire libyen. Et de plus, avec une réserve, sans vouloir atteindre à l'exhaustif. Rappelons en préalable que l'OTAN va utiliser seulement le matériel rattaché à l'Aviation et à la Marine de chaque Etat qui la compose (ici : 18). L'Infanterie et l'Artillerie étant exclues de l'intervention par la résolution de l'ONU.

Le Royaume-Uni va mettre en œuvre des Eurofighter, des Typhoon et Tornado GR-4, ainsi qu'un sous-marin et les HMS Triumph, Liverpool et Océan. Ce dernier étant pourvu d'hélicoptères Apache. Des missiles antichars Brimstone.

Les Etats-Unis avec : des F-18, des F-15E, des Awacs, des Drones de combat Prédator et de surveillance Reaper et Fire Scout, des Boeing E-3F, des bombardiers B-2, des ravitailleurs en vol, ainsi que le navire amiral l'USS Whitney, les USS Bataan, Barry, Stout, Ponce et kearsarge, les SNA Scranton et Providence, et le SNLG Florida. Des missiles de croisière BGM-109 Tomahawk.

La France produira : des Rafale avec nacelles de reconnaissance ou non, Mirage 2000 D,-5, NK-2, Awac, Super-étendard ainsi que des frégates antiaériennes et ASM, des porte-hélicoptères dotés de Tigre et Gazelle, des ravitailleurs en vol C-135, puis fin mars l'arrivée du porte- avions Charles de Gaulle entouré de frégates et d'un pétrolier ravitailleur et un SNA. Des bombes guidées laser GBU-12, des missiles air-sol et des missiles de croisière Scalp.

L'Italie avec des Tornado et Eurofighter.

Les Emirats Arabes fourniront des Mirage 2000-9 et des F-16-E.

Le Canada avec des CF-18, des Aurora CP-140 et des Polaris CC-150. Puis une frégate avec son hélicoptère.

La Turquie enverra des F-16. Un sous-marin et des navires.

Les Pays-Bas avec des F-16 et un KDC-10. Un chasseur de mines.

La Belgique déploiera des F-16 et un chasseur de mines.

La Norvège avec des F-16, ce jusqu'à fin août.

L'Espagne avec des F-18, un avion de surveillance et un avion de ravitaillement en vol. Une frégate antiaérienne et un sous-marin du type Agosta.

Le Qatar enverra des Mirage 2000-5.

Le Danemark avec des F-16.

Et en soutien, la Suède avec des Jas Gripen et un ravitailleur en vol C-130 ; la Grèce avec des F-16 et une frégate ; la Bulgarie avec une frégate ; Enfin la Roumanie.

Auxquels il faut ajouter des centaines d'avions et hélicoptères embarqués sur les porte-avions. Egalement des milliers de militaires mis à la disposition de cette complexe machinerie : des services de l'entretien au sol des avions en activité constante au maintien optimum des équipements des bâtiments de la Marine. On ajoutera enfin le rôle d'intermédiaire joué par les satellites et avions-espions renvoyant leurs calculs vers les centres de commandement et de planification.

Aucun observateur ne sera étonné qu'un tel étalage de forces aériennes et navales et une telle démonstration spectaculaire puissent apparaître, somme toute, disproportionnés face à un pays de 6,5 Mons d'habitants. Tout simplement parce que personne ne connait avec certitude le degré de pollution de Kadhafi et encore moins le degré opérationnel et dévastateur de ses missiles équipés d'ogives chimiques ou nucléaires. Les renseignements au sol manquant, obligent à maintenir en vigilance accrue toute cette armada et forces aériennes comprises.

## THEME 5 : LES ARMEMENTS DE LA LIBYE DE KADHAFI

Les chiffres avancés concernant l'armée libyenne d'une manière générale sont très imprécis et très controversés suivant les différentes sources qui les émettent. Imprécis, parce que, comme dans tous les pays, ils sont soumis à un « *secret défense* », ce qui fait que ceux qui tombent dans le domaine publique sont très approximatifs. Controversés, car chacun des belligérants a intérêt de les faire apparaître augmentés ou diminués suivant les circonstances.

C'est ainsi que ces chiffres varieront en fonction des années, des achats effectués, et des camouflages opérés sur le terrain. C'est ainsi que l'on s'apercevra graduellement, au fil des combats, que l'arsenal libyen dépassait l'imagination ; et ce ne sera rien par rapport à ce qui va être découvert à la fin du conflit lorsque les dépôts et entrepôts seront abandonnés à ciel ouvert avec leurs munitions pêle-mêle. Par ailleurs, il serait acceptable de penser que la Russie, principal fournisseur de la Libye, puisse donner des précisions sur les 4 armes concernées ; c'est pourquoi nous retiendrons la composition énoncée par *Rianovosti* qui les tire lui-même de données publiques.

A- Armée de terre : 50000 hommes répartis dans l'infanterie et l'artillerie entre les troupes d'élite 10000, troupes de réserve 35000 et les gardes révolutionnaires 3500. Sachant que Kadhafi se faisait fort de mobiliser 1 Mon 500000 personnes si nécessaire. Le matériel est tout aussi impressionnant : 2200 chars du T-54 au T-90 équipés de canons allant jusqu'à 130mm et de chars antiaériens ZSU 23-4 Shilka équipés de radar ; 1000 véhicules blindés de combat BTR et BMP-1 ; 1000 véhicules de transport de troupes et porte-chars ; 450 canons autotractés ; 650 canons tractés ; 500 mortiers ; 120 mitrailleuses automatiques ; enfin 3000 missiles antichars. Quant aux missiles sol-air (Manpads) SA-6, SA-7, SA-24, il n'est pas cité de nombre ; peut-être 20 à 25OOO sans savoir ce qu'ils sont devenus après la fin du conflit.

B- Armée de l'air : 18000 hommes disposant de 230 chasseurs MIG-21, MIG-23, MIG-25, Sukhoï 17 et 21, Soko G-2 et Mirage F1 ; 110 avions de combat ; 7 bombardiers TU-22 ; 7 avions de reconnaissance ; 100 avions de transport dont des Iliouchine-76 et enfin 250 avions d'entrainement. En se demandant ce à quoi pouvait bien servir ces derniers quand on connait la mauvaise formation des pilotes.

C- Marine : 8000 marins avec 2 sous-marins Foxtrot, une frégate, deux corvettes, et 15 patrouilleurs PV-30, des vedettes garde-côtes et lance-missiles.

Sans omettre les 220 systèmes missiles sol-air de DCA : S-75, S-125, S-200, S-300 et 2K12, voire même des 9K33 montés sur roues. Des Grad. Des Scud. Tout en constatant que les Kalachnikovs, les AK-47 et autres lance-roquettes à tubes multiples LRM sont omniprésents lors des affrontements.

Sans omettre les milices tribales ou non, les personnels paramilitaires et les mercenaires des pays voisins attirés par les gains proposés. Sans omettre enfin la garde rapprochée du « guide » composée de femmes en bleu, purement symbolique, s'inscrivant bien dans le folklore ambiant.

Or, toute cette masse de matériels et d'équipements militaires n'avait en revanche rien de symbolique ni de folklorique. D'où l'étonnement de voir une capitulation de la Marine en si peu de temps. Ce, malgré quelques petits sursauts dérisoires à Misratah : des tirs sur des navires de commerce par des patrouilleurs et le garde-côte Vittoria ; un essai de pose de mines dans le port par les vedettes rapides lance-missiles. Les deux corvettes stagnant à quai, en attente de refonte, sous la surveillance de deux canons à Benghazi. Quant à la frégate, elle est sous la surveillance de l'OTAN, de même que les deux sous-marins qui, bien qu'à propulsion diésel et électrique, n'en reste pas moins une menace en eau profonde. En résumé, la marine libyenne reste calmement dans ses bases, telle celle de Bufessa, et attend l'orage passée ; elle se fait discrète et est ainsi épargnée. Hors ce point de vue, les Italiens, ayant toujours à l'esprit les futurs problèmes d'émigration, pensent que les vedettes garde-côtes seront bien utiles pour l'après Kadhafi et, par conséquent, doivent être épargnées.

Ce n'est guère mieux du coté de l'Aviation à moins qu'il y ait eu volonté délibérée de ne pas s'opposer à la résolution de l'ONU de la part des officiers libyens. Comment peut-il en être autrement ? Lorsque l'on constate, subjugué, qu'il ne s'est passé que trois jours entre le 19 mars 2011 où décollent les premiers avions de la coalition et le 22 mars 2011 au moment où il est confirmé au CNT que l'aviation libyenne est définitivement clouée au sol. Il y a bien eu une tentative d'envol, qualifiée de timide, vers Misratah de la part d'un Soko G-2, mais très vite repéré, il a été détruit au sol avec 5 MIG-23. Il n'empêche que, parallèlement, toutes les sorties des avions de l'OTAN vont s'attacher par la suite à supprimer les défenses aériennes, les radars, les pistes, et toutes les infrastructures permettant un décollage éventuel.

A partir de ce constat, l'armée libyenne dorénavant fin mars 2011, ne va plus reposer que sur son infanterie et son artillerie.

**En aparté** : si Kadhafi avait consacré 350Mons de $ à l'achat d'armements en 2000, il passait à 2Mds de $ en 2008, soit six fois plus. La vitesse supérieure était atteinte en 2010 avec 10Mds de $, rien qu'avec les Russes. Qu'en aurait-il été si celui-ci avait concrétisé ses projets qu'il proposait aux Français et aux Russes début 2011 ? Conscient de l'état dans lequel se trouvaient certaines branches de son armée. Conscient des matériels vieillissants, d'un entretien défaillant et de pilotes mal entraînés, il était prévu d'obtenir de la part des Russes une modernisation de 145 chars T-72, une livraison de 15 chasseurs SU-35, de 4 SU30-MK, de Sukhoï 30, de

MIG-29 et de six avions d'entrainement avec remise à niveau de tous les aviateurs. Enfin de se doter de systèmes anti-missiles PMU-2, ainsi que de plusieurs batteries de missiles de DCA : S, T et M1. En ce qui concerne les Français, c'était aussi mirobolant avec une exigence d'aménager les Rafale des dernières techniques modernes connues.

## THEME 6 : LES INSURGES ET LEUR ARMEMENT EN LIBYE

En ce qui concerne les insurgés, la chose militaire se formule différemment. Il n'y a pas de liste de matériels à exhiber. On est passé de la manifestation classique avec ses propres revendications à la sortie d'armes personnelles, d'abord à Tobrouk puis à Benghazi et ensuite tout le long de la côte. Ce n'est que lorsque l'on commence à s'en prendre aux casernes et aux dépôts d'armes que les évènements se précipitent. Une partie des militaires optent pour les insurgés qui, pour la plupart, n'ont aucune formation, et les encadrent dans des brigades dirigées par des commandants. **_L'ère des Commandants_** et des quelques 300 hommes sous leurs ordres prend naissance. D'abord une brigade, puis deux, puis trois, et ainsi de suite au fur et à mesure de l'avancée vers Ajdabiya et Braygah. De même pour Misratah.

Les armes seront alors, par un effet de vase communiquant, les mêmes que celles des Kadhafistes. Jusqu'à ce qu'un équilibre en hommes, en armes et munitions soit trouvé, et jusqu'à ce que, après la réception d'armes nouvelles en provenance des poste-frontières tunisiens et égyptiens ainsi que des parachutages français, mais aussi la capture d'armes lourdes, l'on assiste à un « *renversement* » en faveur des insurgés.

Il faut malgré tout être réaliste : cela n'a pu s'obtenir que par la présence d'une maîtrise des airs et mer par l'OTAN. Sans cette existence, l'adéquation : OTAN plus Insurgés contre Kadhafistes plus armes lourdes, n'aurait pu être formulée. A laquelle se superpose la conviction qui a toujours habité les insurgés, l'ingéniosité que vont déployer les mécaniciens en blindant les véhicules rapides 4WD et en rendant manuels les lance-roquettes : des M3M au PG-7V.

Au fil du temps, les lance–roquettes à 12, 20 ou 40 tubes, aux allures d'orgues de Staline, les Katyusha, fixés sur les pick-up aux déplacements rapides font leur apparition. Les T-55 pris aux Kadhafistes, une fois réparés, sont d'une grande efficacité dans les avancées même à 35 kms/heure avec leur canon de 100mms et leur mitrailleuse 7,62mms. Les chars ZSU (Shilka) s'avèrent d'une grande efficacité avec leurs quatre fois 23mms, même si le radar a perdu sa fonction. Auxquels on peut ajouter les redoutables tubes-missiles sol-air posés sur l'épaule des combattants. Les munitions ne manquent pas sur certains fronts, souvent abandonnées dans leur caisse d'origine.

En un mot comme en cent, c'est bien la motivation qui caractérise l'atout majeur des insurgés. Elle ne faiblit pas, quoi qu'il arrive. Et au fur et à mesure que les armes d'une part, et le nombre de participants d'autre part, augmenteront dans leurs rangs, la conquête ira crescendo.

Hors cet armement, il faut s'attarder un tant soit peu sur ces brigades rebelles. Des brigades faites de militaires les ayant rejoints, et d'une majorité de civils enrôlés pour la circonstance. Devenus de vrais militaires au fil du temps et qui depuis plusieurs mois se sont frottés aux combats à distance entre chaque ville, mais plus encore dans les combats rapprochés, voire au corps à corps. Des militaires aguerris dont la tenue vestimentaire ne le laisse pas prévoir. Ici un pantalon au couleur léopard, là une veste kaki aux multiples poches vides. Un foulard ou un turban sur la tête et la kalachnikov en activité. Très loin d'une compagnie disciplinée aux normes militaires.

Cependant sur le terrain, sans barda sur le dos ni casque sur la tête, il se glisse, se cache, rampe, se positionne, avance ou recule dans les rues avec la fougue de la jeunesse et l'instinct de la conservation. De Chababs, les voilà devenu Thuwars à part entière. Appuyés d'armes légères, puis semi-lourdes, des lance-roquettes aux canons sur roues jusqu'aux batteries anti-aériennes dont les tubes ramenés à l'horizontale crachent leurs 4 obus de 23mms, l'équivalent d'un obus de 88mms contre les réservoirs d'un char ou d'un véhicule blindé.

En face, les Kadhafistes, militaires de métier, tout aussi Libyens que les rebelles savent qu'ils n'ont pas le choix : se maintenir, fuir ou plus élégamment se replier. Il ne sera pas fait de prisonniers ou si peu qui iront grossir les prisons déjà saturées. Un juste équilibre à maintenir par les commandants des insurgés, chevronnés et formés dans les écoles militaires libyennes ou russes, pour éviter que cela se transforme en carnage.

Et quand les combats se terminent après la prise de la cité, que les bruits des bombardements se soient tus, que la poussière et la fumée se soient estompées, il reste alors les façades des immeubles éventrés ou troués, des quartiers transformés en énormes gravats, des rues, des boulevards jonchés de corps allongés définitivement, que regarde avec stupeur la population sortant des sous-sols protecteurs.

C'est une guerre civile, certes, mais une guerre avant tout ; tant et si bien qu'il faut déjà se préparer à prendre d'assaut la prochaine ville côtière.

Des guerriers valeureux, rendus valeureux par un adversaire lui aussi valeureux, car sinon ce qualificatif ne pourrait pas leur être attribué, leur permettent d'être pris en exemple en ce qui concerne la guerre urbaine si difficile à appréhender.

Ces qualités associées à celles de l'adversaire, et dans un esprit de réconciliation, devraient permettre sans peine de reconstituer une armée libyenne sur de nouvelle base et de très haute qualité.

## THEME 7 : LE CLAN KADHAFI

*Muammar Kadhafi* (voir en annexe les différentes écritures de son nom) sera considéré comme le « guide de la révolution » suite au coup d'état de 1969. De capitaine à l'époque, il a été promu ou s'est auto proclamé colonel et chef de la « Jamahiriya arabe libyenne populaire et socialiste » qu'il qualifie de « Grande Jamahiriya ». Outre sa fonction de commandant suprême des forces armées, il aura dirigé la Libye pendant 42 ans jusqu'à sa mort à Syrte en 2011. Il fait paraître le « ***petit livre vert*** » sur la démocratie en général et en particulier appliquée à la Libye suivi de compléments un peu plus tard.

Joannidis, journaliste qui a eu l'occasion de le rencontrer, en traçant son portrait dans Ouest-France du 31 juillet 2011, le décrit comme un séducteur politique devenu fréquentable à partir de 2004, mais néanmoins d'humeur versatile et tyrannique.

En effet, il est difficile d'éluder un nombre de faits et gestes qui s'apparentaient à un terrorisme d'Etat. Les spécialistes en terrorisme international ont relevé de nombreux attentats dont Kadhafi pouvait bien être le maître d'oeuvre.

Hors l'attentat de la bibliothèque de Berlin, rappelons celui de fin 1988 : un Boeing B747 de la Pan Am explose en plein vol et ses débris retombent sur la petite ville écossaise de Lockerbie provoquant par l'explosion d'une bombe placée dans la soute à bagages la mort de 270 personnes. Il faudra attendre 2003 pour que chaque victime reçoive 10 Mons de $ du gouvernement libyen. Senoussi, beau-frère de Kadhafi, aurait été identifié comme celui qui était l'instigateur de cet attentat. En revanche Kadhafi se voit teinté d'une note de respectabilité.

Pour peu de temps : en septembre 1989, un avion français DC10 de l'UTA qui effectuait le déplacement Brazaville-Paris explose au-dessus du Ténéré (Niger) : 170 passagers tués. De nouveau des personnes des services secrets libyens étaient impliquées et comparaissaient devant la cour d'assises de Paris 10 ans après.

De là à conclure que la Libye était devenue une véritable entreprise terroriste, il n'y a qu'un pas. A laquelle se joignait une entreprise de déstabilisation d'Etats, notamment le Tchad en 1973. Les troupes libyennes d'alors essayaient d'envahir le Tibesti ou la bande d'Aozou considéré comme devant contenir des minerais stratégiques dans son sol et supposée être à l'intérieur des frontières libyennes. Une invasion sans succès.

Il faudra attendre 2004 suite à son renoncement d'utiliser les armes chimiques et nucléaires pour que Kadhafi redevienne fréquentable avec un sommet : la plantation de sa tente du désert dans les jardins de l'Elysée ou à l'hôtel Marigny à Paris, beaucoup plus tard.

Le clan Kadhafi se compose de huit enfants :
- De la première épouse *Fatiya* naîtra *Mohammed* : 41 ans. Ingénieur, il dirigeait les télécoms et contrôlait toutes les communications sur le territoire. En plein conflit, en 2011, il quittera la Libye vers l'Algérie.
- De la seconde épouse, *Safiya ou Safia*, d'origine croate, naîtront à Tripoli 7 enfants, pratiquement tous les ans entre 1972 et 1982 ; Autrement dit, l'ensemble de la fratrie a entre 30 et 40 ans ; en pleine force de l'âge à un moment où les aspirations étaient les plus élevées. C'est peu dire s'il y avait de l'agitation dans la ruche.

Tous avaient l'aptitude de remplacer le « guide », leur père. Non seulement de par leur formation scientifique, économique et militaire, au plus haut niveau, mais plus encore par les postes clés qu'ils occupaient à l'intérieur de la gouvernance libyenne, tout en bénéficiant de subsides généreux provenant des placements financiers qu'ils contrôlaient à travers le monde.

<u>Saif Al Islam</u> : 39 ans (2011). Il n'avait jamais caché ses intentions de prendre le pouvoir et en conséquence se positionnait sur le plan militaire. Il avait soutenu une thèse de doctorat à la London School of Economics en 2007 intitulée : « le rôle de la société civile dans la démocratisation des institutions de la gouvernance mondiale ». Il détenait les Fonds de la « Fondation Kadhafi ». Enfin, il était considéré comme belliqueux, savait manier le verbe, entraîner les foules, et se placer sur le devant de la scène. Il stationnait en fin de conflit près de Sabha lors de sa capture. Depuis son emprisonnement à Az Zintan, il reste à la disposition du CPI (le tribunal de la Haye) ou en attente de jugement en Libye.

<u>Saadi</u> : 38 ans. Il s'était investi dans les Travaux publics et le Bâtiment mais aussi le Tourisme et le Cinéma. Il était Commandant des forces spéciales (anti émeutes, répression des masses...). Actuellement, il se trouve au Niger sous la protection des forces de sécurité nigériennes pour raisons humanitaires, dit-on.

<u>Mutassim</u> : 35 ans. Nommé colonel après ses études militaires et de médecine, il dirigeait alors le conseil de sécurité nationale (CSN) et maîtrisait le service des renseignements. Il mettra sur pieds des milices privées : les Kataëb, proches de phalanges miliciennes. Tous les contrats d'armements recevront son aval et son approbation. Après avoir pris le commandement de l'armée de l'est, il se repliera à Syrte avec son père et périra dans les mêmes conditions.

<u>Aïcha</u> : 33 ans. Avocate de formation, elle s'investit dans l'humanitaire, mais participait aussi à la harangue des foules dès le début du conflit, tout en ayant un pied dans les affaires d'immobilier. Elle accompagnera enceinte sa mère et son frère Hannibal vers l'Algérie en s'installant à Djanet où naîtra sa fille. Puis sera reçue à Alger en résidence surveillée.

*Hannibal* : 36 ans. Militaire, il contrôlait tout ce qui rentrait et sortait de Libye. Considéré comme imprévisible et brutal. Jadis, ses démêlés avec la Justice suisse suite à une plainte pour mauvais traitements de leurs domestiques avaient provoqué un incident diplomatique. Actuellement, il serait accueillit en Algérie ; provisoirement soulignent les autorités algériennes.

*Saïf Al- Arab* : 30 ans. Pendant un certain temps, il fit des affaires à Munich, puis rentra à Tripoli. Bien qu'officier, il se tint à l'écart des turbulences. Il décèdera avec ses trois enfants lors d'un raid de l'OTAN sur la ville.

*Khamis* : 29 ans. Les brigades Khamis s'étaient auréolées d'une avantageuse réputation, mais au fil des combats elles n'ont pas été à la hauteur des attentes. Qualifiées d'invincibles, très équipées et entraînées, garantes d'un ultime recours en cas de faiblesse de l'infanterie en général, elles ont été présentes cependant sur tous les fronts de tripolitaine. En outre, c'était à Khamis qu'incombait la sélection et le recrutement des mercenaires venant du Tchad, Niger et Mali. Officier en titre, il meurt au combat au sud de Misratah en 2011.

Notons l'adoption d'une fille Hannah qui aurait péri, d'après les dires, lors d'un raid américain en 1986, inversement, âgée de 25 ans, elle exercerait une activité de médecin à Tripoli. Notons une autre adoption, celle de Milad.

Ils étaient tous concernés par la résolution 1973 de l'ONU de mars 2011 pour ce qui touche au gel des Avoirs et à l'interdiction de voyager hors du territoire libyen.

A ce premier cercle familial existait un deuxième qui était également concerné par l'interdiction de voyager hors de la Libye :

*Al-Baghadi* : 61 ans. Chef du bureau de liaison des comités révolutionnaires.

*Dibri* : 65 ans. Chef de la sécurité personnelle de Kadhafi.

*Dorda*. Directeur de l'organisation de la sécurité extérieure et chef de l'organisme de renseignement extérieur.

*Jabir* : 59 ans. Général de division, responsable de l'ensemble des actions des forces armées et ministre de la Défense.

*Matuq* : 55 ans. Secrétaire chargé des services publics.

*Qadhaf Al-Dam* : 63 ans. Cousin de Kadhafi, il s'occupait de l'achat d'armes.

*Al-Senussi* : 62 ans. Beau-frère de Kadhafi. Colonel, il était directeur du renseignement militaire.

Enfin un dernier cercle, sorte de réseau périphérique consistant en des soutiens, des accords et des connivences entre le grand argentier Kadhafi et des chefs d'Etats principalement africains membres ou non de l'Union Africaine.

Un clan décimé par la guerre civile de 2011 : Muammar Kadhafi tué à Syrte ainsi que son fils Muatassem ; Khamis tué au combat à Tarhunah. Des plaintes ont été déposées par la famille auprès du CPI considérant ces morts comme « crimes de guerre » commis par l'OTAN. De même une pétition a été adressée près d'Obama, Cameron et Sarkozy leur demandant une « halte à la traque de Saif Al-Islam et de Moussa Ibrahim » orchestré par le CPI, jusqu'à ce qu'il soit arrêté à Awbari dans le sud. En fin 2012, Saif était toujours détenu à Az Zintan.

Tous les autres sont en cavale : Mohamed, Hannibal, Safia et Aïcha sont temporairement en Algérie. La Croatie pourrait accueillir Safia dont toute la famille se trouve dans ce pays. Le Kazakstan pourrait recevoir Aïcha. Il n'y aurait que Saadi qui se serait installé et serait protégé au Niger. Le Venezuela, et certaines dictatures arabes pourraient faire partie des pays d'accueil. Il pourrait être envisagé enfin un regroupement général du clan au Niger.

## THEME 8 : LA TRIBU : ORGANISATION SOCIALE EN LIBYE

Le terme « tribu » n'est pas à confondre avec celui d'ethnie. Dans une classification ethnique voire cladistique en Libye, il sera cité les Touareg, les Toubou ou les Berbères. Chacune de ces *ethnies* peut être composée de nombreuses *tribus* caractérisées par leur importance numérique et leur influence. La notion de territoire y est associée sur le plan interne et parfois bien au-delà de la frontière ; ainsi les Touareg sont présents en Algérie et au Niger ; Les Toubou le sont au Tchad.

Le caractère tribal est indéniable en Libye ; il est rassemblement de personnes réunis par un lien de parenté récent ou très ancien, mais aussi par une croyance religieuse et une langue commune. Cette notion de tribu est très mal comprise de l'occidental qui lui attribue des synonymes de désuet, vieillot, voire primitif. Il irait jusqu'à faire une comparaison péjorative avec une large smala ou avec une pratique du tribalisme.

Pour le Libyen, il y voit un moyen de se ressourcer lorsque la société moderne l'oblige à s'éloigner de ses racines. Pour lui, appartenir à telle ou telle tribu est une référence propulsée avec fierté. Elle est son *identité culturelle*. Le fait de trouver d'éminentes personnes aux commandes de l'Etat issues de sa tribu peut servir de piédestal pour une insertion sociale. Un réseau fort utile dans certaines circonstances.

Ces tribus lors du conflit de 2011 dirigées par un Cheikh ont pris parti pour les kadhafistes ou pour les insurgés. Les tribus touareg et toubou ont plutôt été pro-Kadhafi alors que celles des Berbères ou de Misratah et majoritairement celles de Cyrénaïque ont affiché leur anti-kadhafisme. D'ailleurs, ces dernières qui entretiennent des relations étroites avec les tribus égyptiennes, avaient proposé à Kadhafi de céder le pouvoir à Djelloul ou à Djabir voire à l'un de ses fils. Khadafi n'avait même pas pris le soin d'y apporter un regard. Il est vrai qu'entre la Cyrénaïque et la Tripolitaine il n'y a jamais eu d'atomes très crochus.

Cependant, outre cette *appartenance à la tribu*, les populations, qui occupent les villes côtières, vivent comme tous les habitants des villes en général et ont les mêmes préoccupations, c'est-à-dire : l'éducation des enfants, la nourriture, les vêtements, les soins médicaux, les déplacements. Ipso facto, au-dessus de cette connexité à la tribu, il y a les intérêts de chaque groupe, de chaque individu, du fonctionnaire au commerçant qui ont une vision sur un avenir différent en ce qui concerne l'organisation politique libyenne. Pour ces « modernes » un lien trop profond à la tribu ne peut pas être *une condition d'avenir*. Il serait pour certains un frein vers toute évolution d'une société. Il faut rappeler enfin que la guerre civile n'a jamais été une guerre tribale ; et que par ailleurs les tribus entendent bien être entendues lors de la constitution du prochain gouvernement libyen.

Il y aurait plus d'une centaine de tribus disséminées sur le territoire libyen. Parmi celles-ci, certaines ont été placées sur le devant de la scène lors du conflit par leur rôle qu'elles ont joué dans les pourparlers en vue d'une reddition éventuelle de villes comme Ban Walid ou Syrte. Des Zuwayah aux Majabrah et des Harabi aux Warfala importants en nombre, des Magarha aux Siaan. Enfin les Qadadfa entre ban Walid, Sebha et Syrte dont était issu Kadhafi.

Sans lien apparent avec les subdivisions ou 22 districts, les *shabiyat*, des trois grandes régions : Cyrénaïque, Tripolitaine et Fezzan. En bordure de la côte, elles représentent de faible territoire en complète opposition avec celles du désert : d'Ajdabiya, de Tubruk, d'Al Kufrah, de Marzuq, de Jufrah, d'Ash Shati, de Gharyan, ou de Ghadamis.

Enfin, citons quelques lignes du livre d'Haimzadeh : « *Au cœur de la Libye de Kadhafi* », dans lequel il s'exprime sur les structures dites « tribales ». Sur le Cheikh : «… De fait, il a autorité pour régler, par la recherche du consensus, un différend entre membres d'une même tribu et représenter la tribu en cas de différend avec une autre tribu en s'appuyant sur le droit coutumier… ». Un peu plus loin : «… ce cadre est suffisamment souple pour autoriser à la fois les stratégies individuelles et les solidarités à l'intérieur d'une même tribu… ».

## THEME 9 : AVOIRS ET FONDS SOUVERAINS EN LIBYE

L'argent est le nerf de la guerre, a-t-on dit. Ici la masse monétaire ne manque pas, proportionnée qu'elle est aux actions guerrières en cours. Même si les Européens prétendent avoir bloqué les sommes déposées dans leur banque, et même si les USA précisent leur détention de 34 Mds de $, Kadhafi et les siens, tout au moins cinq d'entre eux, étaient loin d'être privés de toutes ressources.

Les investissements croissants des Fonds libyens, résultant des ventes du pétrole et du gaz, ont été très diversifiés tant sur les produits financiers choisis que sur le plan géographique. Des Fonds qui oscilleraient autour de 150 à 170 Mds de $. La Libyan Investment Authority (LIA), instance de tutelle, à elle seule, aurait disposé d'un chiffre très mal connu, environ 70 Mds, ou au mieux situé entre 50 et 150Mds de $.

Prenons le cas des placements en Afrique. Ils sont présents dans le capital social des principales entreprises touchant les télécommunications, le domaine touristique, l'immobilier et le minier. 5% ici, 10% là ; par exemple la LOHC ou Tamoil contrôle un réseau de stations-services dans 15 pays d'Afrique ; la LGN (Lap Green Network) dans la Sahel.com, Sonitel au Niger, ainsi que dans l'UTL (téléphonie mobile). Parfois dans des introductions plus sinueuses et sous des noms de particuliers dans la National housing construction company, la Tropical bank, la Tamoil east africa et dans la Oil Libya en Ouganda.

La Libyan Arab African Investment Company (LAAIC ou LAICO), la Banque Africaine d'investissement (BAI) ont leur siège à Tripoli. Le Fond monétaire africain (FMA) et la Banque centrale africaine (BCA) renferment de larges dépôts en provenance de Libye. Certains pays d'Afrique sont plus privilégiés que d'autres dans cette manne déversée, notamment le Mali dans des projets récents d'hôtels et d'infrastructures en général ou à Madagascar dans des centres commerciaux.

Pas seulement en Afrique mais aussi en Europe. Des placements dans des banques très connues comme le Crédit suisse, l'Unicrédit banca, Fortis, Bnp paribas, la Société générale ou Ubi France. Egalement aux Etats-Unis chez JP Morgans, ou Goldman Sachs ou dans la banque japonaise Nomura.

Placés à un taux qui peut apparaître bas parfois, il faut quand même admettre que 10 Mds placés à 1% procurent une rentrée de 100 Mons de $ par an entre les mains du seul clan kadhafi.

En complément de cet aspect bancaire et de ces opérations financières à rentrée annuelle assurée, les Fonds libyens détiennent en Occident des participations dans le capital de nombreuses sociétés à hauteur de 5 à 10%. Citons parmi celles-ci : Vodafone, Glaxo smith kline, Xérox, Honeywell, Siemens, Nestlé, EDF, EADS, Vinci, SNC-Lavallois, Général électric, Deutsch telekom... Quant au domaine des hydrocarbures, qui reste la principale source de revenus, les prises de participations sont encore plus élevées, pouvant même devenir majoritaires lors des joints ventures auprès des plus grosses sociétés d'exploration telles : Exxon, Chevron, BP, Repsol, Royal Deutch Shell, ENI ou Halliburton. Hors ces sociétés, bien d'autres ont été approchées. Par ailleurs toutes les sociétés concernées ne sont pas obligées d'étaler la composition précise de leur capital social ; pas plus que les banques n'informent la qualification de leurs dépôts ou la définition de leurs produits dérivés et autres Hedge Funds.

On ajoutera au Fond kadhafi, détenu et géré par Saif Al Islam recouvert d'une opacité totale, les revenus de la compagnie nationale du pétrole : la NOC, disposant de 8 comptes bancaires connus mais disposant parallèlement de nombreux autres tenus secrets où les transactions se faisaient de la main à la main ou en espèces sonnantes et trébuchantes.

Or, qui dit « Avoirs » sous-entend thésaurisation, économie ou placement. Cette rente accumulée est bien réelle, elle n'a pas été dilapidée dans je ne sais quel investissement à fond perdu. Le mot « Avoir » prend ici toute sa signification *d'Actifs* ou *Assets* à opposer à un *Passif* heureusement non connu. C'est ainsi que la banque centrale affichait, surprise, tout récemment 23 Mds de $ dans ses coffres. Lors de la décision de dégeler les Avoirs sur le plan international la Suisse, l'Allemagne, la France, le Royaume-Uni, l'Italie et les USA transféraient des sommes au CNT entre 100 et 200 Mons de $. La France avançait 260 Mons sur les 7,5 Mds détenus et l'Italie 350 Mons. Cependant le CNT, fin août 2011, souhaitait nettement plus, environ 5 Mds, comme le soulignait Jibril depuis Istanbul.

En fait, le dégel de ces Avoirs est un peu plus compliqué que prévu ; il repose sur le droit international qui veut que l'on doit s'assurer avant tout sur les points suivants :
– Est-ce que l'argent a été déposé sur les comptes des banques au nom de l'Etat libyen ou au nom de Kadhafi ? Est-ce qu'il y a eu transfert ensuite vers des comptes privés ?
– Qui a perçu les intérêts de tous ces comptes ?
– Est-ce que les investissements ont reposé uniquement sur les dépôts bancaires ou également sur l'immobilier ?
– Est-ce que l'on a retrouvé et localisé l'intégralité de ces Avoirs ? Il semblerait qu'une infime partie soit visuelle dans l'instant. Avec la crainte d'une existence d'Avoirs « non réclamés ».

Par ailleurs toujours sous cet aspect juridique,
– Est-ce que cette fortune amassée doit être délivrée à la Jamahiriya comme le stipule l'article 20 de la résolution 1973 de l'ONU ? Une Jamahiriya censée ne plus exister suite à la fin du conflit. En outre y a t-il eu « succession » en faveur des enfants à la mort de Kadhafi ?

– Est-ce que pour autant cette fortune doit être remise à la disposition du Conseil National de Transition dont la légitimité a été reconnue tardivement par certain membre du conseil de sécurité de l'ONU : la Russie, la Chine et l'Afrique du Sud ? Le CNT lui-même désire ne pas aller au-delà des retraits actuels et préfèrerait attendre la constitution du nouveau gouvernement.

Enfin ce dégel des Avoirs n'est pas sans provoquer quelques réticences de la part :

1- Des Banques qui voient là un retrait majeur de placements déjà transformé en prêts vers les particuliers, entreprises ou sous x formes. Tout ce qui fait la raison d'être d'une banque.

2- Des Etats détenteurs de ces Actifs freinant leur délivrance et craignant l'infiltration des membres d'Al Qaïda dans la composition du CNT ou du nouveau gouvernement à venir ou tout simplement dans la société civile.

De là à penser que les 90% de la fortune des Kadhafi seraient échangés contre l'abandon de poursuites pénales ou de détournement de Fond publique d'Etat, déclencheraient une procédure qui serait rejetée d'emblée par tous les Libyens. D'ailleurs le CNT a, dès le 4 mai 2012, déclaré que tous les biens du clan Kadhafi devaient être placés sous le contrôle de l'autorité judiciaire.

Objectivement, ces diversifications des placements peuvent apparaître judicieuses, d'autant que la gestion de la Libye avait reçu un satisfécit de la part du FMI en février 2011. Seulement, il y a un mais, les retours sur investissement ne tombaient que dans une seule main, faisant confondre un budget d'Etat avec celui du budget personnel du clan Kadhafi.

Doivent être pris en considération également les masses d'argent détournées et sorties des banques libyennes lors des diverses fuites des Kadhafistes vers l'Etranger, à commencer par le premier cercle. Si l'on en juge par les « on-dit » envers les nombreux sacs et mallettes remplis d'argent et d'or dont disposerait Safia, la femme de Kadhafi, en résidence plus ou moins surveillée au « Club des pins » près d'Alger. Elle rencontrerait quelques difficultés à les voir évacuer vers la Croatie car les autorités algériennes s'y opposent.

Auxquelles il faut adjoindre les 29 tonnes d'or disparues de la Banque centrale et que Kadhafi aurait converti en dinars libyens vers avril/mai 2011 auprès de marchands et commerçants de Syrte à Tripoli, puis fait évacuer par convois protégés vers les pays amis limitrophes. Un manque à gagner notable à défalquer des 143 tonnes de la réserve.

Compte tenu de ces éléments, somme toute parcellaires, de toute évidence le futur gouvernement définitif libyen aura besoin d'un *audit* sérieux sur le sujet.

## THEME 10 : UN EXAMEN DE LA SITUATION FIN AOUT 2011 EN LIBYE

Après 6 mois et demi d'une guerre qui ne veut pas dire son nom, avec autant de points d'interrogation : reddition, chute, victoire ou fin des combats ? Et plus encore avec les troublantes questions qui restent d'actualité :

### Où est passé Khadafi ?

Ses dernières envolées lyriques ont fait appel à une rhétorique bien rodée puisée dans un lexique parfois outrageusement persuasif : « prenez les armes et combattez jusqu'à la dernière minute, nettoyez la ville de ces traitres, ne laissez pas la Libye entre les griffes des rats... ». Ce qui faisait réagir le ministre des Finances du CNT, Al Tharouni, à l'écoute de tels propos d'un Kadhafi qui déclarait se promener dans Tripoli en toute quiétude. Certes, « il se déplace, mais d'un égout à l'autre » répondait-il.

Or les jours passent, et il n'existe aucune trace de sa fuite. Pas le moindre indice de sa présence à tel ou tel endroit. Pas de délation ni de dénonciation en vue. L'espoir de le voir cerné dans le bunker de Bab Al Azizia à été une grande déception.

Un complexe copié sur les blockhauss de la sinistre époque 39-45, fourmillant de dédales de tunnels connectés à des couloirs interminables aboutissant aux orifices extérieurs permettant une fuite facile. Du béton, encore du béton, sous la caserne d'où émergent le centre de communication, une bibliothèque et centre d'accueil, sa résidence protégée par un camp de partisans et sa garde rapprochée féminine. Digne des réalisations établies par les Suisses afin de se protéger contre une invasion éventuelle. La société Luwa Air Engeneering avait bien interprété les choses suivant les directives délirantes du « guide » qui déjà pensait qu'un jour, peut-être, il serait aux abois : piscine olympique, parc de voitures de luxe, salle d'opération, stock de vivres et munitions, et pièces de vie et de distractions.

Un retranchement qui, dès la fin de l'assaut le 23 août 2011, a subi un pillage en règle. Tous les objets luxueux des appartements ont disparu en un jour et toute la symbolique a été détruite : drapeaux verts brulés, la main de bronze broyant un avion américain cassée, et les portraits du « guide » déchirés.

Un concept fortifié à l'instar des bunkers de Syrte et d'Al Baida. Ce dernier, très vite tombé sous la coupe des insurgés en Cyrénaïque, était à la fois une résidence de villégiature bâtie sur le flanc du djebel Al Akhdar avec vue imprenable sur la Méditerranée, et était conçue sur les mêmes principes. En sous-sol : un deuxième ensemble enterré avec portes blindées, générateurs d'électricité, réserves de vie, et enfin des filtres à air pour parer à toutes attaques chimiques ou radioactives.

Kadhafi, en effet, ne peut échapper à ce point à toute vision sans bénéficier de complicité sur la base d'un réseau bien organisé. Ou baigner dans un milieu propice qui lui est entièrement dévoué ou soumis. Il est trop facile de se contenter d'une appréciation « d'homme des sables aussi rusé qu'un renard du désert ».

Démarche prématurée ou pas, les membres du CNT anticipent le mouvement de marche en avant irrémédiable des insurgés. La progression est incontestable. Pourtant, si une majorité d'Etats adhère à la reconnaissance du CNT, deux émettent des réserves. L'un, la Russie trouve qu'une dualité de gouvernement sera nécessaire à l'avenir. L'autre, l'Union africaine (UA) par la voix du président d'Afrique du sud Zuma affirme : « tant que les combats continuent, on ne peut reconnaître le CNT ». A telle enseigne que ce même président garde un avion sur le tarmac de Djerba en Tunisie à la disposition de Kadhafi au cas où celui-ci ferait une demande d'expatriation.

Les combats perdurent, c'est vrai, mais on se rapproche de villes qui ressemblent plus à des réduits de dernière heure, comme Syrte par exemple où s'est réfugié Muatassim à la suite du retrait de ses troupes de Ban Jawwad. Peut-on dire pour autant que Kadhafi soit venu le rejoindre, cela est moins certain. Il a très bien pu fuir vers Sabha où des renforts loyalistes sont arrivés récemment, en passant par Ban walid accompagnés de Saif, dit-on, ou en empruntant la route de Waddan. Or, cette base aérienne d'Al Jufra est sous surveillance de L'OTAN rendant impossible tout décollage d'avions, et ce n'est pas la petite piste un peu plus au sud d'Al Wyg qui pourrait faire office de départ vers d'autres cieux. Ceci entraîne la deuxième question.

### Où est passé l'armée de Khadafi ?

Dans tous ces changements de configuration sur le terrain, beaucoup de militaires et civils pro-kadhafistes, s'échappent avec armes et bagages vers les pays voisins : Algérie, Niger et Tchad. Leur intention serait de former des bases arrières ou de vendre leurs armes à l'Aqmi (Al Qaïda) friand de tous matériels militaires et qui vient de revendiquer l'attentat suicide d'Alger.

Cependant cette armée dite structurée, hiérarchisée, composée de 50 à 60000 hommes, d'unités d'élites, de spécialistes, de mercenaires par milliers, ne peut pas s'être diluée totalement dans la nature. Une armée que l'on a cessé de vanter la capacité d'armement, les bases aériennes et les brigades militaires impressionnantes, mais qui ont lâché les unes après les autres. Admettons 10 à 20000 militaires passés à la rébellion dès le départ de la guerre civile, des tués durant les combats, des fuyards aux grades les plus élevés, des opportunistes changeant de casaque avec un retour caché dans leur famille, le reste non négligeable ne peut pas passer inaperçu. Une armée qui aurait fondu au soleil laissant les « parties utiles du territoire » aux mains du CNT. En quelque sorte une *déliquescence de l'armée de l'ancien régime de Khadafi.* D'autant qu'à aucun moment n'ont été signalés des camps massifs de prisonniers ni de très nombreux convois vers le sud. Si ce n'est une très forte concentration de troupes kadhafistes à Syrte, Ban Walid et Sabha, laissant envisager des affrontements sans précédent à venir. Ce pourrait être une hypothèse et une explication à la fois. Toutefois une troisième question s'impose.

## Opposition naissante ?

Ce qui était le régime légal hier s'apprête à devenir les résistants de demain. Les loyalistes s'approprient cette appellation. Une *opposition naissante* centrée dorénavant à Syrte, le nombril libyen comme aimait à le rappeler Kadhafi, là où il veut finir en martyr. Mais aussi une opposition qui est en train de se créer vers l'Europe par diaspora interposée : 1100 départs encore récemment vers Lampedusa, de toutes convictions : ceux qui renoncent, ceux qui veulent poursuivre ailleurs, et ceux qui sont poussés vers la sortie.

Enfin tous ceux qui se dirigent vers les pays du Sahel. Des libyens d'origine malienne rentrant dans leur pays par centaines. Il y a peu de jours, 500 Touareg franchissaient la frontière avec l'Algérie, et ce n'est pas la fermeture du poste-frontière à 30Kms de Ghat qui peut leur faire obstacle. De tous temps les caravanes de dromadaires chargées de plaques de sel, guidées par ces Sahariens traversaient allègrement des lignes sans consistance sur le terrain. Eux qui ont mémorisés depuis des générations toutes les configurations des dunes, qu'elles soient longilignes, parallèles, en forme de croissant ou en vagues dunaires, sur des itinéraires qui s'étendent des mers de sable de Murzuq ou de Awbari jusqu'au reg Hamrah. Eux qui ont toujours considéré le Sahara comme leur champ de parcours de prédilection.

Dans un Sahara sans montagnes ni rivières qui feraient office de frontières dans des régions continentales. Des lignes tracées sur les cartes géographiques au millimètre près mais qui sont invisibles sur l'immensité sableuse, sauf quelques pierres blanchies à la chaux ici, disparaissant dès les premiers vents de sable ; quelques fils de fer barbelés là, entre Al Grein et Tubruk datant d'une autre époque. La frontière entre l'Egypte et la Libye basée sur le 25ème méridien est l'exemple de séparation virtuelle. Un pas de trop dans le sable et vous êtes chez le voisin. Les Toubou parcourant ce secteur Est se soucient peu de marcher sur le sable d'autrui : le point géodésique d'Al Awaynat leur sert de repère entre la Libye, le Darfour et le Tchad.

Comment dans ces conditions admettre des fermetures étanches de frontière pouvant empêcher la fuite d'une opposition naissante. Il se pourrait même que cette opposition adopte pour emblème un Kadhafi *martyr* et pour idéologie le « *kadhafisme* » dans le futur immédiat. Au futur gouvernement d'y veiller.

## THEME 11 : LA MORT DE KADHAFI : UNE DESCRIPTION IMPARFAITE

Bien que des précisions soient portées à la connaissance, la mort de Kadhafi reste une énigme, toutefois il n'est pas interdit d'en faire une description plausible en fonction des éléments connus.

I- Dans un quartier de la ville de Syrte sous le feu des rebelles, les loyalistes sentent la fin venir. Une seule et unique solution encore viable : tenter une percée et fuir.

II- Il est convenu de former un convoi d'une cinquantaine de véhicules tout terrain : chacun des camions composés d'une dizaines de militaires chevronnés, aux treillis vert, deux VAB 8 wheel drive et un véhicule super protégé. Au total pratiquement l'équivalent d'une brigade. Ensuite préparer l'organisation du convoi dans lequel en son milieu sera placé le véhicule à protéger précédé d'un blindé et suivi de deux pick-up équipés de mitrailleuses lourdes. Il faut faire vite.

A partir de là commence les interrogations :

Il est impossible de concevoir un tel convoi sans y avoir pensé largement à l'avance, sur le matériel choisi et sur les personnes qui en feront partie. Il apparaît évident qu'il y aura beaucoup de monde laissé sur place.

Il est impossible que, au pied levé, il soit décidé de partir dans telle ou telle direction sans avoir prévu le point d'atterrissage.

Il est impossible de croire que Muatassim profite du convoi pendant que les rebelles avancent dans le réduit. Or, s'il est blessé, quel mérite aurait-il à rester à la merci des assaillants ?

Le convoi s'extraie alors des faubourgs et s'avance vers l'ouest sur la route qui longe la côte et qui rejoint la fourche de la « deux voies ».

Autre interrogation : les ressources dont dispose l'OTAN sont constamment sollicitées. Les centres de calcul tournent à fond et en vertu du principe que toute cible peut être définie au cm2 près, il est facile d'imaginer qu'il en est de même lorsqu'il s'agit de la détection de matériels et hommes compris. C'est pourquoi, au moment où le convoi démarre, le moindre détail sur sa composition est connu, notamment sur « le gros poisson espéré ». En effet il ne fait plus aucun doute aux autorités militaires que Kadhafi est dans la voiture du milieu. Une conviction partagée par le CNT aussitôt informé. De plus, si Kadhafi essaie de s'échapper, il n'est pas concevable qu'il laisse son fils blessé derrière lui.

Autre interrogation : quelles décisions prendre rapidement ?

- soit l'arraisonner lorsqu'il sera sur la route à deux voies. La brigade venant de l'ouest et la brigade « tiger » en faction à la sortie de la ville, prenant en tenaille le convoi.
- soit le laisser filer comme bien d'autres avec le risque de voir s'implanter l'équivalent d'une brigade dans une autre ville et l'espoir

hypothétique de pouvoir les déloger dans un mois ou deux, prolongeant d'autant la fin de la guerre.

En fait, le CNT comme l'OTAN conviennent qu'il en est fini, pour les loyalistes, l'idée de pouvoir aller de lieux en lieux, et prolonger à l'infini les poursuites armées. Il faut en finir une bonne fois pour toutes, et là sous la main tous les ingrédients sont réunis. Ce n'est plus l'heure des tergiversations : *le glas vient de sonner pour Kadhafi.*

Les moyens électroniques et informatiques en télécommandé dont dispose l'OTAN pour effectuer cette mission sont d'une grande simplicité :
- Dans un premier temps un drone du type Predator (reaper ou avenger) avec ses capteurs électro-optiques et radars, armé d'un missile Hellfire va frapper la tête du convoi immobilisant l'ensemble des véhicules et plus précisément le véhicule central.
- Dans un deuxième temps, un premier mirage F1-CR intervient immédiatement et marquera le véhicule central d'un point laser, un deuxième mirage 2000-D après avoir intégré les coordonnées de la cible va pouvoir larguer deux bombes munis de système de guidage autonome et d'un propulseur. L'impact est infaillible. Le véhicule central atteint par des Pateway d'origine américaine ou des GBU-12 est complètement pulvérisé. Onze autres sont touchés. Des éclats volent dans tous les sens et l'effet de souffle est encore plus dévastateur.

Kadhafi légèrement blessé sort du dernier véhicule, celui du centre du convoi n'était qu'un leurre. Il est abasourdi et choqué par la violence de l'attaque. Il se dirige vers l'oued à sec en contrebas et se cache avec ses gardes du corps dans les deux buses en béton sous la route. Malheureusement, repéré par la brigade « tiger » qui suivait à peu de distance, les échanges de tirs s'engagent. Kadhafi capturé et blessé mais *toujours en vie* est aussitôt dirigé vers l'hôpital le plus proche.

C'est à partir de là que vont se dérouler des actions inattendues. L'échauffourée va tourner au drame. Le véhicule pénétrant en ville à vitesse soutenue est stoppé et entouré d'une foule armée savourant la libération totale de Syrte. Une foule qui se déchaîne en apprenant à qui elle a affaire. Kadhafi est sorti du véhicule, tiré par les cheveux, vêtements déchirés, et trainé sur le capot à bandes jaunes. Roués de coups, griffés et couverts d'ecchymoses. Paniqué, il implore ces humains exacerbés, en complète surexcitation, transformés en bourreaux, de l'épargner. Rien n'y fait et dans la confusion générale des tirs ambiants, il reçoit une balle dans la tête et une dans l'estomac. En l'exécutant sommairement, les liquidateurs viennent d'en faire un *martyr*. Une erreur fondamentale.

L'étonnement a fait place à la réalité ; aux interrogations a succédé le mystère. Il n'en reste pas moins des constats :
- Il était donc là depuis son déplacement de Tripoli, à Syrte sa ville natale, jusqu'au dernier moment. Dans un milieu propice, protégé, d'où il pouvait émettre ses directives en toute sérénité vers ses troupes et partisans.
- Avec les armes à la main en vue du sacrifice suprême, pourrait-on penser. Hélas, la sortie de cet ultime convoi en dernière minute prouve au contraire que, pris dans la souricière n°2 de Syrte, il tentait de fuir (osons comparer cette fuite à celle de Louis XVI en direction de Varennes).
- La ville de Syrte ne s'est jamais soulevée pour accueillir les rebelles, pas plus d'ailleurs que Ban Walid. La population a été fidèle au « guide » jusqu'au bout. Il est facile d'imaginer les rancunes après que ces deux villes aient été quasiment détruites.
- Les forces des kadhafistes à aucun moment n'ont déposé les armes durant les huit mois de cette guerre civile. Réciproquement, les insurgés n'ont jamais abdiqué et ont fini par obtenir une victoire totale sur le plan militaire.
- C'est la brigade « tiger » de Misratah qui est présente au moment de la capture de Kadhafi, comme par hasard. Une brigade qui représente à elle seule la souffrance subit lorsque les forces loyalistes faisaient pilonner leur ville sans discontinuer. Chaque rebelle qui la compose a un parent ou un proche tué pendant cette période. Autrement dit : tomber entre leurs mains était l'assurance d'assouvir leur vengeance.
- Si Muatassim et Younes Jaber ont subit, à peu de choses près, le même sort que Kadhafi lors des derniers affrontements du quartier n°2 à Syrte, en revanche le principal successeur du « guide », l'intellectuel porteur du « **kadhafisme** », Saif Al Islam court le désert et depuis deux jours il a eu tout loisir de parcourir les 700kms qui le séparaient de Sabha. Avec l'intention seconde de se diriger vers le Niger.

En résumé, la mort de Kadhafi peut arranger bien des gens. En un mot comme en cent, il ne sera pas jugé. Les feux des médias ne seront pas fixés sur les vêtements débridés et les cheveux hirsutes d'un tyran despote qui aurait dû étaler les horreurs de ces actions sur 42 ans face au public d'un tribunal libyen. Ce qui peut permettre de franchir une étape et passer directement à la *réconciliation* et à la *reconstruction* du pays.

# THEME 12 : FIN D'INSURRECTION EN LIBYE (LEÇONS ET IMPATIENCES)

## Leçons

En fonction de ces faits marquants, il a été vu qu'il était difficile de lancer une rébellion et une insurrection armée si l'on n'a pas l'adhésion totale de la population. Qu'il était difficile de progresser si l'approvisionnement en armes n'est pas assuré soit par l'intrusion dans les dépôts militaires ou par des livraisons extérieures. Qu'il était difficile de se maintenir face à l'infanterie et l'artillerie de l'armée, de la police et des milices à la solde du despote ou du dictateur que l'on veut déloger par la force. Enfin qu'il était difficile d'être victorieux si le moral, les convictions, l'endurance, voire la volonté d'aller jusqu'au sacrifice, n'étaient pas au rendez-vous.

Les rebelles libyens ont exploité une méthode qui a consisté à faire annihiler l'aviation et la marine du régime en place en confiant la maîtrise de l'air et mer à l'OTAN suite à un vote du conseil de sécurité. L'action au sol étant réservée aux seuls insurgés. Des analyses se feront jours qui permettront de tirer les enseignements d'une telle procédure.

L'OTAN qui est intervenu avec les moyens qui lui sont propres en avionique, marine et systèmes élaborées électroniques, aura lui aussi à noter ses faiblesses et ses atouts et à extraire les pour et les contres sur sa participation à la guerre de Libye :

- *Positifs* par la précision de ses frappes ; par la coordination mise en place face aux armements disparates des différents pays participants ; par ce que permet un champ grandeur nature et de guerre réelle dans les essais des appareils récents ; enfin par l'élimination des stocks de munitions obsolètes.
- *Négatifs* par les déficits en recueil de renseignements, en nombre de drones, en ravitaillement en vol et en type de munitions adaptées à la cible. Des lacunes relevées par le secrétaire américain à la défense, Panetta, qui n'ont été comblées que par l'appui des forces américaines présentes en méditerranée. Qu'en aurait-il été si l'ensemble des pays adhérant à l'Otan avait participé à l'intervention ? Dans notre cas de figure, il a été remarqué l'absence de tel et tel pays notamment l'Allemagne qui a bien tiré son épingle du jeu et qui a pu se permettre pendant ce temps, en pleine crise européenne de remanier son armée et d'économiser ainsi 8 Mds d'euros.

Un OTAN qui fin octobre s'est retiré définitivement du conflit, va devoir faire ses comptes après 226 jours de présence sur le théâtre des opérations, ses 26323 sorties aériennes et ses 5900 tirs sur cible. Parmi les 18 nations engagées, peu ont avancé les coûts réels engendrés : l'Angleterre avec 340 Mons d'euros, la France avec 300 Mons d'euros, les USA avec 775 Mons de $ et enfin le Qatar avec 500 Mons de $. Bien plus tard, en mai 2012, le Canada affichera un surcoût de 50Mons de $ au-dessus des 300 Mons prévus initialement

## Impatiences

Les impatiences sont nombreuses dans tous les domaines. Retenons celle qui concerne l'aboutissement des contacts en vue de la formation du gouvernement. Les Toubou et Touareg annoncent leur intention d'en faire partie. Les Berbères (T) Amazighs de Zuara ou du Jabal Nafusah le souhaitent tout autant en manifestant place des martyrs. Il est craint une désobéissance civique de la part de plusieurs tribus. La création de sites sur internet le confirme. Enfin des partis politiques se sont formés comme le « New libya party », le « Libya socialist movement » et le « parti national démocratique » dont Zwaik est le fondateur.

Par ailleurs, bon nombre de pays s'impatientent de ne pas voir émerger des offres de participation économique. Telle la Tunisie qui, dès le 11 octobre 2011 se présentait à Tripoli avec l'organisme patronal Utica emmené par le chef du gouvernement provisoire Essebi. Ce pays qui avait un échange commercial de 2 Mds de $ en 2010 tient à rester un partenaire prioritaire étant donné la proximité des deux Etats. Le lendemain, une délégation d'industriels français accompagnait le député Lellouche et demandait à être présente sur tous les secteurs qui touchent : l'urbanisme, l'énergie, le transport, le BTP, les télécoms, la sécurité, la santé, les banques, le traitement de l'eau et le pétrole. Autrement dit : partout où il y a des affaires à faire, facture d'intervention guerrière à la main. La France détenait 6% de parts de marché en 2010. Alors que la Chine en détenait 10 et l'Italie 20.

Enfin, l'impatience de voir remettre en fonction l'activité pétrolière. D'une production de 1,6 Mds de barils en 2010, la chute avoisinait les 200000 barils dès l'engagement des hostilités, puis remontait modestement vers les 350000 barils. Il est permis d'espérer après la réouverture des puits off-shore dont ceux de Total, Mabruk oil et de l'Arabian gulf oil, une valeur de 500000 barils et peut-être 700000 vers la fin de l'année 2011, concomitant avec la remise en débit du gazoduc vers la Sicile. Le ministre des Finances convenait que cette vente à l'exportation allait être la bienvenue vers les différents ministères en cours de formation ; il rappelait une nouvelle fois qu'il n'y aurait aucun nouveau contrat pétrolier signé avant les élections définitives.

## THEME 13 : LE NUCLEAIRE LIBYEN

Il est indéniable que le régime libyen ait cherché à se procurer cette méthode énergétique sous sa forme la plus admissible : le civil ; mais comme chacun le sait, il n'y a qu'un pas pour passer au nucléaire militaire. Ces deux finalités formant un tout inséparable : l'un procurant l'autre.

C'est ainsi que pendant la succession de périodes d'hostilités avec les Occidentaux suivies de périodes de réconciliation, l'activité nucléaire épousera ces alternances. Kadhafi saura jouer des uns et des autres entre les Etats-Unis et l'URSS devenue par la suite la Russie, dès que les mots embargo et blocus seront prononcés.

Dès l'origine, au-delà de 1970, peu après la prise de pouvoir par Kadhafi, des contacts sont établis avec le Pakistan où l'équipe Khan travaille à la réalisation de la bombe A sur le projet intitulé « Secret project 706 ». Moyennant finance, un accord est entériné au sommet islamique de Lahore avec Bhutto pour la fourniture d'un exemplaire, ainsi que les plans, pièces et accessoires nécessaires à la fabrication de la bombe nucléaire.

Quelques années plus tard, Kadhafi s'inquiétera de l'approvisionnement en matière première, c'est-à-dire de *l'uranium 238*, en envahissant la bande d'Aozou au Tchad, censée en contenir. La présence de ce minerai étant hypothétique, il renoue simultanément avec le Niger afin d'obtenir directement du « yellow cake » à partir de l'uranium épuré des gisements d'Arlit sous la direction de la société française Areva. Dans la mesure où le nucléaire civil seul est évoqué, personne ne voit à redire.

En revanche, à partir des années 80, la construction d'un réacteur de recherche de 10 Mw fourni par l'URSS, bien que de faible puissance, suivi de l'ouverture d'un centre de recherche à Tajura, ne reçoivent pas l'aval des USA. Ces derniers congédient les étudiants libyens qui suivent un cursus en physique atomique, empêchent les Belges d'opérer en tant que conseil, et ordonnent au Japon de ne pas fournir les cycles de passage du minerai avec sa gangue jusqu'au *yellow cake*, notamment le passage par l'hexafluorure d'uranium.

Dépassant les années 95, l'incident de la bibliothèque de Berlin et plus encore les explosions du Boeing de la Pan Am et du DC10 de l'UTA mettent le feu aux poudres ; ils coïncident avec la reprise du Tibesti et Aozou par le Tchad. En représailles, des raids américains sont menés sur Tripoli et Benghazi. Qu'à cela ne tienne, Kadhafi se tourne alors vers l'URSS qui renouvelle son soutien au *centre de recherche* en y envoyant des spécialistes : on atteindra 800 scientifiques et techniciens au plus fort des études. Et qui plus est : de réaliser une centrale vers Syrte de 880Mw accompagnée d'une option de neuf autres pour un coût global de 9 Mds de $, clé en main. S'en suit alors un embargo en conformité avec la résolution 748 de l'ONU.

Il faudra dépasser les années 2000 pour que les sanctions soient suspendues et permettent de vérifier la fiabilité des propos tenus : vouloir acquérir des centrales nucléaires uniquement pour faire fonctionner les *usines de dessalement* prévues près de chaque grande ville ; ne plus vouloir s'associer avec le Pakistan dans une démarche d'obtention de la bombe A ; enfin s'attacher dorénavant à une non prolifération des armes de destructions massives (ADM).

Des sujets habilement contredits par un autre discours tout aussi incisif : « si Israël possède la bombe A, nous ne voyons pas pourquoi, nous Arabes, nous ne pourrions pas la réaliser aussi… ». Ce qui laisse supposer des progrès en connaissance durant les années passées. Il était convenu de dire que Kadhafi aura la bombe avant 2007.

L'arraisonnement d'un navire allemand en direction de la Libye confirmait cette hypothèse ; il était chargé de *centrifugeuses*. La pression exercée dès lors sur le régime libyen va être telle que la fin 2003 et l'année 2004 vont être marquées par un changement de comportement. La Libye va accepter de détruire durant les trois années à venir l'ensemble de ses armes dites chimiques, nucléaires et bactériologiques et de plus acceptera de recevoir la visite de spécialistes de l'OPCW et AEIA sur son territoire.

Afin de rester dans le domaine nucléaire, les visites effectuées par l'AEIA de Mohamed Baradei sur dix sites ne révèlent pas une avancée patente. Des centrifugeuses auraient fonctionnées, certes, mais en nombre restreint, en tous les cas loin des *cascades nécessaires* à une production d'uranium enrichi en 235. Du coup, Kadhafi signe le traité de *non prolifération nucléaire* et son protocole additionnel. Tout le matériel est renvoyé par avion et par un bateau de 500 tonnes en direction des Etats-Unis ; il fait détruire devant des témoins oculaires quelques 3300 têtes d'ogives de ses missiles.

Voilà qui augure de bonnes intentions. D'Etat « *voyou* », la Libye se retrouve blanchie par l'ensemble des nations. Il est alors possible et même conseillé de renouer avec le « guide » dans un défilé ininterrompu de chefs d'Etats et consultants prêts à faire du donnant-donnant et des propositions commerciales où le nucléaire civil est omniprésent. La trésorerie libyenne pourra répondre.

Depuis 2007, peu d'éléments sont connus sur une poursuite éventuelle en recherche nucléaire militaire. On peut dire, à ce jour, qu'il n'y a pas de centrales nucléaires visibles en Libye. A la fin de cette guerre civile, il n'a pas été mentionné de têtes nucléaires ni un stockage de bombes à neutrons, mais tous les sites n'ont pas été dévoilés. A l'invisible nul n'est tenu, cependant il faut noter que si des armes de destructions massives avaient encore été en sa possession, Kadhafi n'en a pas fait usage. (Il a été fait mention de quelques barils de yellow cake près de Sabha).

Dans le domaine civil, pour faire face à un développement industriel important ou à un épuisement total en énergie fossile, un passage obligé par le nucléaire s'imposera. Vraisemblablement deux centrales de 1200 Mw à l'ouest et deux autres de même valeur à l'est. Cet intérêt a été constamment renouvelé depuis 2007. A cette époque l'EPR français à eau pressurisée (version sécurisée et améliorée des anciennes centrales, plus connue sous le nom de nouvelle génération) était proposée pour un coût de 3 Mds d'euros. Depuis ce chiffre a bien augmenté ; La présence de sérieux concurrents : russe avec le VVER-100 (Rosatom) et américain avec l'AP1000 (Westinghouse), auxquels s'ajoutent les 200 à 500 Mw des émergents chinois (centrale à pellets) et Indiens (centrale au thorium) en ont changé complètement l'approche. Cependant, dans ce domaine hautement pointu, il n'y a pas de place à « l'à peu près », correspondant à des prix bradés qui iraient au détriment de la sécurité ; c'est pourquoi une instance internationale de surveillance constante doit être intégrée à la construction et durant toute la période de fonctionnement, voire même pendant le démantèlement des dites centrales.

En effet, il faudra en passer par là pour répondre aux besoins (du réfrigérateur au climatiseur) d'une population qui n'ira qu'en augmentant, mais plus encore à la demande des raffineries, des usines de dessalement, des cimenteries, des fours à arcs électriques et fours à électrolyse ou autres usines chimiques et métallurgiques, gourmands en watts. Et ce n'est pas de petits moyens énergétiques balbutiants qui pourront répondre aux énormes appels en énergie électrique.

## THEME 14 : MATIERES PREMIERES ET ENERGETIQUES EN LIBYE

### Pétrole

Matière première avant tout, matière énergique après transformation, le pétrole est extrait des forages couvrant la presque totalité du sédimentaire libyen. Les formations géologiques du tertiaire au secondaire à forte porosité renferment des poches d'un produit de bonne qualité souvent de densité inférieure à 0,9, donc facile à raffiner et exempt de soufre et paraffine. Certains secteurs très faillés ou très plissés (anticlinaux), autant de pièges, peuvent faire dire que la recherche a de beaux jours devant elle, surtout si elle s'appuie sur les méthodes 3D de la sismique pour leur détection.

Le tout réside dans l'estimation des réserves réelles et savoir ensuite pendant combien de temps il va être possible de maintenir cette production. Cette manne providentielle est d'autant plus rémunératrice à l'exportation que dans le moment le prix du baril est élevé (Le Brent à Londres : 100$ au 9 août 2011, 114$ au 6 janvier 2012, 111$ au 15 mai 2012 et 113$ au 18 août 2012). Une rentrée d'argent assurée qui conditionne pratiquement le fonctionnement de l'ensemble des infrastructures du littoral libyen.

Dans une rétrospective, les premiers gisements de pétrole ont été découverts par Esso à Zelten. Depuis, les forages se sont poursuivis vers le sud de la Cyrénaïque à des profondeurs voisines de 4000 pieds à l'intérieur d'une zone orientée S.E/N.E, disons de Sarir à Mabruk. Ces champs de pétrole se déversent par oléoducs (pipelines) vers les villes côtières :

- Exceptionnellement, le champ de Sarir (qui possède sa propre raffinerie) rejoint le secteur de Tubruk à Marsa el-Hariga équipé également d'une raffinerie.
- Les autres : celui de Jalu est évacué vers Ajdabiya et Ras Lanuf ; celui de Zelten prend la direction des raffineries de Braygah et Ras Lanuf ; quant au champ de Jufra, sa production est dirigée vers Al Sidrah (sider) et en partie vers Ras Lanuf. Autrement dit une quantité incalculable de puits de pétrole sont interconnectés dans un enchevêtrement de tubes parcourant le désert vers la côte.

On remarquera, après coup, que la Cyrénaïque, s'étant quelque peu éloignée du conflit et de la guerre civile, lui a permis de maintenir en fonctionnement la raffinerie de Benghazi portant à 4 le nombre disponible assurant son approvisionnement en carburant. Par ailleurs, le port de Tubruk et son terminal d'Al Adam sont toujours restés ouverts aux accostages des tankers. A l'extrême, le Qatar se proposait de prendre en charge la vente du pétrole et du gaz produits en passant un accord avec la Tamoil libyenne. Ce qui n'était pas le cas de la région Tripolitaine en évoquant le deuxième secteur producteur de l'ouest.

A l'ouest et un peu plus tardivement, des champs ont été mis à jour depuis Awbari dans le Fezzan jusqu'au sud du district de Gharyan (Al Sharara, Bir Tlakshin). Une production qui aboutissait à la raffinerie d'Az Zawiyah et du terminal de Mellitah, mais complètement stoppée durant la guerre civile, tantôt aux mains des rebelles, tantôt repris par les militaires du régime Kadhafi.

Se prolongeant vers le nord et faisant suite aux forages sur terre (on-shore), des gisements ont été découverts en mer (off-shore). Ils concrétisaient les appels d'offres parus à partir de 2007 à l'attention de quelques 30 compagnies pétrolières. De nombreux blocs ou concessions étaient alors accordés sur le plateau continental entre le golfe de Syrte et le golfe de Gabès. Le gisement de Bouri au large de Zuara en faisait partie. Certains puits à la limite des eaux territoriales entre la Tunisie et la Libye ayant fait l'objet d'ententes bilatérales préalables.

La guerre civile n'a pas été sans incidence dans les livraisons vers l'Europe. Celles-ci représentaient à elles seules 80% des exportations libyennes. La France avec 15% et l'Italie 32% étaient particulièrement touchées, les obligeant à puiser dans leur stock ou à se tourner en urgence vers d'autres producteurs de pétrole comme l'Algérie et la Russie afin de pourvoir à leur approvisionnement. Il faudra attendre le 11 août 2011 pour que le plus gros producteur de l'Opep, l'Arabie Saoudite qui alimente une partie du monde à lui seul, en temps normal, avec ses 10 Mons de barils/jour, se décide à compenser ce manque de volume sur le marché.

Cette guerre civile terminée, le pétrole de Libye reste très convoité. Après l'écroulement de la production, (tous les puits étaient fermés pour des raisons de sécurité), chacun espère une remise en production rapide, hors des puits off-shore, afin d'atteindre une production d'environ 700000 barils/jour, voire 1000000 barils/jour à la fin 2011. Tout en convenant que l'on est encore loin de la production antérieure de 1,6 à 1,8 Mds de barils/jour et tout en convenant aussi que la filière pétrole ne se remettra pas à fonctionner du jour au lendemain. Puits de production, pipelines, raffineries, terminaux, moyens de transport, autant de maillons de la chaîne à contrôler ou à reconstruire suite au conflit. L'ancien ministre des Ressources pétrolières S.Ghanem déclarait, mi septembre, qu'il faudrait au minimum 10 mois avant de retrouver une normalité. Cependant, les compagnies Statoil, Royal deutch shell, Total, Repsol (Pemex) ou l'Eni sont prêtes à réactiver les joint-ventures en cours dans lesquels la compagnie nationale NOCL restait toujours majoritaire. Prenons l'exemple de la Mabruk oil libyan qui s'active sur le champ off-shore de AL-Jurf dont il est extrait 40000 barils/jour, celle-ci a un capital social composé comme suit : deux sociétés minoritaires, Wintershall : 12,5% et Total : 37,5%, face à la NOC et ses 50%.

Contre toute attente, la production est passée à 1Mon de barils/jour dès les premières semaines de 2012. Les gisements de TOTAL, en réalité peu touchés par le conflit, ont été très rapidement remis en production. L'ENI, quelques mois plus tard retrouvait sa production passée de 280000 barils/jour : les deux champs pétroliers d'Az Zahrah et Az Samah produisant déjà 20000barils/jour. Si bien que, à mi 2012, la Libye reprenait son rythme de production antérieure

Du coup, l'OPEP pouvait annoncer une production annuelle de 33Mons de barils/jour par ses 12 pays membres sans préciser l'attribution du montant de chacun d'entre eux.

## Le gaz

Parallèlement à cette matière première d'une importance capitale se calque la forme gazeuse du pétrole ; le méthane, butane, propane, éthane. Une production prometteuse, en augmentation constante, sachant que les réserves prouvées atteindraient 1500 Mds de m3. Il eut été incompréhensible de ne pas découvrir ces gisements qui courent le long de la frontière algérienne alors que de l'autre côté étaient exploités ceux d'In Amenas et d'Edjeleh. Un gazoduc remonte le gaz jusqu'au terminal Mellitah connecté lui même à celui provenant de Jalu à l'est.

Ce qui l'était pour le pétrole reste valable pour le gaz. La guerre civile est passée par là et a modifié le paysage énergétique. Le gazoduc, ce long tube de 80cm de diamètre appelé « Greenstream » qui reliait sous mer le terminal gazier libyen Mellitah à Gela en Sicile était interrompu, gênant considérablement les Italiens avec leur 13%. Les Espagnols et Français dans une moindre mesure. Les Italiens ne tardaient pas à réagir devant l'épuisement de leur stock en élaborant de nouvelles alliances. Le président Scaroni de l'ENI, voyant chuter sa capitalisation de 17%, le 10 août 2011, proposait à la Tunisie la réalisation d'un gazoduc qui partirait de Djerba ou de Tunis vers la Sicile, et qui rassemblerait le gaz algérien d'Hassi R'Mel, le gaz libyen de Wafa (Waha) de l'ouest libyen et celui plus récent du golfe de Gabès. Associé à l'implantation d'une usine à gaz naturel liquéfié (LNG) suivant une méthode de refroidissement à -163°C facilitant le transport par méthaniers. Ce problème de transport est crucial car par gazoduc le pourcentage de fuite est de l'ordre de 25% alors que par méthaniers sous forme de GNL, il n'est que de 15%. Entre temps, les hostilités terminées permettaient la réouverture du « Greenstream » dès le 13 octobre 2011, en livrant dans une période d'essai environ 3Mons de m3/jour avant de retrouver début 2012 l'ancienne production de 3Mds de m3 par an.

Le gaz est appelé à être utilisé de façon prépondérante dans l'apport en électricité au détriment du pétrole réservé à l'exportation. Ce qui avait été bien compris en 2007 par la société Daewoo en réponse à une offre concernant la construction de deux centrales thermiques : l'une à Misratah pour satisfaire aux besoins en énergie croissante de la Lisco, et l'autre vers Benghazi. La fourniture portait sur des capacités de 750Mw et 250Mw respectives.

Pour rester sur le problème technique, il s'agit de gisements à production entièrement axée sur le gaz dont il a été fait mention ci-dessus. Cela n'exclut pas les gisements qui, dans un classement par densité (gaz, pétrole, eau), comportent également une nappe de gaz séparée ou mélangée, fort utile par la pression qu'elle exerce sur le pétrole en le faisant remonter en surface sans l'aide de pompe à balancier. Mais il faut préciser qu'une fois arrivé en surface, ce gaz n'est pas pris en considération ; il est dévié vers une torchère qui brûle sans discontinuer. Ce qui veut dire que des millions de m3 de gaz s'évaporent ainsi dans la nature. C'est une production inutilisée et définitivement perdue, car non renouvelable. Il en est des multitudes de torchères de Libye comme de bien d'autres à travers le monde.

Un dernier volet et non des moindres qui pourrait faire suite à ces méthodes classiques serait la construction de centrales hybrides alliant gaz et panneaux photovoltaïques ; des modèles sont déjà en fonctionnement dans plusieurs pays.

Dernier point technique, les compagnies pétrolières des pays producteurs, de par leur expérience, aimeraient bien se passer des compagnies étrangères dans leurs joint-ventures. Un désir bien légitime dont la limite serait un tarissement d'exploitation dans les zones faciles qui entrainerait des forages off-shore à grande profondeur ou des mises en exploitation de gisements « shale gaz » demandant une très haute technicité.

## En attente de compensation

La situation en Libye a évolué, pour cela il a fallu passer par la case Kadhafi, puis l'évincer de l'arène politique. Un gouvernement intermédiaire avant des élections générales s'est mis en place. Or, les compagnies pétrolières s'interrogent et se demandent si les contrats en cours vont bien être respectés. Des contrats négociés sous l'ancien régime, à la manière Kadhafi, c'est-à-dire assortis de commissions et de pots-de-vin en faveur de son propre clan. Ainsi d'Exxon à Shell, de B.P à Sonatrach, ou de Chevron à Total des inquiétudes surgissent, voire des soucis pour le futur immédiat. Chacun désirant retrouver une production rentable compte tenu des investissements engagés par le passé. L'Arabian gulf oil company en relation étroite avec les anciens rebelles précise que la répartition se fera en faveur de ceux qui sont venus les épauler dès les premiers jours. C'est rassurant.

Quant au contrat futur, le gouvernement intermédiaire et plus précisément le ministère du pétrole et du gaz représenté par Ben Yazza a rappelé qu'aucune décision ne serait prise avant les élections prochaines et à fortiori, par le gouvernement officiel qui en découlera. De même qu'aucune précision n'a été apportée en ce qui concerne la forme que prendront ces nouveaux contrats qui seront regardés avec acuité : restera-t-on sur un 50/50 ou passera-t-on à un 80/2O ? Voire au-delà : vers une nationalisation. Enfin, les Etats qui se sont investis dans le conflit passé attendent toujours un indice laissant entrevoir une certaine « compensation ».

En attendant cette éventualité, Total prend position, en 2011, et fait des acquisitions auprès d'acteurs commerciaux en versant un acompte de 7 Mons sur des droits existants d'exploitation, ou en versant un acompte de 10 Mons auprès la NGOGC (secteur gaz).

En résumé, comme on le voit, les rentrées d'argent provenant de ces deux ressources étaient basées sur un rétablissement rapide à la normale (proche de 1,5Mons de barils/jour fin avril 2012).

Il est vrai, si l'on sort du cadre stricte de la Libye, les pays du Moyen-Orient de par leurs réserves prouvées soutiennent quasiment à eux seuls les moyens de transports des pays développés et émergeants. Une notion qui pourrait bien être remise en cause si les conflits actuels perduraient ou si d'autres émergeaient rendant l'approvisionnement très insécurisé. Un défaut de livraison pour des raisons de blocus ou une raréfaction voire un tarissement de ces matières premières non renouvelables pénaliseraient inexorablement les pays consommateurs ; inversement les pays du golfe s'écrouleraient comme des châteaux de cartes tant leur budget repose sur cet unique pactole. C'est pourquoi, en prévision et depuis quelques années, ces clients regardent ailleurs.

## La diversification recherchée des approvisionnements

Les Chinois investissent dans des pipelines venant de Russie. L'Inde regarde vers l'Iran et se connecte avec la Birmanie. En complément des apports du Nigéria, du golfe du Mexique et du Texas, les USA ont misé fortement sur la fracturation des « shale gas » au nord Dakota. Le Canada, avec un prix du baril très élevé, rentabilise ses exploitations de sables bitumineux. Quant au Brésil, il attend beaucoup et au plus vite de la récente découverte d'un énorme gisement de Gaz en off-shore. Enfin, l'Arctique, tellement les réserves sont énormes, est convoité tant par les Russes que les Américains ; déjà ces derniers forent dans la mer de Beaufort dans des conditions ultimes et avec des moyens techniques très avant-gardistes.

Les Européens sont également préoccupés par une répartition plus accentuée vers la Russie, l'Algérie et la Libye. Quand il est annoncé la découverte d'une gigantesque réserve de gaz chiffrée à 450Mds de m3 dans les eaux territoriales d'Israël, l'Europe ne peut que souscrire à la réalisation éventuelle d'un gazoduc passant par la Grèce. Quand il est envisagé une liaison par gazoduc ramenant 30Mds de m3 par an depuis l'île de Brass (LNG) au Nigéria vers Alger, parallèle à une double voie passant par Zinder, Arlit et Tamanrasset, croisant au passage les oléoducs et gazoducs d'Hassi-Messaoud, Hassi R'Mel, In amenas, In Salah et Reggane, l'Europe ne peut qu'approuver.

Il en résulte que 95Mons de barils par jour de pétrole sont nécessaires actuellement au monde entier, et qui devraient passer à plus de 110Mons vers 2030. Dans ces conditions, les forages et les recherches pétrolières ne sont pas prêts de s'arrêter.

# THEME 15 : AUTRES MATIERES PREMIERES EN LIBYE

## L'eau

Cette matière première en provenance du Sahara, est une ressource, comme le pétrole, *non renouvelable.* Une eau considérée comme de première nécessité, vitale. Il en est de la survie de l'espèce humaine, animale et végétale ; à la base des productions agricoles côtières et de l'industrie agro-alimentaire (par eau, nous entendons une eau douce et potable orientée en priorité vers la nourriture et l'hygiène).

Le hasard a bien fait les choses en 1968. Lors d'un forage géologique, des prélèvements par carottage attestaient de la présence d'eau douce à une profondeur de 30 à 300m. Des forages systématiques s'en suivirent et révélèrent une série de nappes phréatiques allant d'Al khofra à Sabha dans le Fezzan.

16 ans plus tard naîtra le projet insolite de la « *grande rivière artificielle* ». Il s'agira de réunir les alignements parallèles des forages vers une conduite en béton de 4m de diamètre, faite de tronçons de 7,5m et pesant 80 tonnes chacun. L'une partant du secteur de Tazurbu au nord-ouest de l'oasis d'Al Khofra récupérant au passage les forages du Sarir Kalansho, alimentant Benghazi et la côte jusqu'à Syrte. L'autre conduite remonte les eaux des nappes au nord de Sabha en direction de Tripoli et toutes les régions côtières de l'ouest, vers d'immenses réservoirs. Des débits sous pression pouvant passer de 1 Mon de m3 / jour actuel à plus de 6 Mons de m3/ jour dans les prochaines années, confortés par des extensions en cours.

Si le débit journalier est déterminé et fixé à une certaine valeur, il sera facile de calculer la durée de vie de ces nappes phréatiques. En revanche, si la demande guide le débit, ou si la production colle aux besoins énoncés par la population, l'industrie et l'agriculture avec les excès inhérents d'utilisation, le risque d'assèchement inévitable des nappes apparaîtra très vite. Sans pour autant aller jusqu'à une vision apocalyptique où le « goutte à goutte » et le camion citerne feraient leur apparition. A ce titre, la vieille ville de Ghadamès et son réseau d'eau potable donne une leçon d'une bonne gestion d'un bien si précieux. Un exemple d'une répartition équitable de l'eau vers l'espèce animale et les cultures dont les besoins réels sont ajustés en permanence.

Dans cette perspective de pénurie, d'une matière une nouvelle fois non renouvelable, la société Gécol (Sté libyenne d'électricité) continue de forer à travers tout le pays pour pallier au pire. Il reste cependant une solution qui été adoptée par de nombreux autres pays vers un recours aux usines de dessalement (une à deux au pied de chaque grande ville), utilisant les méthodes de « distillation multiflash » ou par « osmose inverse ». Les derniers projets portaient sur 9 usines par Gécol et 2 par Daewoo permettant une capacité totale de 900000m3/jour. Des études sont en cours aux Etats-Unis pour obtenir des usines moins polluantes et plus efficaces.

## Le fer

Le complexe métallurgique de Misratah alimenté en gaz naturel a pour vocation la transformation des HBI (hot briquetted iron) en fer de consommation courante soit filaire ou en plaque. La demande allant crescendo ; les unités qui se sont adjointes à celles existantes reposent la question de l'énergie. Plusieurs milliers de Mw vont être nécessaires. Or, cette matière première de base est dépendante d'un approvisionnement extérieur qui vient d'être légèrement atténué par la découverte d'un gisement de fer.

En effet, un gisement est exploité à ciel ouvert à 100 Kms environ au nord de Sabha, entre le Wadi esc Sciati (oued) et la petite ville-oasis de Brak. Appelé aussi : Wadi cendres Shatti ou Wadi ash Shatti, il est intéressant par sa surface de 80km2, mais l'est un peu moins par sa teneur en oxyde de fer ($Fe_2O_3$ et $Fe_3O_4$) de l'ordre de 30 à 50%. Les estimations portent sur un tonnage de 1,6 Mds de tonnes, d'une couche d'environ 90ms formée d'hématite oolithique, de limonite et de sidérite, associée à du manganèse en petite quantité ; ce qui peut faire penser à un gite minéral d'origine détritique situé dans l'étage dévonien.

La Chine qui ratisse le moindre kilo de minerais en Afrique a déjà fait des propositions d'extraction industrielle malgré cette faible teneur du minerai qu'elle pense enrichir sur place avant son transport vers la côte. Elle irait jusqu'à offrir une ligne de chemin de fer parallèle à la route existante sur les 650Kms qui séparent le gisement du complexe sidérurgique de la Lisco situé à Misratah.

## Le charbon

Il est le grand absent de la liste des matières premières en Libye. Il eut été d'une grande utilité si la voie des centrales à charbon avait été retenue. A ce jour, les relevés géologiques de surface n'ont pas décelé des traces de ce minerai dans le carbonifère qui affleure rarement, et ce n'est pas les forages pétroliers qui apporteront plus de renseignements. Ces forages s'arrêtent à la hauteur du gisement de pétrole ou de gaz, c'est-à-dire bien au-dessus de cet étage. Ce charbon eut trouvé sa bonne place, associé au fer et ferraille cité ci-dessus, dans la fabrication de l'acier.

*En revanche deux éléments apparentés à la matière première, pourraient s'inscrire dans la panoplie énergétique libyenne. Nous voulons parler de l'air et des rayons solaires ; ce qui les différencie des autres matières*

*premières : ils sont renouvelables et inépuisables. Un fort potentiel basé sur deux critères :*
- *le taux moyen d'ensoleillement libyen est de 3500h/an.*
- *le vent est quasi permanent dans le désert.*

## Le solaire

Il est évident que ce ne sont pas quelques panneaux solaires sur une pente de toit qui suffiront à produire une énergie de production, tout au plus un appoint sur le plan de l'habitat. Il faudra en venir aux champs photovoltaïques (méthode P.V) (les surfaces ne manquent pas dans le désert) et parler en Mw. Avec plusieurs bémols : les systèmes solaires ne fonctionnent pas la nuit ; les vents de sable obligeront le nettoyage des panneaux en permanence ; enfin le rendement des cellules actuelles au silicium décroit de 20% au bout de 10 ans. Ce qui conduit à un objectif raisonnable de 10%, tendant progressivement vers les 20%, dans la part de production globale d'électricité libyenne. Il faudra donc s'orienter vers des projets parfaitement réalisables de 10 à 50Mw pour atteindre cette ambition.

Rien à voir avec le projet que l'on peut qualifier de gigantesque, voire futuriste, que propose le consortium allemand « *Desertec foundation* », et qui a été présenté à une autorité libyenne nouvellement créée : la Reaol. Il consisterait en un réseau de champs solaires répartis sur plusieurs pays du Sahara, interconnectés et reliés à l'Europe par câbles sous-marins. Sur ce point une société française est partie prenante en ce qui concerne la pose de câbles de 400Kv (pour éviter les pertes en ligne), y compris vers l'Egypte et la Tunisie (*Projet Medring* ou boucle autour et à travers la méditerranée). Cette voie retenue par les Allemands est d'autant plus significative que ceux-ci prévoient l'arrêt de leurs centrales nucléaires en les remplaçant momentanément par des centrales au charbon fort pourvoyeuses de $CO_2$.

Cette étude « Désertec inter-Etats » est à mettre en parallèle avec celle tout autant gigantesque du « Plan solaire méditerranéen ». Lequel projet commence à prendre forme avec deux réalisations en cours :

L'une en Espagne basée sur le principe CSP (Concentrated solar power) où une multitude des miroirs formant une soucoupe réfléchissent les rayons solaires convergeant vers le centre sur une tour avec ses réservoirs de sel portés à une température de 600°c. Une production de vapeur intarissable permettant de faire tourner turbine et alternateur assurant ainsi une production d'électricité de plusieurs dizaines de Mw. Elle nécessite une surface de 185 ha.

Ce qui n'est rien comparé à celle qui se met en place au Maroc au nord de Ouarzazate sur une surface de 2500ha, et qui fera appel pour sa première tranche de 500 Mw au même principe CSV non plus sous la forme de la

« tour solaire » mais à l'aide de panneaux « cylindro-paraboliques ». Les études préliminaires sont terminées et l'adjudication devrait se faire début 2012. Il faut noter que la méthode retenue par miroirs et fluide caloporteur est aussi lourde à gérer que celle d'une centrale thermique, ce qui n'est pas le cas du photovoltaïque. A terme la puissance atteindra 2000 Mw en 5 tranches. Laissant entendre qu'une partie de cette énergie sera dirigée vers l'Europe par Transgreen et faisant dire aux responsables que la part des énergies renouvelables, toutes origines confondues, pourrait atteindre 42% de la production nationale marocaine d'ici 2020.

On ne s'écarte pas du problème libyen en citant ces deux exemples car très rapidement s'implanteront les mêmes techniques sur son sol aux caractéristiques d'ensoleillement identique. De plus s'y ajouteront des possibilités en hybride étant donné sa production de gaz. Des atouts sans précédent pour l'avenir qui auraient pu s'ajouter au 12000Mw prévus en 2012 par des centrales classiques.

## L'eolien

L'air qui devient vent est une source envisageable alternative et intermittente de par ses caprices. L'éolien fait appel à une machine tournante tripale qui implantée au Sahara est soumise aux pressions des vents chargés de fines poussières siliceuses terriblement agressives, abrégeant d'autant leur durée de vie. Néanmoins, cette difficulté s'atténue par la possibilité d'implanter ces machines à proximité de la côte méditerranéenne. Tel l'exemple du parc de 62 Mw en construction à El Fetaih, près de Darnah en Cyrénaïque.

Il est vrai qu'il est reproché à cette technique un certain nombre de griefs, notamment son caractère bruyant et sa modification de paysage. Ces machines tournantes impliquent un entretien permanent, donc onéreux. La puissance actuelle d'une éolienne se situant autour de 2 à 5 Mw (à l'horizon : 10), il faut en aligner 100 à 250 pour obtenir l'équivalent d'une centrale de 500 Mw. Enfin, l'irrégularité de son fonctionnement émet un doute sur son rendement. Pour pallier à ces inconvénients une société américaine avance une formule composée de batteries tampon qui restitueraient le courant hors fonctionnement de l'éolienne. Quelques chiffres : 60 éoliennes à 1,5 Mw chacune, reliées à 1,5 Mons de petites batteries au lithium-ion permettraient une constance de livraison à hauteur de 32 Mw.

Quoiqu'il en soit, un autre espace à énergie renouvelable à ne pas négliger laissant imaginer de la part d'un responsable libyen 15% de la production globale électrique dans les 20 ans à venir.

*En résumé, il est à souhaiter que d'autres minerais soient découverts dans les années futures. Dans l'instant, tout dépend de deux matières : le pétrole et l'eau qui, si elles venaient à disparaître, mettraient la Libye en péril. Ce qui explique l'intérêt qu'il y a à manipuler avec respect ces deux incroyables trésors. L'interrogation repose sur le : « jusqu'à quand ? » face à une population passant de 6,5Mons à 12Mons en 2025. Ces deux matières dites précieuses deviendraient alors « stratégiques » nécessitant une protection rigoureuse, voire militaire. Avant d'atteindre cet ultime recours, il eût été urgent d'investir massivement dans les gisements étrangers. A contrario, les deux matières dites renouvelables restent très prometteuses.*

# THEME 16 : LA RESOLUTION 2017

## La prolifération des armes en Libye

Le 30 10 2011, le conseil de sécurité adopte à l'unanimité des 15 pays membres la résolution 2017 portée par les Russes.

Ci-après, une partie du texte.

**Qui rappelle :**
- les résolutions antérieures.
- l'interdiction d'acheter les armes en provenance de Libye.

**Qui reconnaît :**
- la nécessité urgente pour détruire et sécuriser les stocks d'armes chimiques en Libye.

**Qui souligne :**
- la prolifération de toutes les armes notamment les missiles portables sol-air pouvant alimenter des activités terroristes y compris ceux d'Al Qaïda au Maghreb islamique.

**Qui réaffirme :**
- l'obligation des Etats membres de coopérer afin d'empêcher les mouvements des groupes terroristes.

*En conséquence.*

**Il appelle :**
- les autorités libyennes à prendre toutes les mesures nécessaires pour empêcher la prolifération des armes, en particulier les Manpads ; et à renforcer les contrôles aux frontières.

**Il demande :**
- aux autorités libyennes à poursuivre la coordination avec l'OIAC dans le but de détruire le stock d'armes chimiques.
- aux Etats membres de fournir l'assistance nécessaire aux autorités libyennes par l'envoi d'experts.
- à l'OACI (organisation de l'aviation civile internationale) d'évaluer les menaces et défis liés au terrorisme possédant les Manpads.

Une prolifération préoccupante en effet. Au fur et à mesure que se met en place un état des lieux, la surprise devient totale par le nombre de sites en armes chimiques découvert par l'OAIC hors ceux de Ruwagha dans le S.E et des environs de Waddan. Surprise également sur les armes courantes en vrac dans tous les recoins du pays. Surprise de surcroît sur un recensement d'environ 5000 lance-missiles sol-air tirés à l'épaule, intitulés Manpads (Man portable air defense system), très loin des 20000 supposés, le solde ayant disparu sans savoir où…

Cela va d'un important dépôt de caisses d'obus et autres munitions éparses sur le sol dans les bunkers près de Waddan, jusqu'aux réserves laissées sans surveillance ni protection dans les faubourgs des villes : murs détruits, sol pollués, bidons de combustibles éventrés, SAM en pièces dispersées (des caisses vides qui auraient contenues 24 missiles SA 24 près de Syrte), combustibles égarés des SCUD, et conteneurs de gaz moutarde en sous nombre. Sans oublier les armes abandonnées dans tous les sens : des Strela-2-9k32 appelés SA-7 Grail par l'OTAN voisinant avec un Milan ou des mines terrestres et grenades toutes aussi éparpillées. En d'autres endroits, ce seront des arsenaux à ciel ouvert, aux fils de fer barbelés coupés, où l'on peut faire son marché en toute liberté du Sam 2 au Sam 6 totalement intacts parmi des armes conventionnelles variées et bien visibles en quantité impressionnante à laquelle personne ne s'attendait.

N'est-il pas déjà trop tard ? Lorsque l'on constate la présence d'armes légères, d'origine libyenne, entre les mains de factions somaliennes. De même provenance pour celles de l'AQMI dans ces actions terroristes au Sud-Algérien. Ou celles utilisées par une rébellion à la limite du Soudan et du nouvel Etat (le Sud Soudan) près de la zone pétrolière. Ou celles des fuyards pro-kadhafistes vers les pays limitrophes de la Libye, notamment au nord Mali. Enfin celles entre les mains des milices et brigades non encore désarmées.

On aurait pu s'attendre à un effet repoussoir dès le coup de sifflet d'arrêt des hostilités. Il n'en a rien été, au contraire, chacun est rentré chez lui avec ses armes personnelles et ses arrières pensées : « on ne sait jamais, on en aura peut-être encore besoin... », « ... dans le cas de nouveaux affronts, il faut être prêt à y répondre... ». Le Premier ministre a dû déchanter après son discours : « je vois des gens qui veulent revenir à leur vie d'avant... ». Parmi les options offertes, il y a pour ces chefs de guerre : « à chaque parti sa bande armée et à chaque bande armée son propre parti », et pour qui la détention de ces armes représente un véritable trésor complété par les prisonniers kadhafistes qu'ils séquestrent incognito. Des attitudes qui donnent lieu à des prises de positions parfois contradictoires : l'AQMI en appelle à : « ses frères de ne pas rendre leurs armes aux autorités... », tandis que les Oulémas préconisent plutôt l'inverse car : « le commerce des armes est interdit par la religion » disent-ils. Il faut avouer que la restitution des armes est symbolique et dérisoire.

Mais par qui et comment le problème va-t-il être résolu ? Il est manifeste que cela va nécessiter une noria de véhicules et de militaires spécialistes pour trier, rassembler, répertorier et réorganiser les dépôts avec ce que cela comporte de dangerosité dans les destructions des obus au gaz moutarde, poudre avariée, mines... Ban Kimoon, de passage en Libye, dès le 2 novembre 2011 avait insisté pour que l'on sécurise les arsenaux de l'ancien régime en urgence. Deux jours plus tard, le CNT n'était pas en contradiction en affirmant vouloir détruire toutes les armes chimiques. Il n'en reste pas moins, qu'à fin 2011, il n'y a toujours pas d'évaluation tangible des sites militaires libyens.

Pour sortir de cet imbroglio plusieurs pays du Sahel, confrontés à des rebellions locales, sont en train d'augmenter leur stock d'armes quel qu'en soit le fournisseur. Les fabricants ne manquent pas à travers le monde : Les Etats-Unis très loin en tête, avec les firmes Lockeed Martin, BAE Systems, Boeing, suivis des Russes, des Allemands, des Français, des Anglais, des Israéliens et bien d'autres. Tous les prétextes sont bons. Sans fin vous dis-je…

## THEME 17 : LE PRINTEMPS ISLAMIQUE DANS LA ZONE ARABE

La religion ne devrait pas être évoquée lorsque l'on parle de la Libye. Les habitants sont tous ou presque musulmans sunnites. Comme d'autres sont chrétiens ou hindouistes. Quoi de plus normal ! Or, dès que l'on creuse un peu, aussitôt la polémique s'installe. A la citation des mots : Fatwa, Djihâd, Chari'a, l'emballement se propage. Tout simplement parce que l'islam mis en bon nombre de mains devient géopolitique avec pour leitmotiv la conquête du pouvoir afin d'appliquer la loi coranique dans ses moindres détails. Cet islam conquérant peut alors faire l'objet d'un thème aussi succinct soit-il en s'attardant sur quelques constats et en prenant soin de renvoyer le lecteur vers les études précises des grands spécialistes de la religion. En effet dans la zone arabe et pour une certaine minorité :

*Qu'il semble délicat de mettre l'accent* sur le mot **islamiste** avec ses connotations : islamisme, islamisme modéré et immodéré, intégrisme et radicalisme, que l'Occidental et l'Asiatique regardent évoluer avec crainte.

*Qu'il semble ardu d'arrêter* l'hydre armée **d'Al Qaïda**. Une nébuleuse de moins en moins nébuleuse qui étend ses renouvellements depuis le nord Pakistan jusqu'au Sahel en adoubant des groupuscules tels l'Aqpa au Proche-Orient et l'Aqmi à deux pas du sud de la Libye. Bien des pays ont compris le danger que représentaient leur théorie et leurs actions belliqueuses. Tout le monde se souvient et se souviendra longtemps des attentats meurtriers du 11 septembre 2001 aux Etats-Unis, ceux de Madrid, Marrakech et de Bombay. En est-il d'une entente récente entre l'Algérie, le Niger et la Libye décidés de protéger leurs frontières par des approches communes et à combattre ce terrorisme néfaste. Les Etats-Unis ont réussi à écraser la tête de l'hydre, Oussama ben Laden, le 2 mai 2011, mais l'hydre se régénère et est toujours là.

*Qu'il semble osé de parler* de ces affrontements ou tensions religieuses aux charnières ou aux jonctions de ces communautés. Citons l'attentat de décembre 2011 qui vise une église à la veille de noël dans un Nigéria où cohabitent 162 Mons d'habitants partagés pour moitié entre musulmans au nord et chrétiens au sud. Résultat d'un **Djihâd** permanent d'une minorité terroriste, secte affiliée à Al Qaïda ou non, avec un seul objectif : semer la terreur, créer un climat d'insécurité, imposer un chantage sur les gouvernements et satisfaire la haine entre les communautés. Un Djihâd qui se veut être défini comme un effort collectif pour le progrès de l'islam jusqu'au sacrifice suprême. Kadhafi dans les années 1970 avait créé un Fond pour aider les combattants du Djihâd. Il reniera cet aspect beaucoup plus tard. Des zones de choc, avec en toile de fond des violences aveugles en vue d'obtenir le pouvoir et d'appliquer la Chari'a dans son intégralité. La communauté d'en face, par réaction, s'en prend alors aux mosquées et madrasas (école coranique), et cela finit en déplacement massif.

Il en est aussi des hindous et des musulmans en Inde où des heurts se sont produits dès 1947 lors de leur séparation douloureuse afin de former le Pakistan occidental et oriental qui deviendra plus tard le Bengladesh : plus de 500000 victimes. En 1992, suite à la destruction de la mosquée Babri à Ayodyah près de Lucknow dans l'Uttar Pradesh : plusieurs milliers de victimes. En 2002, dans l'Etat du Gujarat, suite à l'incendie d'un train rempli d'hindous : 2000 victimes. Enfin plus récent les heurts permanents entre ces deux communautés dans le J&K (ancien Cachemire) ou entre chrétiens et hindous dans l'est du pays. Comme on le voit la violence n'a pas de limite territoriale.

*Qu'il semble imprudent de citer* une **Fatwa** sur une tenniswoman internationale indienne et musulmane sous prétexte que sa tenue vestimentaire sur le court ne correspondait pas aux lois rigoristes des intégristes. On voit mal comment cette personne aurait pu devenir internationale en portant la Burqa. Une Fatwa émise par l'Ayatollah Khomeini en 1989, avec mise à mort, suite à la publication du livre de Rushdie sur « les versets sataniques ». Liberté d'expression opposée à un obscurantisme religieux. Enfin une Fatwa lancée en Libye par l'Imam Qaradawi appelant à assassiner Kadhafi en 2011. Sans éluder les fatwas qui fleurissent pour x raisons dans la zone arabe.

*Qu'il semble pertinent de rappeler* plusieurs chiffres : 2,2 Mds de chrétiens, 1,6 Mds de musulmans et 1 Md d'hindous, représentent à eux seuls 70% des croyants à travers le monde. Si l'on admet que la moitié des chrétiens se répartissent en Afrique et en Amérique du sud. L'action et les moyens des « évangélistes » très actifs sur ces continents y sont pour quelque chose, comme l'était autrefois l'action des Jésuites ou de la London missionnary society par leurs dispensaires, leurs écoles, leurs églises et temples. Si l'on admet que les Etats-Unis restent un bastion du christianisme, la progression se fait au détriment d'une Europe sur un déclin religieux.

Suivant la lecture que l'on fait de ces chiffres, il sera remarqué que la répartition mondiale musulmane favorise largement le continent asiatique avec l'Indonésie, le Bengladesh, l'Inde et le Pakistan. Rien qu'en additionnant ces trois derniers Etats, un chiffre de 600 Mons d'adeptes est atteint. Le Maghreb et Mashrek (Machreq, Mashreq) réunis ne représentent qu'un sixième des 1,6Mds. Il est à remarquer également que sont comptabilisés dans ces chiffres les musulmans de la diaspora qui ne respectent pas tous les rites à la lettre. En Inde, toute la population ne pratique pas l'hindouisme, loin s'en faut. Quant aux chrétiens réellement pratiquants, on est loin du compte.

*Qu'il semble singulier d'énoncer* la part des minorités religieuses dans les différents Etats. Reprenons l'exemple de l'Inde : à ce jour, il est noté un musulman sur sept hindous. Qu'en aurait-il été si le Pakistan et le Bengladesh étaient restés intégrés à l'Inde : il y aurait eu 500 Mons de musulmans sur 1,5Md hindous, soit un habitant sur trois, les comportements n'auraient pas été les mêmes. Au Benin (jouxtant le Nigéria), autre exemple, se côtoie sans heurts une multitude de religion. Dès lors que la pluralité et la cohabitation sont admises on ne voit pas pourquoi les minorités ne trouveraient pas leur place : des coptes en Egypte aux chrétiens en nouvelle Libye.

*Qu'il semble malaisé d'effleurer* le mot « **Chari'a** » qui se veut embrasser tous les aspects de la vie non seulement religieuse mais aussi sociale, individuelle et collective des musulmans, codifié dans une des quatre écoles juridico-théologiques. Le Fiqh ou dogme en fixant l'interprétation. Cette intrusion totale conditionnée par l'application rigoriste et sectaire conduit à une discrimination des femmes renvoyées et confinées dans leur foyer, hors d'accès à la vie publique. Que dire de la lapidation des femmes adultères, l'ablation de la main droite, ou les coups de fouets ; des sentences bien que rarement appliquées restent en suspens en ce qui concerne la lapidation de Sakineh ; cette femme en Iran condamnée pour adultère. Que dire de cette foule d'interdits rétrogrades parmi lesquels : rejet du monde occidental, interdiction de l'usure, confinement des veuves, retour à la polygamie et suppression des écoles mixtes. Conduisant en final à des dictatures ; l'Iran en est l'exemple type avec sa chape de plomb théologique. Cependant le monde musulman n'a pas l'apanage ni le monopole de l'interdit. Il a été observé fin 2011 à Jérusalem, que des groupuscules ultra-orthodoxes juifs, voulant appliquer la Thora, s'opposaient à la présence des femmes sur les affiches de la ville. On ne peut nier non plus un certain intégrisme chez les chrétiens.

*Qu'il est inconvenant de s'apitoyer* sur la tenue vestimentaire des femmes par le port du voile sous toutes ses formes : du simple voile au voile intégral tout de noir environnant. De la longue tunique noire, ample et légère Abaya à l'Hidjâb. De la **Burqa** ou Burga au Niqab, souvent imposés par les membres de la famille, jusqu'au vêtement-camisole duquel émerge une fente faciale grillagée découpant le paysage en petit carré ou représentant le visage humain d'autrui en quart de nez, tiers d'oreilles et parcelles d'expression. Autant de raisons qui créées la dissimulation, la soumission, la servitude, la barrière entre les êtres. En revanche, l'habit seyant, décent, correct, consenti par un choix personnel ou l'habit affirmant l'appartenance d'une religion, ou l'habit tradition et coutumier d'une région requiert l'adhésion.

Que peut-on laisser paraître au-delà du visage et des mains qui ne seraient pas synonyme de nudité ou « awra ». Certains voudraient interdire, d'autres toléreraient le port du niqab et l'hijad, comme le sont les termes halal (permis) et haram (interdit) en alimentation. Le débat est ouvert. Cependant les prises de positions attirent la réciproque. Dans le Qatar et les Emirats où l'on a tout misé sur le tourisme, les tenues extravagantes de touristes argentés pourraient entraîner une loi sur les tenues vestimentaires admissibles.

Dans le monde arabe, les femmes doivent trouver leur place, leur juste place. Cela ne se situe pas au seul port du vêtement qui est connu et admis par toutes les femmes arabes depuis bon nombre de décades. Il leur serait préjudiciable que de vouloir les enfermer dans des contraintes liées à l'Islam, les empêcher d'atteindre à la liberté d'expression, les condamner à un exécrable harcèlement (des cas en Egypte), les assujettir à telle ou telle tâche, et enfin les reléguer au dernier rang frisant la régression sociale.

## THEME 18 : ISLAMISME ET TECHNOCRATIE EN LIBYE

Toutes les généralités évoquées dans le thème 17 nous rapprochent de la Libye où après le tumulte chacun ne demande qu'à vaquer à ses occupations, jouir de cette nouvelle liberté chèrement conquise, retrouver son travail, élever ses enfants et pratiquer sa religion sans contrainte en se rendant à la mosquée assister à la prière. Les mosquées ne manquent pas. Présentes dans toutes les villes et parfois nombreuses à Benghazi : Atiq, Osman et à l'emplacement de l'ancienne cathédrale ou à Tripoli avec les mosquées Karamanli, Gurgi, Dragut, Osman Pacha et sa madrasa. Lesquelles **Madrasas**, apparemment loin d'une saturation, remplissent leur fonction première d'école religieuse. Au même titre, les **Zawiyas**, comme le sont les séminaires des chrétiens ou les Ashrams des hindous, ne sont pas détournés de leur rôle de formateurs religieux.

D'ailleurs, les responsables musulmans se portent garants du bon fonctionnement des institutions religieuses :

*L'Imam* chez les Sunnites conduit la prière (celle du vendredi par l'Imam Khatib). Suivant leur formation et la provenance de leur rémunération, ils peuvent parfois pratiquer un discours dérangeant pour le pouvoir en place, d'où l'apparition de quelques contrôles.

*L'Ulamâ* (ouléma) a la possibilité d'interpréter la Chari'a notamment lorsqu'il préconise aux Libyens de rendre les armes en leur possession, car leur détention est contraire à la loi coranique.

*Le Mufti* de la Libye : Cheikh Gharani peut aller plus avant, dans un discours fin 2011 place de la libération à Benghazi, par un soutien manifeste des revendications en cours : celle portée par les ex-rebelles sur leur représentation au sein du CNT à hauteur de 40%. « Le peuple doit conserver les acquis de la révolution du 17 février » déclare-t-il.

Cependant nul ne peut ignorer l'islamisme en Libye. D'importance à l'origine du conflit dans Benghazi et sa région, certains des adhérents restaient traditionnels et proches d'un *Soufisme* effacé. D'autres, de par leur relation avec les « *frères musulmans* » et les « *salafistes* », liée à la proximité de l'Egypte, adoptaient une discipline plus rigoureuse les rendant efficace et organisé. Déçus par les méthodes gouvernementales copiées sur l'Occident, ces fondamentalistes se tournaient alors vers une relecture du Coran afin d'instaurer au plus vite des régimes islamiques. Aussi lorsqu'ils entendent affirmer que la Chari'a serait la seule source de la future constitution, ou que dans une « dantonnade » islamique il ne serait question d'appliquer que la Chari'a, encore la Chari'a, toujours la Chari'a, ils ne peuvent qu'approuver.

La Libye s'inscrit dans ces contextes en fonction de sa position géographique mais aussi de son appartenance au monde musulman sunnite.

Elle ne sera pas épargnée par les soubresauts décrits, encore moins par l'influence des pays du Golfe très argentés : sur l'oral (formation et discours orientés des prêches), mais également sur l'écrit par les livres distribués. Ne serait-ce que les manuels scolaires édités en Arabie Saoudite à résonance sunnite et abondamment exportés, lesquels prôneraient l'intolérance religieuse (violence et extrémisme). Autant *d'outils stratégiques* en vue du futur. Une idéologie du Salafisme (salafiyya) et du Wahhabisme d'où l'on extrait les thèmes favoris :
- Combattre les infidèles par la guerre sainte (Djihâd).
- Tuer les polythéistes, qu'ils soient Chiites, Chrétiens, Hindous, Bouddhistes…
- Inciter à propager l'Islam.
- Combattre les égarés et les mécréants.

A croire qu'il y aurait deux Islams : l'un tolérant, l'autre excessif et radicalisé. A moins de porter un regard différent sur ces groupes islamisés proposé par quelques analystes. Ceux-ci verraient en eux plutôt des « courants conservateurs » prônant un retour à l'ordre moral, à la famille, au travail face à des peuples qui ont perdu leurs repères. Lesquels courants, dans l'instant, adopteraient une attitude « soft », se normalisant en quelque sorte de façon à accéder au pouvoir. La Chari'a, dès lors, ne serait qu'une application modérée. Ni plus ni moins qu'un terme générique adapté à un monde musulman qui se cherche. C'est une appréciation.

Le Président du CNT libyen avait, au demeurant, bien compris ce dilemme après ses discours du 12 septembre et du 23 octobre 2011 sur lesquels il était revenu en atténuant ses propos afin de ne pas froisser les milieux d'affaires dans une Libye dépendante de l'extérieur. L'orientation prise avec son Premier ministre dans l'élaboration du gouvernement définissait alors la tendance : aucun représentant des groupes islamistes dans les différents ministères. Il serait toujours temps pour eux d'être placés sur le devant de la scène après les élections de juillet 2012. Il s'agit donc d'un **gouvernement intermédiaire et technocratique**. Cette patience à « devenir » a bien été comprise de l'homme fort de Tripoli, le commandant Belhadj, qui ne tient pas spécialement à brandir son fer de lance en ces temps agités se conformant à son écrit : « études correctrices de la doctrine du djihad », privilégiant ainsi la voix de son parti politique : « le mouvement islamique libyen pour le changement ». Un parti parmi une longue liste de partis politiques qui s'allonge chaque mois dont : le Parti national libyen, le Democratic party of Libya, le New Libya party, le Libyan socialist movement et le Parti national démocratique de Zawik, son fondateur. Depuis les élections ont eu lieu et ont défini une majorité islamique dans l'assemblée.

Enfin deux mots sont avancés sur l'échiquier politique : l'un « **la démocratie** » que beaucoup appellent de leur vœux après huit mois de combats dominés par le slogan « freedom ». Ce mot prenant une apparence occidentale, proche de l'hérésie, fait que l'on s'en éloigne bougrement et semble inapplicable actuellement. Resterait alors le second, « **la laïcité** » dont s'accommodent les Occidentaux et mis en exergue par la Turquie. C'est pourquoi le mot de la fin de ce thème sera laissé au Premier ministre turc Erdogan, de passage au Caire en septembre 2011. Lorsqu'il était rappelé que ne pouvaient être exclus de la communauté les autres religions, les laïcs, les libéraux, les citoyens qui ne pratiquent pas, les Coptes et les athées. S'adressant aux « *frères musulmans* » et à leur grand étonnement, il leur déclarait : « nous ne sommes pas un Etat areligieux, mais un Etat respectueux de toutes les religions ».

## THEME 19 : VERS LA NAISSANCE DES ETATS-UNIS D'ARABIE

La Libye porte un regard acéré sur l'évolution politique des pays englobant le Maghreb et le Mashreq ou Moyen-Orient. Des révolutions en marche vers un islamisme intégral utilisant différentes méthodes. Les unes par des manifestations pacifiques, les autres par les armes avec un point qui leur est commun : chasser le despote ou le dictateur ou le dirigeant perçu comme tel. Une convergence dans la confrontation révolutionnaire qui s'oriente dans une deuxième phase vers un islamisme submergeant imprévisible. Ces changements de régime à la formule aboutie conduisent à une grande instabilité de ces régions, hormis ceux qui dans l'instant échappent à ce tsunami politique : Koweit, Arabie saoudite, Qatar, Emirats arabes unis et Algérie. En tous les cas, nous nous éloignons d'un ensemble d'Etats fédérés ou des Etats-Unis d'Arabie, dans lequel la Libye avait vocation de s'inscrire ; et l'Union Méditerranéenne se trouve du coup renvoyée aux calendes grecques.

En revanche, et à défaut d'un grand ensemble de 17 Etats (plus les territoires palestiniens) et de ses 325 Mons d'habitants, pourraient prendre naissance des rassemblements d'Etats, plus restreints et tout aussi bénéfiques :

### I. L'UMA, l'Union pour le Maghreb arabe

Cinq pays (Maroc, Mauritanie, Algérie, Tunisie et Libye), réunis à Rabat le 18 février 2012, émettaient l'idée d'un projet de coopération, avec pour mérite de renouer les liens, tout en évacuant les sujets qui embarrassent : 1 - la réouverture de la frontière entre le Maroc et l'Algérie, 2 - le problème du Sahara occidental et le « front indépendantiste sahrawi » (le Polisario) soutenu par Alger.

**Maroc** : Après les contestations suivies des affrontements sanglants du 31 janvier 2012 à Taza, le roi Mohamed VI, le 19 juin 2011, a prôné la monarchie constitutionnelle. Les élections ont permis ainsi aux islamistes du PJD (Parti de la justice et du développement) d'obtenir 80 sièges au parlement et de placer l'un des leur, Benkirane, Premier ministre (3 janvier 2012) tout en adoptant la nouvelle constitution qui leur donne plus de pouvoir et reconnaît la langue berbère comme langue officielle. Mais pour autant rien n'est satisfaisant comme le démontre la manifestation du 27 mai 2012 où, à l'appel des syndicats, plusieurs dizaines de milliers de personnes ont revendiqué et dénoncé la situation sociale dégradée (chômage…), auxquels s'ajoutent le retour des migrants espagnols. Deux autres sujets de friction que sont la zone contrôlée sahrawi avec ses hauts murs de sable d'où le Maroc extrait le phosphate d'un gisement de plus de 30 tonnes de réserve, et le secteur du détroit de Gibraltar avec ses barrières supposées arrêter l'émigration clandestine vers l'Europe. Notons les bons résultats du tourisme en cette période estivale de 2012 et un taux de croissance s'approchant des 5%. Cependant, tout juste six mois après l'arrivée des islamistes au pouvoir, chacun attend de voir se profiler le programme réformiste de Benkirane.

**Algérie** : Si dans l'instant le parti FLN (front de libération national) et le RND (rassemblement national démocratique) sont largement majoritaires : 198 sièges sur 389, le MSP islamiste (mouvement de la société pour la paix) pourrait très bien rafler la mise conformément aux résultats enregistrés par ses deux voisins. A moins que le FLN et le RND entre temps accaparent des participants aux couleurs islamisées d'intégrismes. Cela n'a pas échappé au président Bouteflika et à son Premier ministre Ouyahia qui ont reçu en grande pompe Ghannouchi dans l'intention de s'informer sur l'évolution de la Tunisie craignant une incidence sérieuse sur le vote à venir. En promulguant la loi du 17 janvier 2012 qui élargit le multipartisme à dix nouveaux partis, l'Algérie essaie d'anticiper le mouvement de fond qui devrait se manifester le 10 mai 2012 lors des élections législatives. Malgré un contrôle prononcé sur les prêches des Imams lors de la prière du vendredi, ils sont conscients qu'ils auront du mal à faire admettre 30% de femmes dans la nouvelle assemblée et à contenir un taux de chômage de plus de 25% chez les jeunes en ce début 2012.Les prévisions des visionnaires laissent entendre un fort pourcentage d'abstentionnistes, le reste votant islamistes et de ce fait il n'y aurait aucune femme député. C'est tout l'inverse qui s'est produit.

Les élections du 10 mai 2012 se sont déroulées dans le calme et ont conforté le régime en place d'une Algérie atypique par rapport à ses voisins. Les résultats surprenant du scrutin ont confirmé la prédominance du FLN et ses 220 députés gagnant ainsi 84 sièges dont 13 font l'objet d'un recours, complètée du RND avec 68 sièges (6 de plus). Alors que les forces du front socialiste FFS n'obtenaient que 21 sièges.

Etrangement, les grands perdants dans cette opération sont bien les islamistes dont la plupart des « modérés », regroupés sous le nom d'Alliance verte, ne remportent que 48 sièges et « les radicaux » 18. On est loin du raz-de-marée attendu. Pour eux c'est un échec tout en criant à la fraude que les observateurs présents n'ont pas détectée.

Il faut s'en convaincre, ce grand pays du Maghreb se trouve pourvu d'une stabilité politique par une majorité de 288 députés tout au moins jusqu'à l'élection présidentielle prévue en 2014. Fait plus surprenant est l'entrée massive des 145 femmes députés dans cette Assemblée répartie en 68 pour le FLN et 23 pour le RND, le parti du Premier ministre Ouyahia. Une victoire sans précédent en complète opposition avec les règles en vigueur chez les islamistes intégristes.

Tout le monde ne fait pas la même lecture, car, en premier lieu, il n'y a eu que 42,40% de votants sur 21 Mons d'inscrits. Une non participation qui en dit long sur l'attente de réformes d'une population touchée par le chômage et autres maux endémiques. Elle ne s'est pas ruée pour autant sur les voix des sirènes islamiques. Depuis 1992 avec l'élimination du FIS (front islamique du salut) par l'armée et la guerre civile qui suivit, les Algériens ont évacué le « printemps arabe » bien avant l'heure. En regardant ce qui se passe chez leurs voisins arabes, ils sont devenus dubitatifs et très prudents.

Malgré cela, ne nous méprenons pas, les islamistes travaillent dans l'ombre une population réceptive de plus de morale, plus de religion, plus de mosquées et s'ils n'ont pas gagné cette fois ci, ce n'est que partie remise. Les anciens du FIS, tenus à l'écart par les autorités, les supposés dormants :Zaraoui, Sahnouni et Belhadj (à ne pas confondre avec son homonyme libyen) n'en sont pas moins très actifs. L'endoctrinement fait son chemin par les discours, les moyens de communication moderne et l'action des chaînes audiovisuelles, notamment celles du Moyen-Orient. Les Frères musulmans et le MSP confortent leurs réseaux d'entraide et pénètrent l'administration au même titre que les salafistes et leurs prêches extrèmistes.

Prenons garde, au cas où la prise de pouvoir s'avérerait trop lente, il reste la mouvance armée d'Al Qaïda ancrée en Azawad à la limite de la frontière sud qui dans son analyse va tenir compte de cette non irruption, ce non accès des islamistes algériens au pouvoir. Ce groupe va vouloir marquer son existence par des actions terroristes et intensifier sa présence en Kabylie tout en avançant ses tentacules d'encerclement par le Maroc (un réseau y a été démantelé en mai 2012) et par la Tunisie.

Rappelons que l'Algérie est un pays producteur de pétrole et de gaz qui espère atteindre 40% en énergies renouvelables dans la production d'électricité des prochaines décennies en attendant un plan d'investissement sur 5 ans de 3Mds de $ augmentant la puissance électrique de 12000Mw (août 2012). Si l'on ajoute à cela une population en majorité très jeune, nous avons là deux rentes d'assurance sur l'avenir. Cette aubaine lui permet de soutenir ses besoins alimentaires dont 75% dépendent des importations soit environ 50Mds d'euros (10Mds vont aux produits de première nécessité : les céréales).

C'est pourquoi, fin 2012, s'il y a un Etat arabe qui peut montrer l'exemple, ce sera l'Algérie. Non seulement les islamistes sont cantonnés à leur juste place dans le futur projet de constitution soumis à référendum fin 2012 mais et surtout, on ne se lassera jamais de le répéter : il y a 145 femmes députés dans l'Assemblée. En quelque sorte un pied de nez à une quantité d'Etats, même hors de la zone arabe.

**Tunisie** : Les élections législatives du 23 octobre 2011 ont permis la victoire du parti islamique Ennahda après avoir rassuré l'opinion publique et surtout les milieux économiques. Il confortait sa position avec 90 sièges sur 217 à l'Assemblée constituante loin devant le CPR (laïcs de gauche) avec 30 sièges. « C'est de l'identité arabe du pays dont il s'agit... » déclarait son dirigeant Ghannouchi. Il ajoutait «... le voile Hijad sera un choix personnel ». Après un passage intérimaire, Mebazaa, président et Essebsi, Premier ministre, cédait la présidence à Marzouki 66 ans élu le 12 décembre 2011, et à Jebali du parti Ennahda, devenant à son tour Premier ministre à la tête d'un gouvernement, tout en se réservant l'Intérieur, les Affaires Etrangères et la Justice. Enfin Jaafar prenait le perchoir de l'Assemblée constituante.

Cependant les incertitudes subsistent en ce mi 2012, quant à l'influence et l'intrusion des intégristes dans les écoles et les universités ainsi que dans les librairies où l'on constate une pléthore de livres religieux écrits par les islamistes radicaux, quant aux ports par les hommes de la barbe et de la longue tunique afghane, quant à la faculté de se syndiquer, quant aux perspectives d'emploi (18% de chômage fin 2011), quant à l'attitude des laïcs en général (il ne peut être ignoré une modernité sociétale en marche et une diaspora notable en Europe), quant aux pillages de ci de là, quant à la remontée du Tourisme sous-entendant d'admettre le comportement et la tenue vestimentaire des Occidentaux et Asiatiques apparemment incompatibles avec le dogme fondamentaliste, enfin, quant aux difficultés économiques et sociales. Il y a urgence à ce que cette confrontation récurrente somme toute rhétorique ne se transforme pas en marché de dupes avec le sentiment de s'être fait voler « sa révolution ». Les manifestations de joie et d'amertume marquant l'anniversaire du 14 janvier, début 2012, et mêlant laïcs et traditionnalistes, indiquaient le chemin à parcourir, encore long, vers la liberté.

Pour preuve, la manifestation sur l'avenue Bourguiba, lors de la journée des martyrs (9 avril 2012), violemment réprimée. Une semaine plus tard débutait à Tunis le jugement d'un patron d'une agence de télévision (la Nessma) pour avoir fait paraître un film considéré comme blasphématoire par les salafistes. Il en résulte que cette société apparaît de plus en plus divisée entre ceux qui se disent éduqués et modernes et ceux en face perçus comme rétrogrades ; entre ceux pétris d'une liberté de la presse et ceux proposant une censure ; entre les femmes qui ne demandent qu'à s'investir dans la vie civile et ceux qui les considèrent comme « **complémentaires** » (terme retenu dans un article de la constitution). A tel point qu'Ennahada se demande s'il est bien opportun de vouloir appliquer la chari'a dans ces circonstances pendant la période de transition et plutôt la reporter à plus tard. Les incidents du 8 août 2012 à Sidi Bouzid tendent à le confirmer. Ces velléités ne sont que l'expression d'un réel désarroi. Va-t-on vers une seconde révolution ?

## II. La Ligue arabe

Un pacte existait sous la forme de libre-échange entre la Turquie, Liban, Syrie et la Jordanie, mais il n'a pas survécu aux troubles locaux. Le seul rassemblement notoire est bien la Ligue arabe. Une alliance de sept fondateurs à l'origine, rejoints par une quinzaine d'Etats musulmans par la suite, et qui a un avenir prometteur. Elle est appelée à intervenir dans une zone de turbulences où les désaccords sont nombreux avec les moyens dont elle dispose, c'est-à-dire important sur le plan financier mais très faible sur le plan militaire. Dans ce Maghreb et Mashreq élargis et parmi les membres qui composent la ligue arabe, citons : l'Egypte, le Yémen, la Syrie les plus secoués par les révoltes en cours.

**Egypte** : De place Tahrir en place Tahrir, là où, nombreuses, les manifestations ont donné lieu à des interventions musclées de la police et de l'armée, avec les résultats que l'on connaît : un départ de Moubarak (11 février 2011) qui se réfugie à Charm el Cheikh, et une révolution qui coûtera la vie à 850 personnes. Un tournant majeur, celui du 31 juillet 2011 durant lequel les tuniques blanches et barbes longues des « salafistes » et des « Frères musulmans » ou « Islam brotherhoods » prédominaient en masse sur la place, reléguant le « Mouvement du 6 avril » dans sa minorité.

Parallèlement, l'armée, par les voix du maréchal Tantawi et du CSFA « Conseil suprême des forces armées », ou SCAF (Supreme council of the armed forces), confirmait la volonté de se porter garant des institutions en désignant à deux reprises un Premier ministre rejeté par la foule dont la colère atteignait un sommet. Il leur a fallu maîtriser les affrontements, imposer et maintenir avec beaucoup de tact Ganzouri à son poste de Premier ministre perçu comme trop proche de l'ancien régime de Moubarak.

Il est manifeste que les débordements n'ont pas manqué. Celui de l'attaque de l'ambassade d'Israël (9 septembre 2011) où l'on évoque l'éventualité d'une révision de l'accord de « camp David ». Ceux inter confessionnels entre musulmans et coptes (6.5 Mons). Avant d'aboutir à un geste tant attendu : le dépôt d'un bulletin dans l'urne, synonyme de liberté. Inutile de préciser si ces élections législatives ont été appréciées des 81 Mons d'Egyptiens.

Les « Frères musulmans » et leur « parti de la liberté et de la justice », le PJL ont obtenus, in fine, 47% des sièges de députés. Les partis, du salafiste Al Nour allié aux « frères musulmans », forment alors une majorité de plus de 70% des sièges, sous réserve qu'ils veuillent gouverner ensemble sans discordes à partir du 18 février 2012. Une élection très longue aboutissant à un nouveau parlement, lequel entamait aussitôt la rédaction de la future constitution. La prochaine consultation se déroulera vers la fin juin 2012 en vue de l'élection présidentielle. En attendant, tout résidera dans « l'arrangement » du couple Armée/Islamistes. Une armée, dont les généraux sont toujours à la tête du pays, qui reçoit environ 1,5Mds de $ par an des Etats-Unis et qui est prête dit-elle à céder le pouvoir aux civils. Personne n'est convaincu qu'elle lâchera si facilement ce qu'elle détient dans l'économie (25 à 50% de l'immobilier aux stations-services). Al Baradei, personnalité bien connue, ancien directeur de l'AIEA, dès le 14 janvier 2012, confirmait qu'il ne se présenterait pas. « Les conditions optimum ne sont pas réunies » précisait-il. Dans ce sens, depuis mai 2012, l'Egypte vit une crise économique sans précédent. Il lui faudrait 20Mds d'euros dit-on dans l'unique but d'équilibrer la balance des paiements. Ses réserves s'épuisent. Dans quelques mois, le change sera basé sur 8 livres égyptiennes pour 1 dollar.

Subséquemment, l'Egypte qui était confrontée à des coûts d'emprunts prohibitifs et à une crise de sa balance des paiements va être aidée par le Qatar (2Mds vers la banque centrale) après les 1Md de l'Arabie saoudite et avant l'intervention du FMI. Ce qui devrait permettre de maintenir un taux de croissance de 4% en 2012.

De manière curieuse, la commission électorale, au 14 avril 2012, écartait de la course à la magistrature suprême 10 candidats sur les 23 déclarés dont celle de l'ancien vice-président Souleimane, celle de Chater issu des « frères musulmans » et celle d'Ismaïl, salafiste et favori dans les sondages. Ils décidaient de faire appel avant le scrutin du 23 mai 2012.

En attendant la prochaine étape : l'élection présidentielle, les deux candidats retenus, l'islamiste Morsy (24,7% des voix) et le pro-militaire Chafiq (23,6%), ont observé les sentences prononcées contre Moubarak (emprisonnement à vie) lors de son jugement au Caire. L'un condamne et organise place Tahrir une manifestation monstre, l'autre approuve la libération des membres de l'entourage de l'ancien Raïs (apparemment très déficient le 2 juin 2012).

A peine le Président Morsy a-t-il pris sa nouvelle fonction et formé un gouvernement à prédominance islamiste sous l'action du Premier ministre Gandil, qu'il est aussitôt mis à contribution par les uns et les autres. L'incident à la frontière au nord Sinaï, sorte de test lancé par les islamistes extrémistes, avait bien pour but de l'entraîner dans une confrontation avec Israël et de le contraindre à faire appel à l'armée. Sa réaction au 8 août 2012 se devait démonstratrice et sévère. Elle s'imposait suivant le sacro-saint principe : « Les amitiés naissantes islamiques ne peuvent prévaloir sur la raison d'Etat ni sur l'intégrité du territoire ». Dont acte.

**Yemen** : Le président en exercice Saleh s'accroche au pouvoir depuis 33 ans et utilise tous les moyens mis à sa disposition pour réprimer les soulèvements qui parcourent son pays. De violents combats sont révélés un peu partout et l'aviation n'hésite pas à bombarder le nord de la capitale (12 mai 2011) et Taez (10 juillet 2011). Cette révolte d'envergure de la minorité chiite trouve son particularisme dans une opposition de tribus, outre la foule des villes en constante manifestation. Plus surprenant est le soutien qu'ils obtiennent de la branche Aqpa d'Al Qaïda en situation offensive armée contre les militaires du régime. Forts de leurs kamikazes djihadistes, de leurs explosifs, de leurs colis piégés et autres stratagèmes mortels, indirectement, ils font le jeu de l'Iran. Sur ce plan, les drones Predator américains interviennent et ont ciblé Al Aulaqi, une figure emblématique d'Al Qaïda sur la région. Ce qui ne les empêche nullement de progresser et de s'emparer momentanément de la ville de Radah au sud de Sanaa, la capitale.

Un président contesté qui a tardé à signer les accords de Ryad avec l'opposition, invoquant une blessure grave soignée en Arabie Saoudite. Il faudra attendre fin novembre 2011 pour que Saleh consente enfin à partir contre une immunité et que le chef de l'opposition se charge de former un gouvernement. Son départ vers les Etats-Unis avant sa démission effective prévue courant février 2012 attise les dissensions entre chiites et sunnites et entre l'Aqpa et les forces de sécurité. Les élections présidentielles du 21 février 2012 amenaient Hadi au pouvoir.

L'élimination d'Al Quso, un chef militaire d'Al Qaïda, qui, associé au groupe armée Ansar Al Chari'a, n'a fait qu'amplifier leur réaction en tuant 25 militaires. Une situation si préoccupante que le nouveau président convenait de réunir l'armée restée divisée sous Saleh son prédécesseur, d'y associer l'unité d'élite, la garde républicaine, commandée par Ahmed (fils de Saleh) et de partir en offensive organisée afin de libérer les villes du sud occupées par Al Qaïda et ses concentrations de troupes devenues vulnérables. Cette présence d'Ahmed, perçu comme un reliquat de la période Saleh, faisait l'objet, le 15 août 2012, de vives contestations à Sanaa.

**Syrie** : La Syrie ne diffère pas des autres pays arabes en matière de révolution, si ce n'est son intensité. Elle en est au stade premier : sortir le dirigeant qu'elle ne peut plus tolérer après 48 ans de régime baasiste. Bachar el Assad est honni et banni par une grande partie de la population principalement autour d'une ligne nord-sud englobant Deraa, Damas, Duma, Homs, Hama, Alep et enveloppant les ports de Lattaquié et Tartous.

Irrémédiablement, il a fait tirer sur la foule à balles réelles, fait rentrer les chars dans les villes et ordonner aux forces de l'ordre et à l'armée de massacrer à tour de bras. C'est à partir de ce constat que cette révolution diverge. Avec désinvolture, Assad a institué une cadence semi-industrielle d'élimination du peuple syrien sous la forme bien rodée de 20 à 30 tués par jour (une pointe de 120 tués le 20 12 2011). Un global que certaines instances internationales chiffrent entre 4000 et 5000 morts depuis le 15 mars 2011 dont plusieurs centaines d'enfants début 2012. Pourquoi pas 6000 à 8000 dans quelques temps. D'autant que cette comptabilité ne s'arrête pas aux seules victimes mais également aux blessés, aux disparus et aux torturés tous aussi nombreux. Enfin à noter la fuite des habitants en direction du Liban, de la Turquie où s'élèvent de multiples toiles blanches en bordure de frontière (10000 syriens au 18 juin 2011), et de la Jordanie où s'érigent des camps d'accueil depuis début février 2012.

Avec cynisme, Assad et ses partisans savent très bien que l'environnement leur est favorable. La Syrie est voisine de la Turquie et de l'Irak et est soutenue indirectement par la Russie et l'Iran. S'y ajoute les conflits guerriers irakiens et israélo-palestiniens. Autrement dit, un climat délétère que personne ne souhaite voir amplifié. Il en résulte une lamentation, un apitoiement, une compassion, une désolation de la communauté internationale mais aucun Etat ou organisme ne veut intervenir.

- *Malgré* les sanctions adoptées par les clients et fournisseurs, le gel des Avoirs des principaux dirigeants syriens, les cris de la foule demandant son départ, les résolutions théoriques ou la venue acceptée avec réticences des observateurs de la Ligue arabe, puis ceux de l'ONU, rien ne fait plier le pouvoir en place.
- *Malgré* les désirs d'Assad de vouloir ramener le calme en libérant 250 prisonniers (26 mars 2011), en levant l'état d'urgence (16 avril 2011), en instaurant le pluralisme (6 août 2011) et en abrogeant l'article 8 de la constitution qui n'autorisait que le parti Baas (Alaouites) à la direction du pouvoir, rien n'attire l'apaisement, bien au contraire attise l'insurrection, mais réconforte l'autre moitié de la population bien nantie dont l'adhésion est totale au régime d'Assad.
- *Malgré* les recommandations très proches d'un lâchage de la part de nombreux hommes d'Etats. La Russie avec un double langage par les propos de Medvedev qui indiquent que « les dirigeants syriens doivent partir », tout en proposant des résolutions sans suite à l'ONU et tout en faisant accoster une flotte à Tartous (en y livrant des missiles sol-sol au 3 décembre 2011 dit-on ?), suivi d'un cargo russe avec des matières réputées « dangereuses » au 14 janvier 2012 (60 tonnes d'armements rapporte-t-on). La Jordanie, enfin, lorsque le roi Abdallah II déclare « si j'étais à sa place, je quitterais le pouvoir… ». Et plus encore obsolète l'évaluation qu'en fait Ban-ki-Moon au 15 janvier 2012 : « arrêtez de massacrer vos concitoyens… ». Il est trop tard, le mal est fait et la coupe est pleine. Quoiqu'il advienne désormais, les clivages sont tels que la Syrie court vers l'irrémédiable.

Assad, avec ses forces de sécurité, une armée qui lui est encore fidèle, ses milices, sa police secrète, les « Moukabarat » et ses Chabbiha provocateurs, s'accroche désespérément à un bateau à la dérive entraînant son peuple de 22 Mons d'habitants dans une spirale sans fin, et qui paie un large tribut face à cet entêtement.

En vis-à-vis la rébellion s'organise. Quelques déserteurs, trop peu, viennent grossir avec leurs armes les rangs d'une armée libre syrienne : l'ALS, ou FSA (Free syrian army) complétant l'action civile du Conseil national syrien : le CNS. Les manifestations sont massives conduisant à des accrochages parfois violents et à une répression brutale. Les rassemblements dépassent l'imagination : 500000 à Hama le 23 juillet 2011 et 200000 à Homs le 16 décembre 2011. Et si les rebelles et insurgés ont fait une certaine pause pendant la présence des observateurs dont la mission est considérée comme un insuccès, l'ardeur soulignée par le commandant Riad Al Assad de l'ALS ne faiblit pas et à mi-janvier 2012, il en appelle à la reprise des combats. Il n'y a pas d'essoufflement dans la surenchère.

La Ligue arabe, par la voix de l'émir du Qatar, après de nombreux appels à l'arrêt des actes répressifs, de nombreux plans de paix évacués d'un revers de main, d'un envoi d'observateurs resté sans effet (400 morts durant leur présence), se demande au 15 janvier 2012, s'il ne serait pas l'instant d'une intervention militaire sur certaines parties de la Syrie. Il s'agit là d'un signal loin d'être anodin, d'un moment crucial qui risque d'embraser la région s'il était suivi d'effets. Cependant il entraîne des interrogations : qui a l'intention d'intervenir ? Sûrement pas l'Otan avec ses semi résultats d'Afghanistan et de Libye, ni directement les Américains embourbés en Irak, encore moins les Européens en pleine crise financière. Il resterait la Ligue arabe avec une seule question : quels sont les moyens terrestres et aériens dont dispose cette alliance ? A moins d'opter pour un envoi d'armes aux insurgés. Enfin, il ne peut être fait abstraction d'une prise de position par le conseil de sécurité de l'ONU dont A.Juppé relève le » silence intolérable ».

La résolution du 27 janvier 2012 a été rejetée comme l'a été celle du 5 février présentée par la Ligue arabe face au double veto russo-chinois. Une solidarité connivence qui peut surprendre venant des Chinois qui n'ont pas d'intérêts stratégiques évidents sur le secteur. Quelques sanctions de circonstances après la visite de Lavrov à Damas et des réformes auxquelles personne ne croit plus venant d'Assad, font que rien ne bouge, si ce n'est une amélioration du rendement éliminatoire qui passe de 20 à 30 fin janvier à 30 à 40 victimes par jour, comme ce fût le cas le 19 février 2012 lors de funérailles à Homs.

Tous ces éléments jouent en faveur d'Assad, auxquels, vers mars 2012, se superpose le changement de présidence de la Ligue arabe transmise à l'Irak. Rappelons que l'Irak a une forte communauté chiite plus ou moins connectée à L'Iran, lequel Iran soutient la Syrie. On imagine la suite. Une épreuve de force dont les populations civiles font les frais.

Les manifestations, suite aux efforts de paix de Kofi Annan, ont coïncidé avec le retrait apparent des chars, mais les tirs des tireurs embusqués ont encore fait des victimes exacerbant cette fois la colère feinte des Russes. La résolution 2042 a pu ainsi être votée à l'unanimité le 14 avril 2012 au conseil de sécurité de l'ONU qui déléguait environ 30 « bérets bleus » sur place.

A peine étaient-ils arrivés qu'ils étaient promenés vers Deraa dans le Sud alors que l'armée syrienne reprenait progressivement son matraquage obusien dans le nord, sur Homs et Idlib, à l'abri des regards inquisiteurs étrangers. Combien faudra-t-il d'observateurs pour couvrir efficacement ce décor dantesque ? 100, 200, 300 ? De 6000 tués en début d'année, nous approchons des 13000 fin avril 2012, si le cessez le feu n'est pas réellement appliqué.

Les sanctions, toutes plus inopérantes les unes que les autres, issues d'un contenu mièvre de la résolution 2042, ont reçu l'assentiment, et pour cause, des Russes et des Chinois voire des Iraniens, tous protecteurs d'un Assad incité à poursuivre en toute quiétude, alimenté qu'il est par les uns et les autres en armements comme viennent de le prouver les Turcs en arraisonnant un navire chargé d'armes et munitions à destination de la Syrie. La réunion des ministres des Affaires étrangères à Paris, ce 18 avril 2012, ne peut que faire un constat sur cette Syrie ingérable.

Dans l'hypothèse hasardeuse d'un passage de relais au vice-président d'origine sunnite, et d'un départ d'Assad dans un deuxième temps, cette révolution prendra sa consonance religieuse comme partout ailleurs. Les Alaouites au pouvoir fuiront la région ; environ 2,2 Mons d'habitants qu'Israël s'apprête à accueillir sur le Golan le cas échéant. Hors les chrétiens de même pourcentage, les sunnites majoritaires organisés en partis islamiques se dirigeront alors, à leur tour, vers les urnes.

Au 3 juin 2012, il est possible de dire que la mission Annan a échoué. Les affrontements et pilonnages ont repris de plus belle. On a beau exhorter, exhorter encore et exhorter toujours, le matraquage persiste. De plus en plus, deux théories se font jour : celle des Occidentaux et certains pays du Golfe qui préconisent une intervention mais sous le couvert de l'ONU, l'autre, celle des Russes de connivence avec les Chinois et les Iraniens proposant un maintien d'Assad au pouvoir et une lutte sans merci contre les insurgés qu'ils qualifient de terroristes. Le discours d'Assad devant le parlement syrien va dans ce sens et a consisté à affirmer que la Syrie était bien attaquée par la mouvance terroriste soutenue par des puissances étrangères.

Depuis Assad a repris Damas, tout en concevant la présence persistante des rebelles. Entre temps, il a repris Alep tout en admettant qu'il n'a pas chassé les rebelles pour autant. Tout n'est que ruines sur la grande artère depuis Deraa au sud jusqu'à Azaz au nord d'Alep. Fin août 2012, les Occidentaux et la Ligue arabe assistent dépités à l'acharnement mis à détruire et au caractère non soluble de cette anarchie. En consolation, chacun s'accorde à dire que les victimes sont la résultante des actes commis par les deux camps. Certains de ces actes étant qualifiés de « crimes de guerre », voire de « crimes contre l'humanité ».

## III. La C.C.G. Conseil de coopération du Golfe

Cette institution regroupe les pays du Golfe. Elle est emmenée par le puissant sunnite qu'est l'Arabie saoudite. Composée de six membres représentant les monarchies absolues et constitutionnelles, elle se veut avant tout d'aspect économique. Dans cette région ainsi définie, on ne parle qu'en excédent budgétaire. Le mot déficit ne fait pas partie du vocabulaire. Ainsi, à travers des Fonds bien remplis, est-elle très offensive financièrement. Pour cela, elle s'est dotée d'un Fond commun intitulé le « Fond du Golfe pour le développement » ou FGD. Ce qui permet à des pays hors de cette association d'en bénéficier tels le Maroc et la Jordanie.

Par ailleurs, il y a une réelle volonté d'union, pas toujours appréciée par tous les membres. La tentative récente entre l'Arabie saoudite et Bahrein a échoué étant perçue comme une annexion. De même l'idée de créer une monnaie unique n'a pas dépassé 2011. En revanche, il y a unanimité sur les précautions à prendre face à l'Iran. Chacun est conscient des antagonismes patents. Avec une réalité, ces monarchies du Golfe à prédominance sunnite ont des minorités parfois notables de chiites sur leur propre sol : l'Arabie saoudite avec 2Mons entre Dammam et le Koweit tout le long de la côte ; un idéal pied à terre pour l'Iran s'il y avait invasion. Bahrein avec 700000. Les Emirats avec 200000. L'Irak avec 10Mons. Le Koweit avec 400000. Le Liban avec 1Mon. Le Qatar avec 400000. La Syrie avec 1Mon5. Le Yémen, enfin, avec 6Mons.

**L'Arabie saoudite :** Maintes fois nommée dans le texte, elle domine la région sunnite par les rentrées colossales en provenance du pétrole et du gaz, qu'elle dispense ensuite dans diverses directions sous quelques exemples :
– En maintenant une paix sociale par une affectation de dizaine de milliards de $ aux Saoudiens. (Printemps islamique oblige).
– En se dotant d'un armement militaire auquel elle consacre près de 40Mds de $ par an depuis dix ans.
– En s'imposant comme le fer de lance du Wahhabisme dans la progression de l'islamisme.
– En tentant de créer les Etats-Unis d'Arabie dominée par la chari'a qu'elle pratique déjà.

**Le Koweit :** Après la première et seconde guerre contre l'Irak où tous les puits de pétrole étaient en feu, la production est redevenue telle, en y joignant les puits off-shore de Dorra, qu'elle procure des milliards de $. Avec un excédent budgétaire de près de 50Mds de $, aussi élevé que celui des voisins, et un Fond de valeur plus ou moins identique, les 1Mon,2

Koweitis peuvent bénéficier d'un PIB de 40800$ par habitant (voir les PIB dans « généralités 4, pour comparaison »).

Cependant, le Koweit n'est pas à l'abri de conflits externes de par sa proximité avec l'Iran. Ce qui exige la présence de protection des 5 bases américaines et subir une contrainte d'achat, début août 2012, pour 4Mds de $ en missiles anti-missiles du type Patriot PAC-3, s'ajoutant aux 250 déjà positionnés. Mais aussi en interne avec les soubresauts politiques que cette monarchie constitutionnelle provoque. La famille des Emirs Al-Sabah régnante ne fait pas bon ménage avec le parlementarisme emprunt d'islamisme local ; l'on va ainsi de crise politique en révocation et de démission en dissolution répétée.

**Les Emirats arabes unis :** Cette fédération de 5 Emirats (d'Abou Dhabi à Dubaï) est connue du monde entier par ses réalisations démesurées déjà évoquées (palm center, word, la tour Khalifa et ses 828ms, la multitude de tours droites, inclinées, vrillées…), nécessitant une main-d'œuvre énorme dépassant largement le nombre d'Emiratis (1Mon) soit 1 habitant autochtone sur 5 en provenance majoritairement de l'Inde ou de la Chine. Proche du détroit d'Ormuz, l'E.A.U a déjà pris en compte son éventuelle fermeture en déviant l'oléoduc de Habshan vers Fujaïrah. Enfin, son taux de croissance, ses excédents, ses Fonds et ses tourismes fortunés en font un Etat phare du Golfe.

**Bahrein** : Cet Etat ou archipel, petit par ses quelques km2, peuplé de seulement 600000 autochtones et autant de migrants possède néanmoins d'importants gisements de gaz et de pétrole et l'une de ses petites iles héberge la Vème flotte américaine. Il mérite d'être cité, car cette fois ce sont les sunnites minoritaires qui sont au pouvoir sous la forme d'une dynastie monarchique : les Al Khalifa. Tout aussi répressif vis-à-vis de toutes les contestations ou manifestations depuis le 14 février 2012, qui se terminent par des mises en prison, des procès expéditifs et des condamnations sommaires par centaines. Il ne fait pas bon réclamer des réformes « place de la perle » au centre de Manama, la capitale. Il n'y a pas de compromis possible avec l'opposition et encore moins avec le parti chiite Al-Wafaq. Et si par hasard, cela venait à déborder cette monarchie ferait appel au grand-frère et voisin l'Arabie saoudite, comme ce fût le cas le 13 mars 2011, qui, depuis la ville de Dammam, en une traversée du pont digue long de 20 kms, était instantanément intervenue sous le couvert du Conseil de coopération du Golfe.

Cela n'a pas empêché la mass populi chiite de poursuivre les manifestations sur plusieurs jours à l'occasion du grand prix de formule 1 (21 avril 2012) profitant des caméras mondiales installées pour la circonstance, et de maintenir des pressions revendicatives souterraines par la suite.

**Le Qatar :** De taille modeste (300000 Qataris), le Qatar joue un rôle majeur hors de ses frontières notamment dans son rapport récent avec la Libye qu'il a soutenu financièrement et par une présence au sol. On murmure que cette présence persisterait sous la forme d'un soutien pécuniaire auprès de brigades islamiques.

Il dispose pour cela de deux atouts :
- Les rentrées que procurent les immenses gisements de gaz off-shore dont celui de North Dome exploité à la limite des eaux territoriales avec l'Iran.
- Un moyen de communication sans précédent et d'une grande efficacité auprès du Moyen-Orient et du monde musulman en général ; nous voulons nommer la chaîne de télévision Al Jazeera. Ce qui permet de porter l'accent et d'influer par les messages émis sur l'orientation fondamentaliste Wahhabite et de contrer l'extension chiite des Iraniens.

Son influence va bien au-delà lorsque le Qatar s'avance en conciliateur auprès d'Etats en conflit armé ou en litiges permanents : A la tête de la Ligue arabe tout récemment, il a offert diverses solutions afin de résoudre la crise syrienne.

C'est dire si cette manne (eau + pétrole+ gaz) conditionne les attitudes du moment. De cet aspect virtuel et des engagements passés dans des réalisations pharaoniques, on en vient à des investissements beaucoup plus réalistes notamment dans la pierre (les immeubles européens). Plus discret en des soutiens de minorités ou dans des constructions de mosquées à travers le monde.

Comment en serait-il autrement lorsque le Qatar dispose d'un Fond souverain de plus de 100Mds d'euros ? Tout concoure à procurer un calme, dans la mesure où le PIB par habitant approche les 103000 euros. Une valeur inégalée. Il est difficile dans ces conditions de trouver un embryon de révolte chez les Qataris dès lors qu'est admis une équitable répartition de la richesse. Cela ne peut recevoir que l'assentiment général. Il faut quand même dire que l'oligarchie au pouvoir maîtrise tous les postes primordiaux.

**La Turquie :** Bien que hors de la zone arabe et à fortiori de la Ligue arabe, la Turquie est souvent pris en modèle par la position éclairée qu'elle a adoptée entre le laïque et le religieux. Le renvoi de la religion à l'individu est envié mais pas pour autant copié. En effet ce pays n'est pas à l'abri d'un revirement de pensée du parti islamique AKP majoritaire au pouvoir qui, le cas échéant, reviendrait sur une rigidité d'application de la chari'a comme le font d'autres pays : Arabie saoudite, Iran, Mauritanie, Soudan, Somalie, Yémen et le Nigéria nord. Il n'est pas à l'abri non plus de tentative de putsch par les officiers supérieurs de l'armée : en exemple celui du 6 janvier 2012.

Lucide et prévoyant, conscient de ce danger, Erdogan avait fait condamner un peu plus tard deux généraux.

Dans l'instant, la Turquie est totalement impliquée dans le conflit syrien dont elle sert de base arrière aux rebelles, de base arrière aux services secrets anglais et allemands, de base tout court aux américains et à leurs radars anti-missiles, enfin d'accueil à plus de 60000 réfugiés.

## THEME 20 : PROJETS POLITIQUES ET INFRASTRUCTURES EN LIBYE

Début 2012, la Libye moderne prend naissance en s'appuyant sur une jeunesse vaillante, elle vient de le prouver, sur une production de pétrole poussée vers les 2,2 Mons de barils/jour dans les années à venir, sur une présence d'eau douce, sur un ensoleillement important, sur des Fonds et Avoirs qui tardent à se libérer mais palpables, enfin sur un taux de croissance que la revue « l'expansion » situe à 6% pour l'année 2012. Voilà bien des atouts qui peuvent soutenir des projets passés et futurs.

### D'ordre politique

* *Constituer une nouvelle armée* à partir des éléments embryonnaires disponibles. C'est pourquoi il était urgent de remplacer les chefs d'état-majors auto-proclamés, par un militaire nommé par le CNT et son président, le général Al Mankouch, originaire de Misratah.

* *Rendre effectif le dépôt des armes en circulation*. Les heurts pour des raisons futiles entres groupes armés à Tripoli : les ex-rebelles du commandant Kadar et ceux de Misratah, par exemple. De brigades, on est passé à des milices, puis à des bandes armées hors de contrôle qui font la loi dans les quartiers et qui s'opposent en règlements de compte à d'autres bandes rivales. Divers bruits courent sur leurs arguments et indemnisations : nous n'avons pas été payés pendant 8 mois et l'on nous doit $300^E$ X 8 X 50000= 120Mons d'euros réclament-t-ils. Des subsides parviendraient du Qatar en direction des groupes armés islamistes. Enfin, des villas prokadhafistes abriteraient des bandes armées et leur stock d'armes. Cela est alarmant et fait dire à Abdeljalil « je mets en garde les Libyens contre une guerre civile ».

* *Renvoyer à la vie civile* tous les éléments de ces brigades hors ceux qui désireront intégrer l'armée.

* *Proposer à la jeunesse* une éducation digne des temps modernes.

* *Elire une assemblée constituante*. Dans ce but les élections ont été différées au 7 juillet 2012. Les autorités s'y préparent par un projet de loi les encadrant. Quelques lignes sont avancées : il y aura 10% de femmes (peut-être plus) dans l'assemblée soit 20 sièges sur les 200 prévus. Les personnes proches du régime de Kadhafi seront exclues des urnes. Un point révélateur des craintes que représentent encore ces temps écoulés et qui resurgissent lorsque la chaîne Al Jamariya depuis l'Egypte reprend ses émissions prokadhafistes. Fin novembre 2012 étaient désignés un gouvernement et son Premier ministre en remplacement de Kib.

* *Orienter le ministère des pétroles* vers un fonctionnement différent faisant sortir la Libye d'une économie de « rente » (Thème 15).

\* *Résoudre la crise de liquidités*. Il était prévu de rapatrier le maximum des Avoirs et Fonds déposés à l'étranger. Une autre orientation a été avancée par l'économiste libyen Lesseyn qui semble retenir l'attention de la banque centrale ; plutôt que de retirer ces Fonds qui somme toute procurent des rentrées s'ajoutant à celle du pétrole, il serait plus judicieux de réduire la masse monétaire en circulation dans le pays (estimée à 14 Mds de dinars) en l'échelonnant dans le temps. En pratique, effectuer le retrait des billets de 50 et 20 dinars libyens stagnants dans les cagnottes, thésaurisés par une partie de la population craignant l'avenir. Ecartant ainsi l'idée même d'injecter des devises, d'émettre une nouvelle monnaie ou à défaut de revaloriser le dinar.

## D'ordre structurel

S'agissant des infrastructures, le plan 2008-2012 de l'ancien régime arrive à son terme. Basé sur 75 Mds, mais compte tenu de la conjoncture, celui-ci n'a pu être mis en œuvre dans sa totalité. Cette « gestion » a d'ailleurs été évoquée en présence du ministre des Affaires étrangères des Emirats arabes unis, Al Nayane, le 22 décembre 2011 lors de son passage.

\* *Poursuite de la recherche de pétrole*. (Thème 15). Toutes les sociétés sont conviées à revenir sur place y compris la présence souhaitée des Russes. Cependant les dernières déclarations ont freiné l'enthousiasme ambiant. Lorsque le Vice-premier ministre Chagour affirme dès le 20 décembre 2011 que « tous les anciens accords et traités doivent être revus pour qu'ils soient vraiment orientés dans l'intérêt des Libyens ». Il faudra bien pourtant continuer à explorer si l'on veut tendre vers les 2,2 Mons barils/jour envisagés. Des projets de rénovation des raffineries et des terminaux devraient suivre, ainsi que la construction d'une raffinerie à Sabha.

\* *Poursuite des forages en recherche d'eau douce*. Ainsi que des raccordements de Ghadamès à la plaine Jifara, ou d'Al Jagbub à Tobrouk. De la jonction est-ouest vers Syrte et des prolongements vers Al kofra et au-delà. Sans omettre les stations de pompage (Vinci) et l'amélioration des réservoirs.

\* *Création de la grande autoroute inter Etats le long du littoral méditerranéen* : du Maroc au Caire. L'ENI (Italie) avait signé un contrat d'environ 3 Mds de $ pour la construction de cette autoroute en Libye. Les 200 premiers kms à la frontière tunisienne devaient être inaugurés en 2014. Le contrat fut rompu suite aux événements dès février 2011. Un projet qui reste d'actualité n'excluant pas l'entretien constant des routes existantes.

\* *Création de la deux fois deux voies nord-sud*. Elle relierait Tripoli à Sabha, une ville du sud qui a de sérieux projets de développement. Cette voie est appelée à se poursuivre vers le Tchad et le Niger.

\* *Création de liaisons par chemin de fer*. A défaut d'un projet sur une ligne à très grande vitesse entre l'est et l'ouest de la Libye, une ligne pour un transport de marchandises pourrait voir le jour en parallèle avec l'autoroute le long du littoral. Le tronçon Ras Ajdir-Tripoli aurait été confié à la China railway construction (CRC) et les deux tronçons Syrte-Benghazi puis Benghazi-Tobrouk auraient été attribués à la Russian railway (RZD). Quant à la ligne Misratah (El Hisha)- Brak, déjà citée, un projet soumis par la China railway portait sur une extension vers le Tchad et Niger. Rappelons enfin le projet d'un métro à Tripoli qui ne demande qu'à ressurgir.

* *Projets de constructions et de reconstructions.* Ceux-ci sont confrontés à un manque de main-d'œuvre qualifiée et un manque de matériaux qu'il faut importer en grande partie. D'autant qu'après le conflit de 2011, on assiste à une désorganisation du secteur bâtiment et BTP devant l'ampleur des chantiers, de la destruction totale de certaines villes et de l'augmentation des matières premières. Les seules cimenteries en activité ne suffiront pas.

Le déficit de logements est patent ; le HIB (housing infrastructure board) estimait un manque de 500000 logements. Les sociétés libyennes devraient rester prioritaires sur les réalisations. Quant aux bâtiments publics, de nombreux projets étaient dans les cartons, parfois grandioses comme le parc de 750 ha : le Tripoli green belt ; le complexe résidentiel : le Palm city ; le projet Bab el Medina ou celui de Sabrata : l'Energy city. Plus réalistes, ceux du stade de 70000 personnes et l'extension de l'université d'Al Fatah à Tripoli. Parfois privilégiant des villes affiliées à l'ancien régime telles Ban Walid avec l'université du 7 octobre ou Zliten avec l'université Al-Jamahiriya.

* *Modernisation des Aéroports et création de nouveaux terminaux.* A Tripoli plusieurs sociétés avaient répondu aux appels d'offres : Oderbrecht (Brésilien), CCC (Libano-grec), TAV (Turc) et Vinci (Français) sur les tours de contrôles. A Benghazi, la SNC Lavallin (Canada) avait donné une suite favorable. L'aéroport de Sabha, passant au statut international, devait recevoir les travaux de CCC et TAV.

* *Augmentation des capacités des ports.* Les projets des ports de Tripoli et Benghazi s'attardaient sur les tirants d'eau, les volumes de stockage et les longueurs de mouillage. Tobrouk aurait été concerné dans un deuxième temps. Tout en réservant au port de Misratah le rôle d'accueillir quelques 4 Mons de containers.

* *La nécessité pressante de centrales thermiques*, en privilégiant le gaz issu de la production libyenne comme moyen de fonctionnement (Thème 15).

* *L'eau potable par usines de dessalement.* Une dizaine d'usines étaient en projet durant les dernières années. On est très loin des 1000000m3/jour en prévision.(Thème 14).

* *Les nombreux projets sur l'énergie renouvelable.* L'éolien et ses parcs, composés de machines tournantes dont les puissances unitaires ont

pratiquement doublées. Il n'est pas rare de trouver chez certains constructeurs des 10 mégawatts obligeant à revoir les projets en cours. Quant au solaire, il semble que la filière CSP soit privilégiée au détriment de la filière PV tout au moins pour les fortes puissances (Thème 15).

* *Les projets d'extension des réseaux électriques*. En interne, mais aussi en inter connexion 400kvs de la Tunisie à l'Egypte. Un câble sous-marin de la Libye vers l'Italie sur 520kms de longueur et à 550ms de profondeur, en relation avec le projet Medring ou boucle méditerranéenne de 8000kms sont en cours d'élaboration. Enfin, le projet « Désertec » sortant de l'utopisme. (Thème 15)

* *Les projets limités en Agriculture (terme général)*. Ceux-ci pourraient se diriger éventuellement vers de meilleurs rendements à l'hectare, sachant que la plaine Jifara est cernée par un désert très offensif. De plus cette plaine est grande consommatrice des eaux en provenance des nappes phréatiques. Il sera difficile d'en sortir à moins d'accaparer des terres cultivables en Afrique comme le font les Indiens et les Chinois. Sinon, dernière possibilité, soit de rester tributaire d'une importation massive alimentaire.

*En résumé, parmi les projets évoqués, certains ne verront jamais le jour ou seront revus et corrigés ; d'autres naîtront plus adaptés au temps présent. Un impératif préalable à la mise en chantier de **grands travaux** :*

- *afin de faire face à l'important chômage constaté. Cette main-d'œuvre disponible libyenne remplaçant avantageusement les 1000000 d'étrangers sous le régime Kadhafi.*
- *afin de lancer un grand emprunt national à faible taux sur le marché sans avoir à puiser dans les Fonds et Avoirs placés à l'étranger à un taux supérieur.*

# THEME 21 : LES FONDAMENTALISTES ET LE POUVOIR EN ZONE ARABE

## Naissance islamique

L'année 2012 sera l'année du « printemps islamique ». Nous préférons cette appellation qui met en avant les islamistes intégristes au détriment d'un printemps arabe, tout juste à une fin d'hiver qui se prolonge, et réserver le mot arabe à une « révolution arabe » qui, elle, est bien réelle de l'est à l'ouest.

Les islamistes intégristes se sont appuyés jusqu'à ce jour sur des populations à qui ils venaient en aide sous des aspects sociaux, éducatifs et alimentaires. Notamment lors des catastrophes naturelles, séismes et inondations au Pakistan où les barbes rousses s'activaient près d'eux en échange de remplir les Madrasas et de fanatiser les plus jeunes. Enfin et surtout de bien faire comprendre aux habitants que le jour venu où ils auraient besoin du soutien populaire, ils devraient répondre présents.

Le dit « printemps arabe », qui a surpris tout le microcosme, est venu réveiller cette main mise ou endormissement à travers le monde arabe et a fait basculer leur intention première. Le travail de fond et tous les réseaux d'entraide sociale créés depuis longue date, ont fait que, lorsque l'heure du vote est arrivée, ils ne faisaient que récolter les dividendes. Des élections au suffrage universel, qu'ils ne craignent pas car il leur apporte une reconnaissance internationale et leur procurent avec certitude un résultat majoritaire, tant la population est travaillée au corps et est rompue aux exigences des islamistes intégristes. Des masses populaires sous leur coupe qui leur sont totalement acquises. Un excellent moyen de parvenir au pouvoir en toute légitimité par un passage en douceur des brigades et milices armées vers la création de leurs propres partis politiques. Les élections qui se sont déjà déroulées ont été significatives à ce point de vue.

En contrepartie, cette situation inattendue les oblige à se mettre en avant, à se découvrir prématurément. Piégés, ils vont devoir diriger au risque d'être rejetés après plusieurs années d'exercice du pouvoir. C'est le dilemme qu'ils courent. En revanche, s'ils dépassent cette période dite « d'acceptation », en n'imposant pas la Chari'a systématiquement, ils auront tout loisir de le faire dans une deuxième étape. Autrement dit, ils atteindront à la Chari'a en deux périodes, alors que dans leur stratégie initiale, dans un esprit de conquête, ils devaient rester maître du temps, s'avancer à pas feutrés, ensuite prendre tous les pouvoirs et appliquer la Chari'a à une date ultérieure.

Or, il ne faut pas se leurrer, cette chari'a est déjà appliquée par de nombreux pays arabes : la Mauritanie, l'Arabie saoudite, les Emirats arabes unis, le Soudan. Parfaitement identifiable dans les statistiques d'application de la peine de mort : Iran, 360 ; Irak,68 ; Arabie Saoudite,82 ; Yémen,41. Le parlement du Koweit au 12 avril 2012 adoptait à l'unanimité la peine de mort en cas de blasphème. Au risque de se tromper tous les pays arabes, tôt ou tard, appliqueront la chari'a.

### Etendue, regroupement et moyens

Cette idée de la création d'une « Grande Arabie » ou des Etats-Unis d'Arabie, bien que retardée par les événements n'est pas si saugrenue et verra assurément le jour. Les Etats arabes ont les possibilités requises sur des bases communément reconnues : une même langue, l'Arabe ; une monnaie qui pourrait être le dinar, des banques fort pourvues reposant sur des obligations Sukuk islamiques ou sur des assurances Takaful conformes aux règles strictes de la chari'a. Le terme « Islamic financial service » serait plus approprié tant sont nombreux les « Sharia bond » et les « Sharia compliant ». Il semble en effet difficile de faire la séparation entre des intérêts fixes et des parts de profits variables, alors que le Coran n'autorise pas les intérêts de l'argent, les jeux de l'argent et la spéculation. Comment, dès lors, gommer du vocabulaire les mots : Riba, Maysirat et Gharrar. Or, il faut en convenir, les indices sont suivis avec acuité, ne serait-ce que le « FTSE global islamic index ». Le forum du 16 avril 2012 à Nouakchott conforte cette orientation d'un « financement islamique » applicable au Maghreb. Enfin, des rentrées colossales liées au pétrole et au gaz. L'exemple le plus significatif étant celui de l'Arabie saoudite avec un excédent budgétaire de 62Mds de $ en 2011. Plus important encore : une religion commune, l'islam. Un Islam passé entre les mains des islamistes intégristes étendant leur toile sur la totalité des pays arabes.

### Déplacement ou extension d'Al Qaïda ?

Qualifiés de terroristes, ils sont implantés depuis longtemps au nord du Pakistan mais pourraient se sentir en insécurité si le Pakistan décidait de ne plus tolérer leur présence et de les traquer. Cela pourrait s'accélérer encore plus s'il y avait rejet de la population. Au-delà, il est possible de s'interroger sur les avancées au Yémen avec Aqpa et au Nigéria avec Norah. S'agit-il de simples progressions ou au contraire le prélude à une mutation graduelle vers le Sahel où se trouve Aqmi ?

### Sunnites et Chiites : la confrontation

Deux courants ou tendances de l'islam prédominent. Les premiers, les Sunnites, descendants de Bakr représentent près de 90% des musulmans alors que les Chiites descendants d'Ali restent minoritaires. Dans la zone arabe qui nous préoccupe ces pourcentages ne tiennent pas car les chiites sont regroupés en presque totalité en Iran avec des antennes bien placées au Moyen-Orient : Liban (Hezbollah), Bahreïn, Syrie (Alaouites), le Sud-Irak et dans la partie est de l'Arabie saoudite. Une hégémonie sur le secteur semble être leur principal souci, quand on sait que le « Golfe » à lui seul alimente en pétrole et gaz les trois-quarts de la planète. Cela attire bien des convoitises. La posture et les démonstrations de force sur le détroit d'Ormuz par l'Iran, en 2012, en sont l'illustration. D'un côté des Etats composés de sunnites intégristes et en face un Etat chiite théocratique représentent un aspect conflictuel qui pourrait conduire, à terme, à la confrontation.

## L'instabilité du monde arabe

Ainsi les pays arabes du Moyen-Orient se trouvent empêtrés dans toute une série de conflits : de la répression sanglante en Syrie et au Yémen, au conflit endémique israélo-palestinien, qui affectent toute cette région d'une grande agitation. En revanche le Maghreb se perçoit dans une relative paix après avoir évacué leurs dirigeants dictatoriaux, tout en concevant que les passages de gouvernement de transition en provisoire, et d'intérimaire en définitif, ne suffisent pas à rassurer les investisseurs. Par définition, le monde des affaires n'aime pas l'instabilité dans la durée, même s'il sait prendre des risques par ailleurs.

## Progression islamique

Tout va résider dans la progression islamique ou plus exactement dans sa vitesse de progression, et quelle direction va prendre cette progression : est-ce vers l'Asie, l'Afrique ou l'Europe ? Il faudrait être frappé de tropisme pour ne pas voir qu'il y a une expansion de l'islam. Il n'y a aucune anomalie à cela, comme l'est celle du christianisme ou de l'hindouisme. Mais, là où le bas blesse, c'est que cette religion entraîne dans son sillage les islamistes intégristes et les terroristes d'Al Qaïda qui ont pour seul leitmotiv la prise du pouvoir politique. Une prise de pouvoir par la force qui est autrement plus bénéfique par l'instantané de l'application de la chari'a, alors que sans cela il leur faudrait attendre des décennies avant d'enregistrer les résultats d'un travail sur le terrain auprès de chaque habitant.

## La non assistance à personnes en danger

Qui aurait pu prévoir, une fois les manifestations et les rebellions passées qu'une vague déferlante islamique sur le monde arabe placerait aux avant-postes un islam intégriste qui couvait dans l'ombre et qui n'est que le reflet des réels bouleversements à venir ?

Qui aurait pu pressentir que le monde arabe dans sa globalité serait traversé par un tel souffle de liberté ? Aucun géopolitique de renom n'avait prédit un tel chamboulement qualifié de raz de marée voire de tsunami. Pas l'ombre d'une intuition ni de modélisation sur le sujet. Une vision qui a échappé à tous ceux qui, à l'origine, formulaient des analyses succinctes quant à son évolution ; et l'idée que l'on s'en fait ne peut être que provisoire tant la mutation est profonde.

Qui aurait pu anticiper une poursuite de ces bouleversements au-delà d'un an qui se déroulent toujours au Moyen-Orient ? En laissant perdurer l'hécatombe en Syrie suivant le sacro-saint principe : « une fois que l'on a conquis le pouvoir, il ne faut surtout pas le lâcher quitte à utiliser tous les moyens pour cela ». Une tragédie à l'échelle mondiale qui se visionne sans vergogne sous les yeux de tous, malgré les objections verbales et illusoires de tout un chacun.

Est-ce que les résultats partiels d'une certaine liberté sont à la hauteur des espérances ? Loin s'en faut. Quelques régimes dictatoriaux ont été balayés, mais combien d'entre eux ont été remplacés par des incertitudes dans leur rapport à la religion. Tous ces conflits ont laissé et laisseront des traces ; les stigmates seront à effacer en Libye et en Syrie avant de passer à l'étape suivante et sortir du handicap.

## THEME 22 : RUMEURS SUR UN EVENTUEL CHAOS EN LIBYE

Les informations qui s'accumulent prennent une tournure pour le moins inquiétante en cette fin janvier 2012. La question est : doit-on anticiper sur des événements non maîtrisables qui conduiraient à une deuxième guerre civile en Libye ? Et quels sont les critères qui pourraient y conduire ?

- La masse d'armes en possession des milices, anciens militaires et civils armés. Combien sont-ils : 100000, 200000 ?
- La multitude de partis protégés par les anciennes brigades qui ne veulent pas rendre leurs armes, imbus de leur force et régnant sur des zones de non-droits, sauf les leurs.
- La montée en puissance des groupes islamistes intégristes, majoritaires à l'intérieur des parlements voisins : l'Egypte et la Tunisie. Qui plus est, les infiltrations de la mouvance Al Qaïda.
- Une armée désorganisée plus ou moins démantelée.
- Les actions souterraines du camp kadhafi et ses partisans en cours d'organisation à l'extérieur du pays.
- Les exigences affichées après l'embrasement de Ban Walid de la puissante tribu des Warfallah.

Dans de telles circonstances, face à des processus devenus incontrôlables, le CNT pourrait être dans l'obligation de faire appel à des nations extérieures. Lesquelles et comment ?

Le pire scénario, si l'on se fie aux rumeurs persistantes, serait une intervention des USA. Qu'est-ce qui pousseraient les Américains à prendre une telle direction ? Et sur quels prétextes ?

- Un appel à l'aide du CNT.
- Une disponibilité suite au retrait prévu d'Irak et d'Afghanistan bien qu'opposé à la volonté d'Obama durant la période électorale.
- Un redéploiement de leurs forces armées (12000 hommes dit-on).
- Un choix judicieux d'un emplacement à mi-chemin entre les conflits du Moyen-Orient (Syrie, Yémen, Iran, Palestine), et ceux prévisibles des pays du Sahel.
- Un soutien d'Israël tout proche.
- Une proximité du canal de Suez par où transitent les pétroliers et méthaniers qui alimentent l'Europe.
- Un désengagement auprès de l'armée égyptienne confrontée aux griefs des Islamistes.
- La prise de contrôle des gisements pétroliers et gaziers de Libye.
- Une bonne connaissance de la région.

- Une faible population (6,5 Mons) concentrée près des côtes laissant une surface énorme disponible pour tous déplacements et exercices de l'armée.
- Une présence à Malte insuffisante et manquant d'espace.

Tous les ingrédients seraient réunis pour saisir l'opportunité d'investir ce pays.

Cette description est de pure fiction. Cependant dans le cas d'un hypothétique accrochage avec l'Iran, les USA regarderaient avec intérêt l'étendue désertique non habitée de la Libye. Dans laquelle elle pourrait non seulement entreposer ses armements mais aussi installer des anti-missiles et radars afin de protéger le Maghreb contre des missiles iraniens dont la portée dépasserait 1000kms. Un dispositif complété par des intercepteurs (SM3) positionnés sur des frégates en façade libyenne et quelques autres en fond de Mer noire formant un arc de défense ou bouclier protégeant l'Europe. Une complémentarité à la dissuasion nucléaire prévue par certains. On notera que les Russes s'apprêtent à en faire autant.

Rien de tout cela, fort heureusement, ne s'est produit à ce jour en ce qui concerne la Libye. En revanche, et ici il ne s'agit plus de fiction lorsque l'on évoque le chaos en Syrie qui, lui, est bien réel. Un univers de désolation, de destructions et de fuites éperdues de Syriens par centaines de milles vers les pays voisins.

## THEME 23 : FINANCE ET MACROECONOMIE EN LIBYE

*« La valeur d'une monnaie dépend de la confiance qu'on peut avoir dans une économie et dans un Etat... »* J. Attali

Il y a les Avoirs et Fonds libyens aux potentiels élevés et placés à travers le monde, paradoxalement, le gouvernement intermédiaire ne trouvait pas l'argent nécessaire, ne serait-ce que pour faire face aux dépenses courantes.

Des chiffres percent les cloisons. Il faudrait 25Mds/an pour payer les salaires des fonctionnaires. Ceux-ci ne sont-ils pas trop nombreux ? Il faudrait 15Mds/an pour les dépenses en électricité et carburants. N'y a-t-il pas des dérives dans ces domaines ?

Que devient l'argent provenant de la production exportée de pétrole et gaz ? Il est dit que l'on serait proche de la production antérieure mais il n'aurait été récolté, en réalité, que 5Mds de $ depuis la remise en perce des puits.

Le budget d'excédentaire en 2010, a été maintenu excédentaire sur la fin de 2011, avec 45Mds de $ de revenus et 40Mds de $ de dépenses, or, les prévisions et ouï-dire laissent envisager un déficit proche de 10Mds de $ en 2012. Et lorsque l'Etat émet de nouveaux billets dans le circuit de consommation, il ne fait qu'actionner la planche au grand dam du FMI. Ne serait-il pas recommandé de lancer un emprunt de 1 à 2Mds de $ auprès de la banque mondiale ou du FMI ou à l'extrême faire appel à la finance islamique, comme le suggère l'Egypte et sûrement bientôt la Tunisie. Car il y a une notable différence entre les Avoirs dégelés et les Avoirs rapatriés (8Mds sur 120Mds déclarés). Tous ces chiffres semblent éloquents. Ils conditionnent la reprise de l'activité économique

En somme une situation financière non pas désastreuse mais qui devra supporter des compressions budgétaires drastiques. En effet, il sera bien difficile de satisfaire toutes les attentes légitimes sans réadapter l'équilibre ressources/dépenses. Les conseils régionaux et locaux piaffent d'impatience, et le budget 2012, en cours d'élaboration, tarde à paraître, au même titre que le plan quinquennal 2012- 2017.

Où trouver un embryon d'explication ? Lorsqu'il est constaté et découvert avec surprise entre 23 et 29Mds de $ thésaurisés à la banque centrale et que des Fonds souverains sont bien réels : tel celui de la « Libyan investment authority » avec ses 30Mds de $ de trésorerie, la répartition des 30 autres Mds en actions et obligations (~ 10Mds chaque), et le reste en participations (de la Juventus à l'Unicrédit), hedges funds et produits dérivés.

Amenant le FMI début 2011 à émettre un jugement favorable sur la bonne gestion des comptes de l'époque. On notait des recettes à l'exportation de 49Mds et des importations à 25Mds en 2010, dégageant un excédent commercial de 24Mds de $. On notait un PIB toujours en 2010 de

14000$ par habitant (soit une augmentation de 8,5% sur un an) et un PNB de 91Mds de $ confirmant un taux de croissance de 4%.

Pour autant, est-ce que la sonnette d'alarme doit être tirée après la déferlante d'obstacles et de déboires (que certains qualifient de péripéties) qui ont assailli les Ministères pendant et après le conflit ?

Comment en serait-il autrement de tous ces chiffres alignés sous haute surveillance, pas toujours mesurables avec précision et souvent estimés ? Mais pourtant étayés de justifications, hors les rentrées pétrolières fluctuantes car subordonnées au prix du baril qui généraient 55% du PIB en 2010 :

\* Le dinar a perdu 29% de sa valeur.

\* Le PIB a chuté de 60%, et était réparti fin 2010 en Agriculture : 2,9% Industrie : 71% et en Services : 25,9%

\* Les importations et exportations en 2011 tombées respectivement à 14Mds de $ et 20Mds de $ générant un excédent commercial jugé nettement insuffisant. Des importations tributaires du prix en constante augmentation des matières premières, ce qui n'est pas sans incidence sur le montant global.

\* Le peu de devises étrangères dues à un faible tourisme insécurisé.

\* Les transactions financières et les activités bancaires réduites.

\* Une main-d'œuvre inadaptée après le départ des immigrés.

\* Des unités de production détruites et la plupart des infrastructures touchées par la guerre.

Le rapport du FMI du début 2012 sur l'économie libyenne abonde dans ce sens, et n'en est pas moins déconcertant lorsqu'il évoque :

\* Le coût très important à prévoir dans la création d'une armée, notamment le recrutement de quelques 50000 soldats (on connaît la réticence des ex-rebelles à s'enrôler) dont la solde proposée serait de 600 dinars libyens par mois.

\* Une hausse des salaires en général réclamée par beaucoup rappelant ce que Kadhafi leur avait promis après février 2011.

\* Une hausse continuelle du prix des produits alimentaires (75% des produits consommés proviennent des importations).

\* Le nombre de chômeurs beaucoup trop élevé, sans aucune perspective d'emplois.

\* Une forte récession en 2011(-5% relève l'Expansion).

\* Une inflation non maîtrisée jusqu'à 2011(+7% de progression par an).

Il faut avouer, en raison de ce qui vient d'être énoncé, que cela fait beaucoup d'incertitudes ; lesquelles incertitudes ne font pas bon ménage avec l'essor et le développement. Pourtant les atouts ne manquent pas en Libye : les réserves de change, le programme d'investissement notamment la reconstruction, sa démographie et une prévision de taux de croissance entre 4 et 6% en 2012.

Le rapport du FMI à fin juillet 2012 redonnait un avis favorable sur les perspectives économiques libyennes. Avec un prévisionnel du taux de croissance, qui avait chuté de 60% en 2011, puis remontait à 116% en 2012, mais qui pourrait se stabiliser autour de 16% en 2013 et 13% en 2014. En revanche, quelques points noirs restent récurrents :

L'inflation a explosé en 2011 et 2012. Maîtrisée, elle reviendrait à 1% en 2013.

Le taux de chômage supérieur à 25%.

La trop grande dépendance aux hydrocarbures.

Tout l'enjeu de l'actuel gouvernement va résider à rétablir la confiance, et aux différents investisseurs d'estimer à sa juste valeur le rapport : opportunités/risques.

## THEME 24 : VERS UNE REPRISE DU TOURISME EN LIBYE

Dans la durée, l'essor économique du pays repose sur la diversification ; chacun étant conscient que la manne pétrolière ne durera pas. C'est pourquoi, réserver un thème sur le sujet s'inscrit dans cet apport, au-delà des secteurs des services, de l'industrie et de l'agriculture en pourcentage de PIB. Tout en cherchant la voie pour y parvenir.

Le tourisme est approché ici sous l'angle « produit », un atout économique majeur, qui apporte un surplus de devises et non pas sous l'aspect « guide touristique ». En restant lucide : la part de ce secteur restera modeste avant d'atteindre les 2000000 de visiteurs espérés. Afin de parvenir à ce chiffre même à moyen terme, il faudra un budget approprié de plusieurs milliards de dollars, et beaucoup de travaux à envisager.

Le manque d'infrastructures d'accueil (hôtels, complexes touristiques du type international comme le Corinthia bab africa, orientés vers le balnéaire, le culturel, le gastronomique...) et le manque de personnels formés et expérimentés (des maîtres d'hôtels aux serveurs confirmés, du personnel de réception aux postes d'encadrement, des guides aux directeurs de circuits) sont patents et sont autant de freins à la venue des touristes. Si des projets avaient été annoncés (Green city et Palm city à Tripoli) et si des progrès avaient été observés depuis les 100000 voyageurs en 2006, la guerre civile de 2011 est passée par là et a interrompu l'élan.

L'instabilité du vécu entraîne des réticences et une insécurité, notamment dans des zones qualifiées à « risques ». Manifestement, les vols de voitures, les menaces des bandes armées ou des individus armés et les prises d'otages existent. De nombreux itinéraires ne sont pas recommandés : ceux qui longent la frontière entre Ghadamis et Ghat, ceux qui parcourent le Tibesti près des passes vers le Tchad (présence de mines anti personnels) et enfin de nombreuses pistes dans le sud sont toujours interdites. La prudence est de rigueur comme l'est la prise du médicament : la chloroquine, conseillée contre le paludisme.

Ces points bien maîtrisés conduiraient cette activité à devenir une excellente source de devises à partir de plusieurs postulats :

- La population est-elle prête à accueillir les étrangers quelque soit leur nationalité et leur croyance : Américains, Arabes, Asiatiques, Russes, Européens les plus proches, sans réserve ni discrimination ?
- Comment insérer cette venue sans heurter les Libyens ? Doit-on rappeler aux visiteurs un comportement discret et un respect des usages ?
- Comment faire cohabiter cette intrusion dans une chari'a appliquée, notamment en ce qui concerne l'habillement et l'alimentaire ?

- Doit-on élaborer des circuits acceptables ?
- Doit-on confiner le visiteur dans des sentiers délimités ?
- Doit-on laisser une liberté de visites sur tout le territoire ?
- Doit-on protéger les cinq sites classés au patrimoine mondial par l'Unesco ?
- Tous les hôtels, restaurants, zones d'accueil et les plages sont-ils restés conformes aux attentes des touristes ?
- Peut-on s'appuyer de nouveau sur les moyens de déplacement mis à la disposition : maritime, aérien et terrestre ?
- Doit-on convaincre les différents tour-opérateurs de l'intérêt qu'il y a à visiter la Libye dès maintenant ?
- Doit-on revoir les entraves administratives et simplifier l'obtention des visas ?
- Doit-on, plus largement, enfin, se limiter aux arrêts éphémères des bateaux de croisière ancrés à Darnah ou Al Khums, ou à des visites qui consistent à descendre et monter dans les cars au rythme de quelques sites à visiter et pas trop éloignés de l'hôtel retenu, tout ceci pour des raisons de sécurité. Ce qui débouche dans un cas comme dans l'autre à une récolte de devises très médiocre que ce soit en euros, dollars, yens ou yuans ? Ou au contraire veut-on des touristes argentés sous la forme de séjours de deux semaines à un mois laissant un maximum d'argent en se mêlant à la population et en faisant prospérer l'artisanat local avec le résultat évident : un impact supplémentaire sur l'emploi ?

Hors toutes ces précautions et interrogations éludées, il existe quatre parcours d'une extrême beauté qui sont toujours à explorer :

1- La côte méditerranéenne de Ras Ajdir à Misratah avec deux points forts :

***Leptis Magna***, à proximité d'Al Khums. Un prolongement des trésors archéologiques datant de l'époque romaine avec ses temples et basiliques, ses colonnes de marbre étincelant, ses portiques et arcs en granit gris, ses thermes, ses forums et amphithéâtres.

***Tripoli***, l'incontournable avec sa Médina, ses ruelles et ses mosquées, le souk Al Harrara, les musées (Al Hamra), le quartier italien, la résidence Qaramanli, le château et la place des martyrs.

2- Le ***djebel Nafusah*** et ses hautes terres au sud de Tripoli, là où vit 1Mon de Imazighen : le peuple berbère. De Nalut à Gharyan avec ses maisons troglodytiques et les greniers fortifiés garnis d'alvéoles où l'on stockait naguère les denrées, les graines et l'huile d'olive.

3- Le flanc du djebel Al Akhdar en Cyrénaïque, face à la méditerranée depuis Benghazi jusqu'à Darnah. Une région qui se distingue par ses cités helléniques ***d'Apollonia, Cyrène et Tolmeita***, ses sites byzantins comme

*Qasr Libya*, la Médina et le souk de Benghazi, et enfin les plages aux sables fins. A distance, les sites mémoriels de Tobrouk et Bir Hakeim relatant les combats de 39/45.

4- *L'Akakus* (versant libyen). Un site classé, aux paysages sans pareils, aux confins du Fezzan, peu loin de Ghat, avec ses sites préhistoriques et ses peintures rupestres (les têtes rondes), les oasis, les canyons, marmites de géants et pétroglyphes, les lacs salés et colorés près de Sabha, enfin les Touareg et leur vie de nomades.

On pourrait y adjoindre éventuellement un cinquième parcours qui s'adresse aux plus téméraires. Une minorité qui recherche les hors sentiers battus et les hors pistes, qui veut s'aventurer à leur risque et péril dans le désert et dans les mers de sables.

Comme on le voit on ne part pas de zéro en matière de tourisme en Libye, cependant il y a un mais, car, comme il a été dit, la guerre civile et la crise financière entre temps sont passées par là :

En 2012, en effet, les sites touristiques ne sont plus parcourus. Certains sont laissés à l'abandon depuis un an, et font craindre le pire quant à leur entretien. A cette attitude navrante s'opère un regain d'intérêt plutôt vers les vestiges du dernier conflit. On désire visiter le musée d'armement à Misratah et exercer sa curiosité vers les roquettes russes de 240mms, les missiles R-550 ou sur les lanceurs BM-21, puis s'attarder sur les prisons de Katiba à Benghazi ou sur celle d'Ain Zara et le bunker de Kadhafi à Tripoli. On préfère visiter les Mig-25 et les Tupolev TU-22 en décomposition à l'aérodrome de Hun près de Jufra, ou encore les T55 et les BMP-1 complètement rouillés démontrant ainsi ce qu'était réellement l'armée de Kadhafi. Un engouement envers les décombres de l'ancien régime qui, espérons-le, ne sera que passager.

En résumé, il y a un matériau existant dans le domaine du tourisme, mais qui est entièrement à réactiver, et peut-être à revoir sur le plan global maghrébin.

## THEME 25 : L'ALIMENTAIRE EN LIBYE

Comme il a été cité au cours de l'événementiel, les cultures vivrières associées à l'élevage et à la pêche ne suffisent pas à nourrir la population libyenne et qu'il était fait un large appel à l'importation (changement des habitudes alimentaires). Non pas que ces divers apports locaux, malgré tout non négligeables n'aient pas été abordés sous l'angle d'une amélioration permanente, mais ils atteignent très vite les limites connues si l'on n'y prend garde, c'est-à-dire la salinisation et l'érosion des sols.

Il faut cependant convenir que la plaine de Jafira a été mise à mal durant la dernière guerre civile ; pénalisant les récoltes, détériorant les canaux et les puits et transformant l'immense damier coloré en une zone sans grande rentabilité. Depuis les choses changent. Il s'agit maintenant d'optimiser ces 15000 km2 de cultures variées et leur donner l'aboutissement escompté. Face à cette surface immuable, le désert est là bien présent et ne demande qu'à progresser ; les villes côtières s'étendent en fonction des demandes d'une population urbaine en augmentation et ce au détriment des surfaces agricoles ; l'eau de mer s'infiltre dans la bordure littorale ; enfin, les eaux de pluie ravinent et érodent le sol lorsqu'il n'y a pas de recouvrement végétal. Au moment des pluies, les oueds tumultueux se gorgent de limons qu'ils s'en vont déposer dans l'estuaire teintant en ocre un arc dans la mer (tel l'oued Al Muinin dans Tripoli-ouest).

Les critères de conduite ne différent pas des autres régions. La mise en valeur de la plaine Jafira (les agrumes), à laquelle s'ajoute la bande d'Al Marj de 250Kms au pied du djebel Akhdar recouvert d'oliviers, pins, cyprès et genévriers rouges d'où son nom de « montagne verte », allie les méthodes d'irrigation à celles des eaux de pluies que l'on essaie de capter par de petites retenues dans la partie amont des oueds après le passage des pluies rarissimes.

- Il est de fait que l'eau sera l'élément primordial.
- Il est de fait que l'élevage des bovins et dromadaires nécessitera des pâturages (fourrages et herbages) mobilisant de grandes surfaces.
- Il est de fait que cette agriculture utilisera une mécanisation poussée avec machines agricoles, tracteurs et motoculteurs importés dans la plupart des cas. De même que seront importés les engrais et les semences.
- Il est de fait qu'un emploi modéré des insecticides et herbicides s'avèrera nécessaire notamment sur les blés, riz et légumes.
- Il est de fait qu'en complémentarité les notions de transformation, de conservation, de transport et de distribution ne demanderont qu'à être développées.

- Il est de fait que la plaine Jafira n'échappera pas à une recherche de rendement avec deux récoltes de céréales à l'année.
- Il est de fait, enfin, que le débat se poursuivra longtemps entre l'intérêt de la consommation de la protéine végétale ou de la protéine animale.

Or, il est un tout autre domaine que beaucoup de ces Etats dits « désertiques » ont appréhendé en achetant ou louant des terres à l'extérieur de leurs pays à partir de Fonds privés ou de Fonds souverains.

Il en est de la Libye par des accords avec le Mali sur la location de 100000 ha près du fleuve Niger. Il s'agit d'une zone agricole d'où les petits propriétaires locaux ont été expulsés et qui doit devenir après quelques aménagements une surface à haut rendement d'un riz hybride dont la semence serait fournie par le CNCRH chinois.

Les Fonds libyens, et ce point intéressera le pouvoir en place dans sa recherche des actifs placés overseas, notamment ceux de la LIAP (libyan investment africa portfolio) qui composent la majeure partie du capital de la société Malibya dirigée par le docteur Youssef depuis plusieurs années. En 2010, huit milliards étaient déjà dépensés en route d'accès et en canaux depuis le barrage de Markala situé à 40Kms. Moyennant une redevance annuelle au Mali de 120 euros par hectare.

Une organisation axée sur le rendement : deux récoltes par an, nécessitant au besoin 130 m3 d'eau par seconde sans exclure un apport en N.K.P. (nitrate, potasse, phosphate) notable. Il était prévu d'embaucher des Bengladais, spécialisés dans ce mode de culture. Chacun devant trouver un intérêt : untel par la rentrée d'argent qu'elle procure lors de la vente ou par la location annuelle. D'autres ne voient pas d'inconvénient à ce principe car le bassin nigérien est immense. Par ailleurs, les Zambiens disposent de plus de 40 Mons d'hectares de terres fertiles. Inversement les tentatives faites à Madagascar (3,7Mons d'hectares) étaient restées sans résultat, les propriétaires réunis en association de défense s'y étaient opposés. En effet, on peut imaginer en quel état seront rendues ces terres surexploitées en fin de baux qui parfois vont de 10 à 99 ans sous la forme emphytéotique : 50 ans dans le cas malien, 10 ans dans le cas zambien. Envisageant déjà les dérives sur ces terres spoliées, la FAO réunie à Rome le 12 mai 2012 suggérait un texte encadrant ces achats.

Le deuxième exemple sera l'accord de coopération économique avec l'Ukraine portant sur le blé (OGM s'entend : BT, HT, ou mixte) à partir de terres arables fertiles, d'un humus noir et fort pourvues d'oligoéléments dont on attend un rendement provisoire de 40 quintaux à l'hectare passant très vite à 80 quintaux (Q= 100Kgs) sur une surface de 100000 ha. Un projet également soutenu par la LAIP dans lequel il était question d'un échange contre 600000 tonnes de brut, puis une assistance orientée vers la formation d'ingénieurs libyens dans le domaine nucléaire.

On a ainsi un aperçu des placements fructueux libyens sur des terres louées en Afrique qui pourraient atteindre les 300000 ha en incluant celles du Libéria. Peu, si on les compare aux 700000 ha des Emirats arabes unis ou aux 850000 ha de l'Egypte et très loin des 1Mon 9 ha de l'Arabie saoudite dont les trois-quarts se situent en Indonésie, Mali, Sénégal. Enfin au Soudan où le Qatar a acheté près de 200000 ha. Ce qui fait des envieux par l'apparition des Chinois et des Indiens (Varun et Karuturi) dans les transactions en cours en Afrique. Il y a donc d'énormes profits à réaliser dans de tels investissements, il suffit pour cela de regarder s'envoler le cours du blé à la bourse de Chicago : 630 cents le boisseau (13L) au 13 mars 2012.

Dans le but d'une auto suffisance et d'une sécurité alimentaire, le droit à la nourriture en quelque sorte devient « stratégique » en Libye comme le sont les ressources en pétrole et en eau. C'est pourquoi les placements libyens futurs seront orientés plutôt vers le Soudan plus proche avec ses 4Mons d'ha disponibles ou à l'extrême vers l'Ethiopie avec ses 5,5Mons d'ha. C'est pourquoi la maîtrise du domaine alimentaire sera cruciale dans une vision première à court terme par la rentabilité des surfaces agricoles existantes, mais aussi à long terme (le demi-siècle à venir) dans sa dépendance à l'eau.

## THEME 26 : GEOSTRATEGIE DANS LA ZONE ARABE

« … désormais, le monde entier à les yeux rivés sur cette région… ».
Michael Luders.

### Les partitions

Pendant que des Etats essaient de se regrouper afin de renforcer leurs potentiels face à la mondialisation, ce que tentent depuis des décennies les Etats européens sans y parvenir, d'autres ne tarissent pas d'inquiétudes devant les séparations annoncées.

Dès 1993, l'Erythrée se séparait de l'Ethiopie, plus récemment le Soudan-sud faisait de même. L'aboutissement logique, après la fin de la guerre d'Irak, laissait croire à une séparation en trois secteurs : les sunnites au centre, les chiites au sud qui, eux, auraient pu faire le choix d'une alliance avec l'Iran et les Kurdes au nord orientés vers une autonomie. Dans le conflit en cours en Syrie tous appréhendent une division de l'Etat en plusieurs parcelles ; ne serait-ce que de la part des 2 Mons de Kurdes au nord-est. Quant aux circonstances qui ont conduits à la partition du Mali, elles sont le reflet des conséquences guerrières en Libye. Laquelle Libye n'a de cesse de tirer à hue et à dia tant des Toubou que des Touareg ou des Cyrénéens et Berbères.

Comme il semble facile de tirer un trait de crayon sur une carte géographique et de couper le Mali en deux en partant de l'angle droit de la frontière mauritanienne en direction de la frontière nigérienne et en passant par les deux villes de Nampala et Douentza. Mopti plus au sud n'intéresse guère les rebelles pour l'instant. En revanche la présence de l'arc formé par le fleuve Niger avec ses flats fertiles et ses rizières longeant Tombouctou et Gao est une garantie d'alimentation ; ce fleuve est aussi une grande voie fluviale ouverte vers le Nigeria islamiste à seulement 300Kms.

### De nouvelles frontières

Ainsi toutes ces confrontations peuvent conduire à des dislocations d'Etats et montrent la fragilité de ces frontières remises en cause pour x raisons dans un monde arabe en fragmentation. Paradoxalement, on pourrait assister à la formation de nouvelles entités :
- La réunion des kurdes, qu'ils soient de Syrie, d'Irak, d'Iran ou de Turquie, en un seul Etat « le kurdistan » : Syrie (2,5Mons) ; Irak (5Mons) ; Iran (10Mons) Turquie (10Mons) ; soit 34Mons d'habitants avec Dyabakir pour capitale. Sur ce plan le mouvement PKK est des plus actifs.
- La réunion des Toubou de Libye, du Tchad, du Niger, de l'Egypte et du Soudan en un « Toubouland » au sud de la Libye.

- Enfin, la réunion des Touareg de la Libye, de l'Algérie, du Niger et de l'Azawad (anciennement le nord Mali). Soit 7,5Mons dont 700000 au Mali.

En avril 2012, nous n'en sommes pas là. Il concerne plutôt des soulèvements en vue d'une partition finalisée dans un nouvel Etat se voulant fédérateur.

## L'inextricable contexte israélo-palestinien

Evoqué en quelques mots le conflit Israélo-palestinien relève de la gageure tellement celui-ci repose sur un imbroglio qui dure depuis des décennies. Chacun détenant une part de vérité. Sa vérité.

Or, que constate-t-on sur le terrain ?

Un Etat qui mordille jours après jours le territoire du voisin palestinien. Un mur de séparation en béton qui descend de méandres en méandres du nord au sud accaparant le maximum de colonies juives. Autant de sinusoïdes dont les crêtes seront faciles à relier in fine. Des murs dont la finalité est de se protéger d'éventuels envahisseurs comme le sont celui séparant l'Inde du Bengladesh et celui entre les USA et le Mexique, mais en contrepartie confine à l'enfermement. Car le mur déjà cité sera complété dans quelques mois par celui reliant Eilat/Taba vers Rafah le long de la frontière d'Egypte et celui, terminant la fermeture, près du Liban. Un Jérusalem qui de constructions en constructions tend à devenir la capitale d'Israël renvoyant les Palestiniens vers Ramallah. Enfin, un Gaza de plus en plus sclérosé, à la limite de l'étouffement, ne respirant que par quelques tunnels percés sous le mur de séparation avec l'Egypte.

Un Etat dont les 8 Mons d'habitants se trouvent insérés dans un monde environnant hostile. En quelque sorte un coin juif enfoncé dans une région essentiellement arabe. Pourtant cet Etat est craint de tous, car il possède la bombe atomique et les ogives qui vont avec. A l'intérieur duquel, Israël n'est pas à l'abri de sursauts des arabes israéliens musulmans (plus de 20% dans le nord du pays). Il n'est pas à l'abri non plus de soubresauts sociaux. En jouant sur une meilleure intégration de tout ce melting-pot et en redistribuant les bons résultats dus à un taux de croissance d'environ 5%, ce pays maintient ainsi une paix sociale tout en réservant une large part du PIB aux militaires et à l'éducation. Tout cela lui vaut le soutien indéfectible des USA qui continuent de lui attribuer près de 3Mds de $ par an pour sa survie. En compensation, Israël le lui rend bien par ses réalisations pointues dans le domaine des biotechnologies, nanotechnologies et électroniques en général.

Cependant des ententes ont été amorcées auprès de l'Egypte, notamment l'accord de camp David ainsi que celles implicites auprès de la Jordanie où la population est densément palestinienne. Tout cela sous le parapluie des

Etats-Unis d'Amérique. Il n'empêche que le problème palestinien reste entier. Car il ne peut faire de doute : il naîtra un Etat palestinien. Un Etat qui englobera deux régions, la Cisjordanie et Gaza. Dans l'instant, on en est très loin avec toutes les imbrications des colonies juives en un territoire sous le contrôle des Israéliens. On en est loin avec un Gaza séparé de la Cisjordanie géographiquement mais aussi idéologiquement du Hamas au Fatah. Ce qui pourrait conduire à terme à une séparation comme ce fût le cas entre les Pakistan occidental et oriental devenus par la suite le Pakistan et le Bengladesh. Alors va-t-on vers des solutions à l'emporte-pièce ? Relier Gaza à Hébron par une autoroute suspendue à travers le territoire israélien ; Déplacer les 2Mons d'habitants vers la Cisjordanie de façon à créer une seule unité ; rapatrier tous les réfugiés palestiniens dans ce nouvel Etat. Le problème avec le Hamas de Gaza soutenu par (l'Egypte) et le Qatar reste entier. Enfin, le problème avec le Hezbollah au Liban soutenu ouvertement par l'Iran subsiste.

Alors où se trouve la source de cette situation à priori insoluble ? Pour les Israéliens l'insécurité du secteur réside en un seul mot : l'Iran. Les propos tenus à cet égard sont sans équivoques : par Ahmadinejad, le 12 avril 2012 « l'Iran ne reculera pas d'un iota sur ses droits » ; par le Hamas, le 11 février 2012, « qu'il ne reconnaitra jamais Israël ». Et enfin, le degré suprême dans un verbatim provocateur asséné par Ahmadinejad le 17 août 2012 : « la tumeur cancéreuse d'Israël va bientôt disparaître ». Un Etat iranien qui inquiète pour deux raisons primordiales : son programme nucléaire qui a été maintes fois démenti et affirmé de nouveau (l'enrichissement de son uranium au-dessus de 20%), ses essais de lanceurs de plus en plus rapprochés et dont les portées sans nul doute atteindraient Israël voire plus distant. Par là même, ce programme à consonance militaire suscite bien des interrogations et des appréhensions.

Outre ce problème d'Iran, toujours d'actualité, auquel s'ajoute l'inquiétude causée par le conflit interne en Syrie et la présence d'armes chimiques, à tel point qu'il est décidé fin juillet 2012 de doter la population israélienne de masques à gaz, Israël se trouve préoccupé par la frontière égyptienne et plus encore par ce qui se passe dans le nord Sinaï et ses nombreuses tribus bédouines en insurrection. Bien qu'il existe une zone démilitarisée de 20kms en profondeur, c'est par là que transitent les gazoducs d'Al Arich à Ashkelon et de Rafah à Taba. Il se pourrait que l'on apprenne à brève échéance une réoccupation du Sinaï-nord (Taba à Sudr). Faisant ainsi d'une pierre trois coups : un regard sur le canal de Suez ; des aboutissements en hubs de tous les pipelines du Golfe (dans l'hypothèse d'une fermeture du détroit d'Ormuz) ; et un blocus complet de Gaza obligé d'évacuer sa population vers la Cisjordanie.

**Les traversées d'étroits passages**

Les Etats d'Europe et d'Asie vont devoir composer avec les nouveaux maîtres des lieux du Maghreb au Mashreq, car c'est ici qu'ils se procurent la majeure partie de leur approvisionnement énergétique (pétrole et gaz), même s'ils ont tendance à s'en éloigner graduellement pour des raisons d'insécurité. Sur place, ils sont donc intimement mêlés aux événements de cette région tout en n'y prenant aucune part directe et officielle. Leur présence est significative et ne se limite pas à la recherche et à la production de ces produits mais plus encore à la protection de leur transport. Les grandes voies par où circulent tankers et méthaniers sont étroitement surveillées et plus précisément les goulets d'étranglement les plus vulnérables :

 • **Le détroit d'Ormuz.** Par là, s'écoule l'approvisionnement, non seulement des occidentaux mais aussi de l'Inde et de la Chine, et en sens inverse il assure le passage des containers et minéraliers vers les pays du Golfe. C'est peu de dire l'extrême importance que revêt ce couloir réduit à une moitié des 32kms entre l'île d'Ormuz et le territoire d'Oman. C'est dire aussi l'importance des bases militaires américaines d'Abou Dhabi, Fujaïrah et Mascate face aux démonstrations belliqueuses occasionnelles de l'Iran. Lequel Iran rappelle le contentieux persistant avec les Emirats à propos de la petite île d'Abou Moussa située en plein milieu du détroit.

Pour autant un tanker ou méthanier ayant franchi la mer d'Oman n'est pas à l'abri des pirates somaliens qui sévissent sur une vaste région maritime à l'aide d'embarcations de grande rapidité. Le 06 04 2012, quelques pirates ont suffi pour kidnapper un cargo chinois qui, comme beaucoup de tankers, ont très peu de personnel à bord et avec évidence non armé. Ces captures très fréquentes depuis des années et qui procurent de substantiels rançons ont amené divers pays, dont ceux d'Europe, de l'Inde et de la Chine, à exercer une surveillance militarisée sur la zone. Les deux bases américaine et française à proximité de Djibouti étant chargées de contrôler le détroit de Bab El Mandeb.

 • **Le canal de suez.** L'autre moyen d'écoulement du pétrole et du gaz (GNL) est celui des oléoducs et gazoducs non moins susceptibles d'être interrompus. Comme il en a été récemment de ceux qui partent d'Egypte et qui alimentent la Jordanie et Israël. Ils ont fait l'objet respectivement le 05 O2 2012 et le 09 04 2012 d'attaques dans le Sinaï, ainsi que celui en partance du Yémen le 12 05 2012.

A la différence, lorsque l'Egypte coupe sa fourniture de gaz à Israël le 24 avril 2012 pour un réajustement de prix, cela doit être perçu dans un cadre de négociation à caractère commercial (dans l'attente de l'exploitation de l'important gisement de gaz off-shore des Israéliens d'ici environ deux ans).

En supposant une fermeture du détroit d'Ormuz, le pipeline débouchant en mer rouge au-dessus de Yambou (Arabie Saoudite) pallierait partiellement à ce handicap sous réserve que le canal de Suez soit maintenu en fonctionnement. Mais chacun peut concevoir qu'il ne suffirait que de deux navires coulés en travers et au bon endroit pour que le canal soit bloqué. Ou qu'un changement de régime survienne en Egypte pour modifier les conditions de péage obligeant les transporteurs à se dérouter et contourner l'Afrique du Sud. C'est pourquoi les Américains viennent de renouer en mars 2012 avec les militaires égyptiens, seuls garants en la matière.

Ces deux passages névralgiques nécessiteront de revoir tôt ou tard la totalité des terminaux tournés vers le Golfe et en établir des nouveaux. C'est pourquoi, d'ores et déjà un oléoduc vers Fujaïrah aux Emirats face au golfe d'Oman permettra d'approvisionner leurs principaux clients que sont le Japon et l'Inde. A l'instar du sultanat d'Oman avec Sohar, Matrah et Sur dont les débouchés sur le golfe d'Oman permettront de livrer la Corée du sud et la Chine. A l'instar du Qatar avec un gazoduc rejoignant celui des Emirats vers Fujaïrah. Il est vraisemblable que cela sera insuffisant pour l'Arabie saoudite, le Koweit et Bahrein qui devront se diriger rapidement vers la Méditerranée en passant par la Jordanie et le nord Sinaï.

- **Le détroit du Bosphore et des Dardanelles.** L'action de cette guérilla contre les moyens d'approvisionnement énergétique est également perceptible sur tous les oléoducs et gazoducs très nombreux franchissant la Turquie ou le Caucase (Nabucco, Blue stream…) en provenance des gisements au nord du Golfe ou de la mer Caspienne et son pourtour. Au-delà, ces deux détroits, faciles à interrompre même si la Turquie lance la réalisation d'un grand canal parallèle reliant la mer noire à la mer de Marmara (avril 2012), deviennent essentiels aux yeux des Russes. La conjoncture aidant, il leur faut absolument être présents sur le plan stratégique en Méditerranée où séjourne la VIème flotte américaine et où se sont aventurées deux frégates de l'Iran au 22 février 2011. Ainsi les bases russes de Crimée, d'Abkazie et d'Erevan doivent être assurées de ce débouché et en cas de sa fermeture la création d'une base permanente à Tartous en Syrie est formellement dans les cartons. Un port qui serait réaménagé, capable de recevoir un porte-avion, des bâtiments de surfaces (croiseurs, frégates, avisos, destroyers…) et un ou deux sous-marins le cas échéant. Les deux appontements seraient totalement à réadapter aux frais des Russes. Ce, à deux pas de la grande base américaine d'Incirlik en Turquie.

### La survie même des pays arabes

S'agissant de l'eau, cette denrée rare et vitale est un problème incontournable qui restera à résoudre pour longtemps dans les pays arabes.

Le Nil, qui traverse plusieurs Etats comporte déjà une quantité de barrages posant une répartition équitable entre eux. Le Soudan en a installé pas moins de 10 alors que l'Egypte en aval est suspendue aux accords en cours concernant le barrage d'Assouan. Il en est de même pour le Tigre et l'Euphrate sur lesquels l'Irak en a positionné une dizaine, mais qui reste tributaire de la source tenue par la Turquie.

Hors l'apport en eau potable de ces trois grands fleuves, les pays du Golfe ont eu recours à deux méthodes résolvant momentanément leur préoccupation :
- L'une par une très longue canalisation en provenance du nord-ouest de la Syrie en direction de Ryad et Bahrein avec une bifurcation vers le Qatar et Djedda (la Mecque). Au passage les nappes phréatiques de Disi en Arabie Saoudite sont largement sollicitées.
- L'autre par la présence des usines de dessalement. Et là il ne s'agit pas d'un simple exemplaire mais bien de batteries qui s'étendent tout le long du sud de la Méditerranée, se prolongeant le long de la mer rouge et ceinturant toute l'Arabie Saoudite jusqu'au Koweit. Quant à l'Etat d'Israël, outre les usines de dessalement, ce pays a foré des puits sur tout le flanc de la Cisjordanie et en déverse l'eau recueillie vers l'ouest.

Sur toutes ces surfaces semi-désertiques le déficit est chronique ; malgré les efforts déployés, nous sommes très loin d'un seuil moyen par habitant et par an de 1000m3. Un déficit qui ne fera qu'augmenter par l'urbanisation et les zones irriguées, sans omettre les projets grandioses existants ou à venir tels le « grand projet anatolien » des Turcs et la « nouvelle vallée » des Egyptiens.

La Libye n'échappe pas à ce dilemme comme cela a été évoqué dans le thème N°15.

En résumé, l'accès à l'eau dans le futur pourrait dégénérer en hostilités si un des Etats n'acceptait plus un partage équitable des eaux des fleuves par exemple ou si l'on assistait à un changement climatique important provoquant une grande sècheresse et un tarissement des sources sur ces régions.

## Une autre source de malentendus : les islamistes

Dans cette prospective et en complément du thème 21, c'est vers la progression islamiste que doivent se porter les regards. Nous avons vu les partis politiques émanés de groupes armés à l'intérieur des pays concernés, et lorsqu'il y a eu hostilité, celle-ci est restée intra-muros. Ce dont nous voulons parler dépend d'une tout autre démarche lorsqu'est évoqué le « djihad » dans diverses directions et s'échappant de la ceinture arabe. Les groupuscules ou groupes parfois dépassant plusieurs centaines de combattants venus de divers horizons ont pour but méthodique de s'emparer du pouvoir des pays dans lesquels ils s'activent.

**Trois directions majeures de cette progression islamique sont retenues :**
- *L'Afrique du centre et de l'est,* dont la conquête est déjà bien entamée ; tout y contribue : l'expédition de livres coraniques, les prêches orientées des Imams et l'entrée en conflit armé contre le pouvoir en place. Ainsi de la Somalie avec les shebab, au Nigéria avec Boko haram, le terrain est partout miné. De l'Aqpa, quelque peu retardé au Yémen à l'Aqmi au Sahel qui peut s'ébattre en toute tranquillité depuis la conquête de l'Azawad, la progression est parfaitement lisible. La prochaine étape sera de relier entre eux tous ces fruits murs ; aucun pays africains n'a la capacité matérielle ni la volonté de contrer cette mainmise sur leur territoire. Après quoi les djihadistes se tourneront vers l'Algérie qui leur a échappé jusqu'à ce jour.
- *Le nord-est des pays arabes.* Par cette orientation, nous entendons une zone dépassant la Turquie qui se veut avec insistance laïque. Le premier ministre Erdogan bien qu'issu d'un parti islamiste l'a répété maintes et maintes fois et semble s'y tenir. On aurait pu penser que la Georgie et l'Arménie chrétienne ainsi que l'Azerbaïdjan de religion musulmane modérée auraient pu parer à toute pénétration des islamistes vers le nord. Le Caucase faisant office de barrière physique infranchissable. Il n'en a rien été. Toutes les petites républiques de l'ancienne URSS au pied du Caucase nord ont été envahies : tel aura été le cas de la Tchétchénie envers qui les Russes ont du déployer d'énormes moyens et une armée pour en venir apparemment à bout.
Le même schéma est observé, toute proportion gardée, à l'est de la mer Caspienne, notamment le Kazakhstan servant de zone tampon protecteur au sud de la Russie. Les Russes sont donc concernés et soutiennent tous ces pays militairement dans leur fonction dictatoriale évacuant toute opposition, seul moyen à leur point de vue pour contrer cette invasion islamique radicale.
- *L'Europe serait la troisième région* qui fait l'objet de trois flèches sur le plan N°11. Une avancée évidente par le sud de l'Espagne, le sud de l'Italie, l'Albanie et par la Grèce d'islamistes intégristes et terroristes, qui, à la fois, se sont déjà manifestés soit individuellement ou par groupuscules, et qui de plus par salafistes interposés n'hésitent plus à faire une distribution massive du Coran en Allemagne le 14 avril 2012. Ce sujet qui concerne l'Europe est trop complexe pour être abordé en quelques lignes ; c'est pourquoi une étude sur une progression incontrôlée de l'immigration islamique et une supposée

présence dormante d'islamistes intégristes sur le sol européen ne fait pas l'objet de ce livre. Nous restons par cet écrit dans le seul cadre du monde arabe. C'est pourquoi nous demandons au lecteur de se diriger vers les nombreux écrits et documentaires des librairies européennes. Chaque Européen pourra ainsi se faire une opinion éclairée et appropriée. Cependant, avec certitude, il ne peut être fait un amalgame entre ces fondamentalistes et le monde musulman présent en Europe qui pratique sa religion avec respect autour et dans ses mosquées.

### Enfin, l'objet de tous les dangers

Dans ce Moyen-Orient plein d'antagonismes, l'Iran devient le sujet dominant, désigné comme le fauteur de troubles par son opacité dans le domaine nucléaire. En conséquence, il est pointé du doigt par certains pays. Quelle est sa situation, ses atouts, ses appréhensions, ses moyens de défense ou de rétorsion ?

Ses atouts :
- Les sanctions imposées par l'ONU restent sans effet dans la mesure où l'Iran possède du pétrole et du gaz et qu'il est libre d'en disposer comme bon lui semble. Non seulement un arrêt de fourniture à certains pays de l'Europe ne lui pèse pas. C'est ainsi qu'il peut décider de ne plus livrer l'Espagne et l'Allemagne sachant que la Chine compensera largement le manque à gagner.
- Le soutien des Russes face à une attaque éventuelle des centres nucléaires qu'ils ont largement approvisionnés et aux centrales nucléaires qu'ils ont construites avec la fourniture du « fuel » correspondant, telle celle de Boucherh en bordure du Golfe et sa correspondante dans quelque temps.
- La population, certes sous une épaisse chape de plomb théocratique, se lèverait d'un seul tenant s'il y avait invasion. Au même titre que tous les chiites de la région (Irak, Liban, Gaza, Bahrein).
- Les centres de recherches notamment ceux qui possèdent les cascades de centrifugeuses sont bétonnés et enfouis à forte profondeur, difficile à atteindre par les bombes perforeuses actuelles.
- Le blocage du détroit d'Ormuz. Il est facile d'imaginer l'impact immédiat sur l'interruption de fourniture des matières énergétiques qui paralyseraient une grande partie du monde.

Ses hantises :
- De se retrouver coincé entre Israël et le Pakistan qui tous les deux possèdent des armes atomiques.

- D'être encerclé par les troupes américaines qui dans l'instant ont des objectifs précis en Irak et en Afghanistan mais qui sur un simple signal pourraient se retourner vers ses frontières toutes proches.
- De ne pas savoir à quelle date le duo Israël et USA va intervenir, car l'Iran est convaincu qu'il y aura intervention et que ce duo ne se contentera pas éternellement d'éliminer les spécialistes iraniens en physique atomique, ni de brouiller la cybernétique ambiante.

Mais alors, qu'est-ce qui fait que cette intervention ne se produit pas ? Sans pour autant éluder une complète préparation en cours. Quels vont être l'amorce, le déclic, le détonateur qui enclencheront le processus ? La réponse pourrait être contenue dans un certain nombre de points aléatoires suivants :
- Les élections du nouveau président des Etats-Unis d'Amérique en novembre 2012.
- La fin des combats en Afghanistan et le retrait des troupes d'Irak car personne ne croit à une intervention terrestre.
- L'intervention pourrait être aérienne, par surprise, foudroyante utilisant des moyens colossaux depuis toutes les bases et flottes US, de l'OTAN et d'Israël dès que le paravent européen anti-missiles sera réalisé.
- L'Etat d'Israël ne peut intervenir seul sans prendre de grands risques.
- La possession avec précision de tous les emplacements des sites nucléaires sans en omettre un seul, hors ceux connus de Qom, Natanz, Arak, Karadj, Kaveh et Isfahan, dans un cercle relativement proche de Téhéran ; un peu plus éloignés mais plus intrigants, ceux de Fordow et de Bandar-Abbas en bordure du détroit d'Ormuz. Que dire de la base militaire de Parchin où le 9 avril 2012 des photos satellites révélaient des activités nucléaires. Un manque de certitudes sur leur consistance pourrait être lourd de conséquences ; ne serait-ce que par la création de nuages radioactifs qui eux font fi des frontières. De même ne sont pas connus avec exactitudes les moyens de rétorsion de l'Iran en cas d'attaques.
- Enfin, la fabrication de plusieurs centaines de drones.

Le 14 avril 2012, une réunion dont on attendait beaucoup, se tenait à Istanbul avec la participation des Iraniens. Une deuxième était prévue le 23 mai qui devait concrétiser un certain nombre d'accords. Enfin l'AEIA s'est rendu à Téhéran le 21 mai 2012 dans un de ses sempiternels déplacements sans grande conviction. A tel point qu'un embargo était décrété sur la fourniture de pétrole par l'Iran, le 01 juillet 2012.

L'intervalle aura été de courte durée. Pendant les trois jours suivants, des exercices de tirs de missiles balistiques étaient engagés en simulant l'attaque d'une des bases américaines à partir du centre de l'Iran. En effet si l'on considère ce centre comme le centre d'un cercle dont le rayon avoisinerait les 7 à 800Kms, bien des bases américaines seraient sous les impacts des Shabab moyenne et longue portée. Plus, si le centre de tirs était déplacé au nord-ouest de l'Iran, Israël serait concerné. Mieux encore si les tout nouveaux Shabab 3 de 2000Kms de portée entraient en jeu ; du coup, beaucoup de villes européennes seraient atteintes.

Ces essais de tirs démontrent le bon fonctionnement des appareils devenus mobiles et la maîtrise des opérateurs iraniens. Ce n'est pas en soi le missile lui-même, en tant que gros obus sans plus, qui est à craindre, mais bien ce qu'il est capable de transporter : des têtes nucléaires, des têtes chimiques, ou des têtes bactériologiques. Sur ce point particulier l'AEIA ne sait pas répondre.

En tous les cas les observateurs considèrent cette démonstration comme une menace voire un acte hostile qui pourrait bien être suivi d'une deuxième riposte par la fermeture tout simplement du détroit d'Ormuz par les Iraniens. C'est pourquoi, dans un principe de précaution, la VIème flotte américaine se rapproche ostensiblement de ce point fragile et sensible.

## THEME 27 : GEOSTRATEGIE. DU POLITICO-RELIGIEUX AU POUVOIR

Dans la zone arabe, perçue comme sunnite, les islamistes modérés ont pris tous les pouvoirs de certains Etats, momentanément. Ils seront relayés par les radicaux tôt ou tard, peut-être même dans la prochaine décennie à venir. Toute la zone arabe appliquera alors la chari'a ; ce qui est déjà effectif pour plusieurs nations. Cela ne se fera pas sans heurts car ces fondamentalistes devront coller à la réalité :
- Sunnites, certes, mais face à des communautés chiites très importantes, principalement autour du Golfe, souvent soutenues par l'Iran voisin.
- Accepter les minorités chrétiennes, alaouites, druzes, kurdes, maronites, coptes... A moins de créer des ghettos ou des zones franches areligieuses.
- Prendre en compte les aspirations des intellectuels, édiles, syndicats, décideurs, artistes en général. Les « modernes » ou « progressistes » en quelque sorte.

Enfin, ces islamistes devront s'inscrire dans une économie mondiale (la voie de l'autarcie est à exclure). Comme dans toute révolution, il y a le passage des « ventres creux » à celui aspiré des « ventres pleins ». Autrement dit : les populations ne se contenteront pas éternellement de la seule nourriture religieuse.

### L'islamisme radical opportuniste

Comme il en est de la Chine communiste qui s'accommode très bien d'un espace, à l'est, d'une activité capitaliste, tout en maintenant une forte pression idéologique sur le reste de leur pays, il en sera de même avec les islamistes parvenus aux responsabilités. Dans ce monde dit ouvert : « la mondialisation », il leur faudra admettre les règles des marchés, des finances, et des commerces internationaux parfois contraires à leurs idéaux religieux, afin de rester crédible aux yeux de ceux qui les ont portés au pouvoir et de ne pas tomber dans **l'ère du rejet**.

Bien que ces extrémistes soient une minorité, il s'agit d'une minorité agissante avec des buts précis et généralement armée. Il ne suffit que d'examiner la pyramide exprimée sur le tableau ci-joint dont la pointe signifie le procédé admis jusqu'aux méthodes terroristes. Dans terrorisme il y a terror (latin) ; la terreur, la frayeur, la peur, l'utilisation de la violence, la répression en vue d'imposer le pouvoir religieux sur les masses populaires. Tous les moyens sont utilisés pour y parvenir :

- *Par le camouflage* : Certains islamistes, en employant un langage vert, seraient prêts « à se couper la barbe » s'il le fallait, pour passer inaperçus et parvenir à leur fins.
- *Par les actes* : 30 tués dans une église au Nigéria, attentats journaliers en Irak, démolitions de mausolées et l'attentat par voiture piégée à Beyrouth le 19 octobre 2012.
- *Par les intentions relevant du chantage* : d'une liquidation des otages kidnappés au Mali ; d'éventrer un tanker et créer ainsi une marée noire dans le Golfe (Iran)…
- *Par les propos incendiaires* : en puisant dans la phraséologie médicale, (cancer et tumeur) en parlant d'Israël…

## Les excès en zone arabe

Il peut apparaître inconciliable le fait de rechercher la rigueur religieuse, la morale, poussées à leur paroxysme pendant qu'une autre tendance, à l'opposé, s'en éloigne terriblement.

Ainsi assiste-t-on à Marrakech aux nuits débridées où le champagne coule à flot derrière des murs bien gardés. Des palaces et des palais de luxe s'érigent partout dans une ville où se ruent les vedettes et les gens argentés. Une intrusion qui fait frémir les rigoristes, acceptée au nom d'un tourisme qui assure des rentrées de devises non négligeables.

A l'autre extrémité de la zone arabe, les Emirats et les pays voisins, plus précisément le tripode : Dubaï, Abu Dhabi et Doha (Dawha) favorise le tout à volonté et à outrance frisant l'apologie de la cupidité par un **tourisme dit « haute gamme ».** La démesure est à chaque pas dans les hôtels de luxe, les salles de spectacles bien hermétiques, les îles gagnées sur la mer, les constructions démentielles, les commerces où rutilent tous les joyaux de la terre assaillis par une gent hyper argentée. Les rentrées de devises sont à ce prix. Un investissement à moyen terme à partir d'un pétrole à plus de 100$ le baril réinvesti au bon endroit dans le but de doubler la mise. Une façade qui agace, entraînant la critique que réfutent les émirs : « nous sommes la vitrine commerciale des fabricants de produits de luxe, fussent-ils étrangers » répondent-ils.

Il est facile d'imaginer les pupilles dilatées des extrémistes en regard de ce qu'il considère comme des excès et des abus, hors de la loi coranique, en attendant une éradication future de tous ces mécréants. Dans l'instant, ils ont beaucoup à se morfondre.

## Wahhabisme et Salafisme

Si tous les deux se réclament de la chari'a, en fonction de ce qui vient d'être dit et selon la situation géographique, deux manières de faire sont utilisées pour y parvenir. L'une privilégie les nantis et les résultats par l'argent dont bénéficie d'ailleurs leur population, c'est le cas des pays du Golfe en se référant au Wahhabisme, et l'autre, le Salafisme, s'oriente vers une population démunie, souvent désorientée, non insérée dans des sociétés qui se cherchent, mais la plus nombreuse dans la partie restante de la zone arabe. Cela ressemble au comportement, à une autre époque, des protestants et des catholiques, par la London missionnary society et les Jésuites interposés, qui s'orientaient vers les élites pour l'un et vers le « petit peuple » pour l'autre.

## La Mecque, centre du monde musulman

Fin octobre, le moment est venu de se rendre au pèlerinage de la Mecque (le Hadj ou Hajj, autre pilier de la religion musulmane). Le moment où l'on se prosterne devant Allah et Mahomet, avec respect dans un rituel immuable : les tuniques blanches et les Ayaba recouvrent le mont Arafat avant de continuer le parcours de Mina à Muzdalifa et d'entamer la circumambulation puis rejoindre les campements et hôtels voisins. Cette année les Libyens ont été plus nombreux à s'y rendre. La Libye avait sollicité un quota de 9000 places supplémentaires auprès de l'Arabie Saoudite, laquelle fait tout pour bien accueillir toutes ces foules, des plus riches aux moins aisées.

La Mecque, centre du monde musulman, s'apprête, en effet, à subir d'importantes modifications. Tout est misé sur cet éphémère passage de huit jours : 3Mons de personnes à loger, nourrir et déplacer ; bientôt 4 voire 5 dans quelques années[1]. A tel point que l'on parle dorénavant de « **tourisme religieux** ». Une manne appelée à remplacer en partie l'apport du pétrole pour les Saoudiens :

- Des hôtels entourant la mosquée, si proches qu'ils en deviennent sacrés avec en sous-sol leurs commerces regorgeant de joyaux et produits de luxe. Si hauts avec leur vue plongeante sur la Kaaba recouverte de son brocart noir (kiswa) autour de laquelle la multitude de pèlerins tourne 7 fois en tentant de toucher la pierre noire, si possible ;
- Des immeubles en construction, des villes nouvelles, des lignes de TGV entre la Mecque et Médine, autre lieu sacré, des routes, un nouveau port à Djedda, des terrains d'aviation.

Un global prévisionnel assurant des rentrées colossales. Ne serait-ce que la prise en charge des pèlerins dans leur hébergement et transport dont le

---

[1] Notons les 2 à 5Mons de chrétiens à Guadalupe (Mexique), Fatima (Espagne), Lourdes (France) et sans aucune mesure avec les sites sacrés hindous de Kumbh Mela (Ujjain, Nasik, Allahabad, Haridvar) en Inde où l'on approche les 30Mons de pèlerins.

coût est loin d'être négligeable, autour de 5000$^e$. Ce qui permet d'annoncer une rentrée de 16Mds de $. Dans le monde wahhabite, la religion et le commerce ne sont pas incompatibles.

L'étrangeté n'est pas là, elle est dans le comportement respectueux des lieux saints par une nuée de croyants sans agressivité aucune contrastant fortement avec d'autres lieux où l'on donne libre cours à ses instincts les plus animaliers qui soient.

## THÉOCRATIE

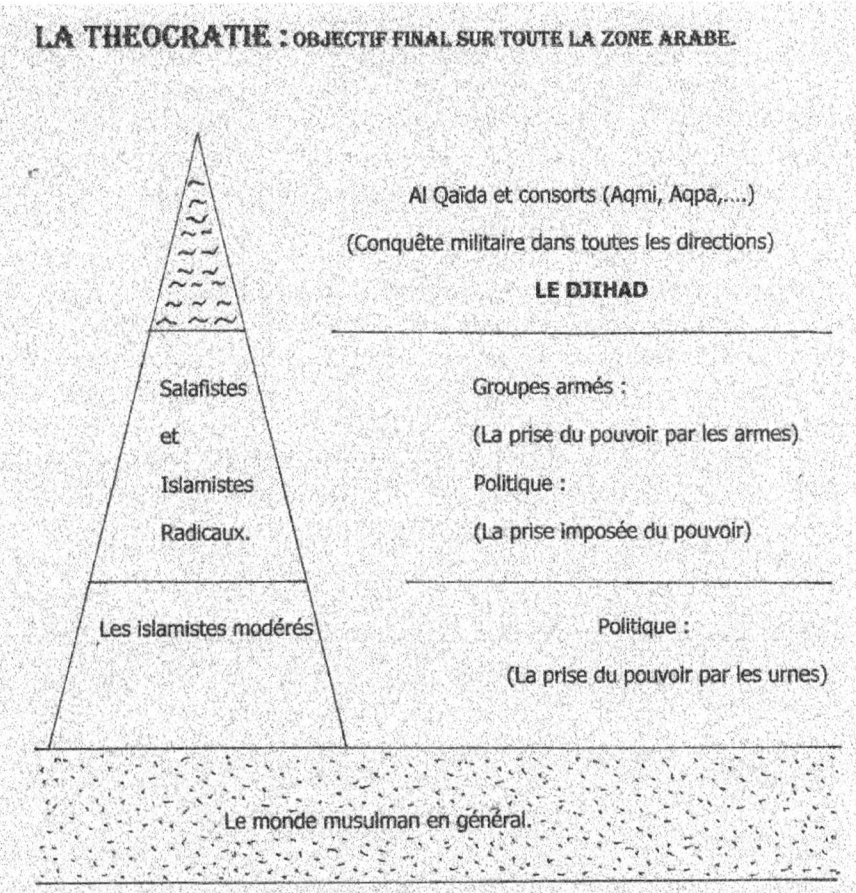

## THEME 28 : GEOPOLITIQUE I. APRÈS LE CHAOS VIENDRA LE TEMPS DE L'ESSOR

Les agitations du début février 2011, somme toute légitimes en regard des tyrannies exercées dans plusieurs pays de la zone arabe, ont attiré de fulgurantes réactions des despotes qui tenaient à garder les rênes de leur pouvoir. Puis vint se plaquer l'offensive doctrinale des extrémistes religieux vers mi 2011 installant le doute sur les excellentes raisons des soulèvements. Brusquement le **monde arabe s'est embrasé**, laissant entrevoir des compléments, voire de nouvelles révolutions en perspective et faisant dire à Hameda, l'écrivain libyen : « quel drôle de printemps ». Plus catégorique, le Premier ministre algérien en exercice, dans son discours du 5 mai 2012, qualifiait ce dit « printemps arabe » de : « déluge qui aurait détruit la Libye et affaibli l'Egypte ». Depuis les paramètres ont quelque peu changé. Ce serait méconnaître la capacité des peuples à surmonter leurs douleurs passées, leurs discordes et leurs erreurs, et à se propulser dans l'avenir sous une autre forme de rassemblement.

Car le **Temps** est là pour nous rappeler qu'à la fin des agitations et désordres il n'y a pas de loi physique qui autorise de recoller les pièces liées à la déflagration. Par **entropie**, tout juste peut-on mesurer le degré d'anarchie. Le **Temps** ne permet pas le retour au passé, il ne fonctionne que vers l'avant. C'est aux hommes ensuite après le retour au calme de lui donner la forme qu'il désire. C'est ainsi que les théories orientées vers le passé aboutissant à des Califats et soutenues par les salafistes semblent obsolètes aux yeux de la majorité des musulmans dans un monde en perpétuel changement. En quelque sorte, un anachronisme inadapté au temps moderne.

### L'orientation prise est-elle sans recours possible ?

Malgré cet islamisme fondamentaliste naissant et ces conflits qui s'étendent. Malgré un Al Qaïda dont les tentacules sont croissantes ou décroissantes. Doit-on pour autant considérer la zone arabe dans une situation désespérée ? Tout dépendra de l'acceptation des doctrines et idéologies qui seront proposées. Dans l'immédiat des sursauts sont constatés :
– En Egypte, Morsy, l'islamiste dit modéré, fait intervenir l'armée dans le Sinaï contre les islamistes radicaux.
– Au Nigéria, 30 tués dans une église donnent la réplique à 30 tués près d'une mosquée. L'armée commence seulement à s'interposer et à s'opposer à cette loi du talion.
– En Somalie, l'armée aidée de l'U.A. récupère une ville aux mains des shebabs (chabab).

- Un retour du tourisme en Egypte ; contre toute attente, on table sur 10Mons de visiteurs en 2012.

Beaucoup plus encourageants sont :
- Le soulèvement du peuple de Benghazi contre les bandes armées et fanatiques.
- La poignée de mains, discrète, qui a eu lieu lors de la réunion de la Mecque, début septembre 2012, entre Morsy et Erdogan et plus surprenant entre l'Arabie Saoudite et l'Iran. Comme quoi, certains clivages peuvent s'estomper et ce geste peut s'interpréter comme suit : « Vous êtes chiites et nous sommes sunnites, mais nous sommes tous les deux musulmans ».
- Enfin, et on ne se lassera jamais de le redire, en dehors de toutes autres considérations, il y a 145 femmes dans l'Assemblée d'Algérie.

## Modification des alliances à prévoir

Il est indéniable en revanche, que la plupart des alliances en cours seront remises en cause. Les U.S.A. seront les plus concernés. Ils en ont fait les frais avec les rejets récents causés par des écrits et des caricatures sans consistance. Non seulement touchés par ces attitudes révulsives mais aussi par la crise qui sévit chez eux comme partout en Occident les obligeant à revoir leur stratégie, à réduire leur programme militaire et, ipso facto, leur nombre de bases autour du Golfe. Bien que les Etats-Unis demeurent une très grande puissance (encore plus dès qu'ils deviendront exportateurs de pétrole et gaz dans les années à venir, comme Israël avec son gaz off-shore), ils cesseront de jouer les gendarmes mondiaux et réduiront leurs versements pharaoniques à certains pays comme l'Egypte ou l'Irak (vers l'armée). Tout en étant contraints malgré tout à composer avec les nouveaux maîtres des lieux, fussent-ils islamistes, afin de poursuivre les échanges commerciaux.

## THEME 29 : GEOPOLITIQUE. TROIS ZONES PARALLELES EN TURBULENCE

La description des futurs **conflits dans le Mashreq** a déjà été abordée : Israël / Iran, Israël /Palestine, Israël/Hezbollah, Turquie/Syrie, ALS/Kurdes, Kurdes /Turcs, auxquels sont associés des conflits ouverts qui perdurent et progressent. Nous voulons nommer l'expansion des extrémistes d'Al Qaïda sur toute la région et ce n'est pas l'envoi de quelques drones sur le Yémen qui risque de les stopper. L'autre conflit, un conflit ouvert en Syrie, où l'un, les rebelles grappillent mètres carrés après mètres carrés, pendant que l'autre, Assad, est maître du ciel. Un conflit qui durera tant que celui-ci n'aura pas épuisé toutes ses munitions, tant que le blocus ne sera pas fonctionnel à 100%, tant que tous les ports ne seront pas sous contrôle, tant que les pays voisins n'empêcheront pas le survol de leur territoire à tous les avions en direction des terrains d'aviation syrien, tant que tous les postes-frontières ne seront pas totalement hermétiques, alors Assad recevra un renouvellement sans limite de son stock destructeur, notamment de la part de la Russie et de l'Iran. Les efforts déployés par Brahimi, le conciliateur de l'ONU, semblent insignifiants face à l'entêtement d'Assad et son régime.

Or, dès que l'on s'éloigne de ces zones guerrières, l'on assiste à un déploiement de **grands travaux**, parfois gigantesques, par les pays du Golfe. Que ce soit un pont de 50kms entre Sitra au Bahrein vers le Qatar. Que ce soit les ports et aéroports ou les îles artificielles (Pearl et World) représentant chaque pays du monde par les émirats. Que ce soit les ponts entre Koweit-City et l'île Boubiyan au Koweit. Que ce soit les stades surdimensionnés en vue des jeux d'Abou Dhabi en 2020. Que ce soit la construction d'un clone du Taj Mahal par Dubai. On pourrait prolonger la liste indéfiniment par les extensions ferroviaires d'Oman, ou les réseaux ferroviaires à grande vitesse en Arabie Saoudite avec les aménagements grandioses autour de la Mecque. Tous ces marchés sont soumis à des adjudications âprement débattues sur lesquelles Indiens et Chinois jouent les moins-disants, main d'œuvre comprise.

Comme il été vu, la zone arabe est pleine de promesses, elle a tous les atouts pour confirmer l'essor en cours. Cependant elle doit être perçue aussi sous un autre angle et nous obliger à revenir à l'aspect politico-religieux extrémiste et expansionniste.

A ce bloc arabe, de la Mauritanie à l'Irak, s'étend au sud un **bloc dit africain** couvrant une zone parallèle comprise, disons, entre le Tropique du Cancer et l'Equateur. Plus communément appelée le Sahel ou encore le Centre-Afrique (Afrique de l'Est et l'Afrique de l'Ouest). C'est à partir de là que le drame s'installe par l'invasion des islamistes déjà opérant ; nous l'avons souligné au cours du texte, en Somalie, au Nigéria et au Mali devenu une véritable base d'Al Qaïda. Ces foyers ne demandent qu'à s'enflammer.

Tout se prête à cette invasion :
- Une frontière de plusieurs milliers de kilomètres purement symbolique serpentant dans le désert du Sahara facilitant la pénétration.
- Un islam bien ancré sous sa forme la plus tolérante possible que les extrémistes transformeront en application plus rigoureuse.
- Une instabilité notoire de tous ces Etats qui composent cette Afrique, démontrant leur fragilité et les transformant en proies faciles à un endoctrinement forcené des islamistes.
- Enfin, une mainmise sur toutes les matières premières par l'appétit des Chinois évinçant le pré-carré des Français, lesquels ne conservent plus que la linguistique comme consolation. (lire : « Comment la France a perdu l'Afrique » par A.Glaser, 2012).

## Une Afrique touchée et contaminée

Tous les maux de la terre semblent assaillir cette région :
- Des coups d'Etat aux guerres civiles, des soubresauts politiques aux oppositions actives. Des mutineries militaires aux luttes entre ethnies. Des rebellions aux pirateries (golfe de Guinée et Somalie).
- De la pauvreté (parfois en-dessous du seuil, 1$ par jour) à une espérance de vie très basse (parfois inférieure à 45 ans).
- Confrontée au paludisme (sans accès au soin) et à la sécheresse (l'exemple du Darfour) par l'avancée inexorable du Sahel. Sur ce dernier point la grande muraille verte projetée va tenter de s'y opposer en créant un espace végétal de 15kms de large sur 7500kms d'ouest en est de l'Afrique.
- De la pénurie de devises étrangères aux perspectives de croissance faible. Du manque d'infrastructures à l'inflation. Du non emploi des jeunes au chômage tout court.
- De l'insécurité générale (rackets et violences) à la corruption. A tel point que l'on se demande ce que deviennent les masses d'argent et les aides internationales déversées. Une calamité qui n'a d'égale que l'émergence des réseaux de drogues, autre fléau. En provenance d'Amérique du sud, la cocaïne débarque par tonnes en Guinée-Bissau, au Mali ou au Niger, puis passe entre les mains des groupes terroristes d'Al Qaïda avant de repartir vers l'Europe via le Maroc. Un trafic illicite en constante augmentation qui rapporte des sommes considérables aux narcotrafiquants et alimente les islamistes de l'AQMI (Azawad) en armes et en recrutements de militants.

Voilà un état des lieux peu prometteur qui nous éloigne considérablement du sigle envié de pays « **émergeants** », même si le Nigéria fait figure d'exception avec un taux de croissance de 6 à 7%.

Pourtant cette Afrique là ne manque pas d'atouts en matières premières et énergétiques. Du pétrole et du gaz (Nigeria et soudan), de l'uranium (Niger, Centrafrique et Somalie), or (Ghana et Mali), bauxite (Guinée), fer et phosphates. Auxquels s'ajoutent une très bonne place à l'export des : coton, cacao, cajou, bois, caoutchouc, huile de palme, café et d'importantes surfaces de terres agricoles.

Un dernier symptôme et l'avenir nous dira s'il est bénéfique, a trait au fort taux démographique : 4 enfants par femme au Mali et en Guinée-Bissau ; encore plus au Nigéria. Ce qui laisse prévoir une population de 700Mons d'habitants dans un futur immédiat.

Il en résulte, (dans le bloc arabe ou dans le bloc africain), que des quantités de gens déplacés sont la résultante des confrontations existantes (Syrie, Mali, Soudan, Yémen…). Les **réfugiés** se comptent par centaines de milles. Depuis Tindouf où sont concentrés près de 200000 Sahraouis du Sahara occidental occupé par le Maroc jusqu'aux camps palestiniens près de Damas qui d'éphémères sont devenus de véritables ghettos. D'après les sources accréditées et malgré les imprécisions, on estime que 200000 Maliens auraient fui leur pays et auraient été recueillis en partie notable par la Mauritanie. De Libye, personne n'arrive à suivre avec exactitude leur nombre. Il en est du Darfour, du Soudan nord et sud, du Yémen et de l'Irak. Quant à la Syrie, de jours en jours les chiffres s'alourdissent vers la Jordanie, le Liban, et la Turquie (11000 en quelques jours vers la Turquie à la mi-novembre).

Les tentes blanches, oranges et kakis s'élèvent un peu partout près des frontières saturées d'égarés soutenus en nourriture, en eau et en hôpitaux de fortune par les organismes humanitaires. Les flux migratoires et les expulsés viennent amplifier les déplacements et pourraient faire croire à un immense brassage de population suivi d'intégration locale. Il n'en est rien au regard des camps d'accueil qui continuent d'exister depuis des années. Un autre aspect est la fuite des élites qui a pour conséquence majeure la déstructuration du pays concerné.

## La zone arabe entourée de la zone africaine mais aussi européenne

Par là, nous touchons à un troisième bloc au nord de la zone arabe et séparé par un élément physique : la Méditerranée, intitulé **la zone européenne**. Même si la mer offre quelques difficultés de franchissement, cette zone est directement concernée par cette migration qui se maintient à un niveau parfaitement maîtrisable et non massive. Elle s'en préserve en mettant des barrières près d'Istanbul, contrôle le « tolérable » à Lampedusa ou refoule les bateaux rapides dans le détroit de Gibraltar. Les gardes-côtes ont un grand rôle à jouer dans ces opérations afin d'arraisonner à temps les bateaux qui essaient d'atteindre la côte italienne. Le 27 octobre, un bateau de 75 Egyptiens force l'abordage ; le 6 novembre, un bateau est intercepté avec 170 personnes de différentes nationalités, alors que, deux jours plus tôt, une embarcation surchargée faisait naufrage près de Lampedusa.

La zone euro est dans l'incapacité de recevoir toutes les volontés d'y parvenir. Elle fait face à de grosses difficultés de fonctionnement, tant sur le plan social, sans harmonisation, que financier. Quelques fondamentaux sont nés : une monnaie unique, des accords agricoles, des conceptions industrielles en commun, mais on est très loin d'un rassemblement de 27 pays prêts à ne devenir qu'un seul. Aucun membre n'est disposé à perdre une once de ses prérogatives de chef d'Etat. Dès lors, on s'écarte considérablement d'une possible Europe fédérée ou des « Etats- Unis d'Europe ».

Par ailleurs, la **crise** est passée par là et a affaibli beaucoup d'Etats en mal de gestion. Après avoir puisé sans limite dans les caisses de Bruxelles et falsifié leurs comptes vint l'heure des remboursements les obligeant à des rigueurs inattendues. L'Espagne, le Portugal, l'Italie ont pris des dispositions mais sont toujours en début d'un commencement de convalescence. En revanche, la Grèce s'enfonce de jour en jour dans une austérité insoutenable.

La crise est partout présente et pourrait faire éclater cette fragile zone euro embryonnaire pourtant en paix depuis plus d'un demi-siècle après des désordres sans précédents. Apparemment endormie sur ses vieux démons souterrains que sont les extrêmes nationalistes et religieux, et bien que basée sur un marché dit « commun », elle pourrait virer au « libre-échange » si l'on n'y prenait garde, à la grande joie des Anglais et des Japonais. Malgré cela, et en ne citant que le marqueur significatif : le PIB par habitant, bien des pays qui la composent ont une valeur qui gravite autour de 40000 à 50000$^E$ ; très loin devant la Chine, la Russie et l'Inde. Donc, si elle est sujette à une stagnation, un taux de croissance proche de zéro voire en récession lui donnant un aspect de vulnérabilité, ce ne peut être que passager, dès que l'on en aura corrigé l'approche par le haut. C'est-à-dire, pour reprendre une métaphore avionique et afin qu'elle soit dirigée et ne parle que d'une seule voix : « La mise en fonction d'un pilote dans l'avion ».

En résumé, ces trois blocs, se jouxtant, ont vocation à se côtoyer, à se soutenir et à travailler ensemble. D'autant plus vrai qu'il doit y avoir imbrication plus particulièrement sur le plan économique. Il ne faut donc pas être surpris lorsque les liquidités qataris profitent des faiblesses de trésorerie de certaines sociétés européennes et volent à leur secours ou lorsque ses mêmes Fonds montent au créneau du capital social des LVMH, Lagardère et bien d'autres. Ni lorsque l'Arabie Saoudite, fer de lance des sunnites, passe des marchés notamment de rénovation de sa flotte militaire aux Français. Ou que la Libye, après la reconstitution du Fond de la L.I.A s'intéresserait, selon la rumeur, à une raffinerie en difficulté également en France et augmenterait ses investissements sur des terres agricoles en Afrique.

    La réciproque est vraie, lorsque la France constitue des partenariats avec le Niger sur l'uranium (Areva) ou avec le Maroc sur le ciment (Lafarge à Kerouan). Ce qui est valable pour de nombreux pays européens dont l'Allemagne, qui sous l'impulsion de Paul Von Son, dirigeant du consortium DII, essaie de promouvoir le projet Désertec (Thème 15). Un projet impressionnant qui, dès que les fonds seront réunis et que la technicité thermo-solaire sera améliorée, aboutira, in fine, à un échange « électricité contre eau potable » entre la zone Europe et la zone Arabe.

# THEME 30 : UN SOUFFLE DE LIBERTE INACHEVEE DANS LA ZONE ARABE

Dans tout récit, il y a un début et une fin. Ainsi en va-t-il de cette tranche d'histoire relative à la Libye : un début de révolution en février 2011, suivi de la pénétration des chars dans les faubourgs de Benghazi relatée par la chaîne Al Alhurra, puis un passage par une guerre civile trouvant son dénouement, un an et demi après, en octobre 2012.

Doit-on considérer le moment Benghazi comme le déclencheur de toutes ces tragédies ?

Doit-on considérer un infléchissement du cours de l'histoire par les « grâce à » et les « à cause de » ?

Doit-on reprocher à l'OTAN d'avoir outrepassé sa fonction première défensive à celle offensive en Libye ?

Il est ardu de faire la synthèse d'un « événementiel » en perpétuelle continuité par définition. Un résumé à la date de novembre 2012 sera remis en cause dès le mois suivant. Or, on ne peut nier qu'une page soit tournée en ce qui concerne la Libye qui nous aura servi de fil conducteur tout au long du texte. C'est la raison pour laquelle nous lui réservons « le mot de la fin ».

## La fin de l'ère Kadhafi

La création, au terme de cette révolution, d'un nouveau gouvernement montre la voie à suivre. Les fondations sont posées pour une nouvelle Libye. L'ère Kadhafi est révolue. Il reste cependant beaucoup de maux sous-jacents qui seront les premières préoccupations de Zeidan, le nouveau Premier ministre : les bandes armées, les stocks d'armes chez les particuliers, les nostalgiques du kadhafisme, les excès de l'islamisme radical, enfin, reconstruire un pays dont plusieurs villes sont en ruines, et savoir écouter les expressions et aspirations des différentes régions (Benghazi, Al Khofra, Sebha...)

Au-delà, la Libye ne pourra méconnaître les diverses agitations environnantes :

- Elle se situe au juste milieu de la zone arabe.
- Elle est le corridor autorisant le flux migratoire entre l'Afrique et l'Europe.
- Elle est à proximité de deux pays en turbulence : L'Egypte et la Tunisie.
- Elle côtoie deux pays en guerre larvée : le Mali et le Soudan.
- Elle n'est qu'à 800kms d'un conflit israélo-palestinien qui s'éternise. Voire à 1000kms d'une Syrie en pleine révolte armée.

– Enfin, elle serait inscrite dans le premier et large cercle d'une déflagration nucléaire irano-israélienne, si celle-ci venait à se produire.

Il est regrettable de ne pouvoir appliquer ce principe d'aboutissement à d'autres pays, notamment le Yémen et plus encore la Syrie duquel ne ressort aucun espoir, ne serait-ce de conciliation. Pourtant, il eût été agréable de voir la paix s'instaurer partout dans la zone arabe.

## Cependant, que de questions sans réponses !

Est-ce que les islamistes intégristes poursuivront leur soif de conquête et de pouvoir (exprimé par un désir d'application urgente de la chari'a par des milliers de manifestants place Tahrir en Egypte, le 10 novembre et le 4 décembre 2012), ou au contraire, les plus modérés se fondront-ils dans le microcosme local ?

Est-ce que les rivalités sunnites/ chiites vont s'amplifier ou s'aplanir ?

Est-ce que la situation en Syrie trouvera une finalité afin de franchir une nouvelle étape après l'éviction d'Assad ?

Est-ce que les Russes, dès qu'ils auront lâché celui-ci, seront rassurés par l'apparition d'un gouvernement de transition ? Conserveront-ils leur prédominance à partir de la base navale de Tartous ?

Est-ce que les Israéliens et Palestiniens se dirigeront vers un consensus aboutissant à un Etat réel palestinien ? Alors que le Hamas depuis Gaza multiplie les provocations.

Est-ce que les USA et Obama, Président nouvellement réélu, soutiendront plus ouvertement les rebelles syriens ? Est-ce qu'ils se laisseront entraîner par les propos de Netanyahu lorsqu'il déclare : « nous sommes prêts à passer à l'acte » en parlant de l'Iran ? Est-ce qu'ils garderont toutes les bases militaires autour du Golfe compte tenu des coupes franches dans leur budget militaire ?

Est-ce que le Mali résoudra seul, comme il le désire, la reprise en main de l'Azawad ? Bien que la réunion d'Abuja au Nigéria prétend l'inverse.

Est-ce que les 27 pays composant une Europe disparate seront capables, à court terme, de fonder les « Etats- Unis d'Europe » et affirmer une influence marquante sur les événements mondiaux ?

Est-ce que la Chine par l'élection de Jinping, son nouveau président, s'investira davantage dans les affaires du Moyen-Orient et plus encore dans la recherche minière en Afrique ?

Est-ce que les sanctions appliquées envers certains pays, notamment l'Iran, suffiront à les amener à composition ? Ou doit-on attendre leur implosion ?

Est-ce que le renouvellement et la modernisation de tout l'armement de ces pays n'est pas un signe avant-coureur de futurs conflits (comme en témoigne l'achat d'avions de transport C-130 et d'avions-ravitailleurs KC130 par l'Arabie Saoudite) ?

Enfin, est-ce qu'il existera en cette fin 2012, une instance suffisamment puissante et influente pour désamorcer la poudrière qu'est devenu le Mashreq, et arrêter son extension à tout le Moyen-Orient et peut-être même au-delà ?

*MA CHA' ALLAH*

# V.

# DIVERS

Le palmier à virus a été secoué,
la contagion islamique s'est propagée jusqu'en Afrique centrale…

## V.

## DIVERS

# Généralités

*Dans les comptes-rendus des évènements récents, les noms de lieux et de personnes se sont écrits de différentes manières. Ci-après quelques exemples :*

## Noms de lieux

Syrte, Surt, Sirt * Misratah, Misruta, Misourata * Sabha, Sebha, Saba * Tubruk, Tubruq, Tobrouk * Brega, Braygah, bregua * Yafran, Iafran, Yfren, * Zuera, Zuara, Zouara * Al Khofra, Koufra, Kofra, Al Koufra * Ghadamès, Ghadamis * Murzuk, Mourzouk, Mourzuk…

## Noms de personnes

Mouatissim, Mutassim, Mutassem, Moatassem, Mootassim * Saif, Seif, Sayf, Seyif * Quant à Khadafi, il a été noté : Kadhafi, Khadafi, Qaddafi, Qadhafi, El Guedaffi, Gaddafi, enfin le petit livre vert est titré Muammar QATHAFI…

## Sigles

AIE : Agence Internationale de l'Energie.
ADM : Armes de Destructions Massives.
AEIA : Agence Internationale à l'Energie Atomique.
CPI : Cour Pénale Internationale.
CPG : Comité populaire Général.
CNT : Conseil National de Transition.
CNLP : Corporation National Libyan Petroleum.
GJALPS : Grande Jamahariya Arabe Libyenne Populaire et Socialiste.
GNL : Gaz Naturel Liquéfié.
HRW : Human Rights Watch.
LISCO : Libyan Iron and Steel Company.
NOCL : National Oil Company Libyan.
NTC : National Transitional Council.
NGOGC : North Global Oil and Gaz Company.

OPCW : Organisation for the Prohibition of Chemical Weapons.
ONU : Organisation des Nations Unies.
OCI : Organisation de la conférence islamique.

## La gouvernance en Libye

***Avant février 2011*** : La grande Jamahiriya arabe libyenne populaire et socialiste est régie par le « guide de la révolution » le colonel Muammar Qaddafi qui préside un gouvernement appelé « comité populaire général ». Tous les secrétariats de ce CPG correspondent à des ministères.

Ainsi, au 6 mars 2004, le Dr Ghanem était nommé Premier ministre ; son adjoint était Al Mahmoudi. Quatre autres secrétariats majeurs étaient tenus par : Chalgam aux Affaires étrangères ; Elkheir à l'Economie et Commerce ; Aboubakr à la Justice et Houej aux Finances. Il était procédé à un important remaniement ministériel en mars 2009 où Mahmoudi passait Premier ministre et Moussa Koussa devenait secrétaire des relations extérieures et de la coopération internationale. Zlitni prenait le Plan et les Finances. Deux noms à retenir faisaient leur apparition : Abdeljalil à la Justice et Younès Labidi à la sureté publique. Début 2011, Zouaï était nommé adjoint de Kadhafi.

***Après février 2011*** : Les manifestations de rues tournent à la guerre civile. Le gouvernement du régime libyen se délite au fil des mois ; la plupart des secrétariats clés fuient vers l'étranger (Moussa Koussa, Abdullah, Aboukrah, Jalloud le fidèle de la première heure…). S'y substitue une sorte de mainmise par le clan Kadhafi. Parallèlement, un gouvernement dissident se met en place à Benghazi sous l'égide du CNT. Celui-ci sera dissout ou limogé le 8 août 2011. Des critiques s'étaient élevées suite au décès du général Yunis (Younès) laissant entendre que certaines adhésions à la rébellion étaient douteuses. La tribu auquel il appartenait, les Al Obeidat, exigeait qu'un de ses membres prenne la relève. Les trois piliers de l'exécutif : Essawy, ministre des Affaires étrangères, Dighely, ministre de la Défense et le vice-président Ghoga acceptèrent le général Mahmoud à la tête de l'armée des rebelles.

Le président du CNT demandait alors à Djibril son premier ministre d'entamer des contacts et discussions avec diverses personnalités touchant l'ensemble de la société civile afin d'évacuer les divisions internes. Il aura fallu l'arrêt complet des combats et la mort de Kadhafi pour que tardivement un gouvernement de provisoire passe à intérimaire et se met tout de suite à l'oeuvre en s'attaquant aux priorités. L'équipe dirigeante, le 22 novembre 2011, sous la houlette du président du CNT Abdeljalil se présentait alors avec Al Keib (Kib) Premier ministre, et deux Vices-Premiers ministres : Chagour et Abdelkarim. Citons parmi les 24 ministres, celui de l'Intérieur : Abdelali ; de la Défense : Al-Jouili ; Affaires étrangères : Ben Khaval ;

Finances : Zoglem ; Economie : Charkass ; Pétrole et Gaz : BenYazza ; Justice : Achour ; Industrie : AlFtissi. L'élection législative de 2012 entraîna un nouveau changement.

### Quelques noms des brigades libyennes

Jaguar, lion, citadelle, brigade du matin, aube du 17 février hamar, Al Nimr, Al Jazira, Jabo, du bouclier du désert, etc.

### Demandes d'extraditions

La plupart restent sans effet : Hissen Habré est toujours au Sénégal. L'ancien premier ministre libyen Mahmoudi a été acquitté en Tunisie. Saif, réclamé par le CPI, est en prison en Libye en attendant que l'on statue sur son sort. Le président Omar El Bachir qui a rendu visite à la Libye, le 06 01 2012, recherché par le CPI, est toujours en exercice au Soudan. L'ancien président tunisien Ali passe des jours heureux en bordure de mer rouge sous la protection de l'Arabie Saoudite ; de même Moussa Koussa se porte très bien à Doha dans sa villa de banlieue.

### Elections législatives et présidentielles prévues en 2012

Yémen : février 2012 - Algérie : mai 2012 - Egypte : juin 2012 - Libye : juillet 2012. Israël : fin 2012 - Mali : avril 2012.

### Quelques chiffres au 04 01 2012

1 dollar US= 1, 25 dinar libyen.
1 dollar US= 1, 28 euro.
1 baril de pétrole= 114 dollars.
Au 05 04 2012, un dinar libyen =0,61 euro.

### Population et évolution de 6 villes libyennes sur 10 ans

Les déplacements liés à la guerre civile entrainent des chiffres extrapolés en 2012. (World Gazetter).

| Nom des villes | Année 2000 | Année 2012 |
|---|---|---|
| TRIPOLI | 858000 | 1018648 |
| BENGHAZI | 485000 | 632937 |
| MISRATAH | 285000 | 285759 |
| ZAWIYAH | 225075 | 87316 |
| TOBRUK | 75282 | 138353 |
| SEBHA | 76200 | 99028 |

On peut être étonné de cette baisse de population depuis Ajdabiyah, jusqu'à et autour de la plaine Jifara, des secteurs majeurs du conflit. L'explication en est donnée par la fuite des migrants et des Libyens. Début septembre 2011, selon les informations recueillies par l'OIM (organisation internationale pour l'immigration) le chiffre de 672000 personnes était atteint (à la fin du conflit, on approchait les 1000000). Certains ont été rapatriés chez eux, d'autres sont restés dans des camps ou prisons (Choucha en Tunisie ou Sabha, sud Libye), et libérés par la suite.

Vers la Tunisie, on dénombrait à cette date une migration de 300000 dont 35000 Tunisiens. Vers l'Egypte, sur les 250000 environ 135000 Egyptiens. Vers le Tchad, près de 50000 et vers le Niger 75000. En supplément : ceux qui ont fui vers l'Europe, mais qui finalement ne représentaient que 4 à 5% du total, loin d'une migration massive annoncée.

## Les appellations des belligérants

– Pro-kadhafi, prokadhafistes, loyalistes, anti-CNT, militaires du régime.
– Anti-kadhafi, insurgés, rebelles, révolutionnaires, pro-CNT, manifestants, opposants, thuwars, thowars, dissidents.

## Citons deux écrivains libyens

– Mosrati : Une poignée de cendres. Le mât déchiré.
– Kouni : Comme un appel du lointain. Poussière d'or.

## PIB par habitant en dollars (* valeur estimée)

### MAGHREB

| Algérie | Maroc | Mauritanie | Tunisie | Libye | Egypte |
|---------|-------|------------|---------|-------|--------|
| 7200    | 5100  | 2200       | 9500*   | ?     | 6500*  |

### MASHREQ

| Arabie Saou | Bahrein | E.A.U | Irak  | Jordanie | Koweit |
|-------------|---------|-------|-------|----------|--------|
| 24000       | 27300   | 48500 | 3900* | 5900     | 40700  |

| Liban | Oman  | Qatar  | Syrie | Yémen | Terr. Palest |
|-------|-------|--------|-------|-------|--------------|
| 15600 | 26200 | 102700 | 5100* | 2500  | ?            |

**Les thèmes**

THEME 1 : LES RECALCITRANTS.

THEME 2 : RESOLUTION 1970 DU CONSEIL DE SECURITE DE L'ONU.

THEME 3 : RESOLUTION 1973 DU CONSEIL DE SECURITE DE L'ONU.

THEME 4 : LES ARMEMENTS DE LA COALITION, PUIS DE L'OTAN.

THEME 5 : LES ARMEMENTS DE LA LIBYE DE KADHAFI.

THEME 6 : LES INSURGES ET LEUR ARMEMENT.

THEME 7 : LE CLAN KADHAFI.

THEME 8 : LA TRIBU, ORGANISATION SOCIALE EN LIBYE.

THEME 9 : AVOIRS ET FONDS SOUVERAINS.

THEME 10 : UN EXAMEN DE LA SITUATION FIN AOUT.

THEME 11 : LA MORT DE KADHAFI : UNE DESCRIPTION IMPARFAITE.

THEME 12 : FIN D'INSURRECTION (leçons et impatiences).

THEME 13 : LE NUCLEAIRE LIBYEN.

THEME 14 : MATIERES PREMIERES ET ENERGETIQUES.

THEME 15 : AUTRES MATIERES PREMIERES.

THEME 16 : LA RESOLUTION 2017.

THEME 17 : LE PRINTEMPS ISLAMIQUE.

THEME 18 : ISLAMISME OU TECHNOCRATIE EN LIBYE.

THEME 19 : VERS LA NAISSANCE DES ETATS-UNIS D'ARABIE.

THEME 20 : PROJETS POLITIQUES ET INFRASTRUCTURES.

THEME 21 : PROGRESSION ISLAMISTE.

THEME 22 : RUMEUR SUR UN EVENTUEL CHAOS.

THEME 23 : FINANCE ET MACROECONOMIE.

THEME 24 : VERS UNE REPRISE DU TOURISME.

THEME 25 : L'ALIMENTAIRE.

THEMES 26, 27, 28, 29 : GEOSTRATEGIE et GEOPOLITIQUE.

THEME 30 : LE MOT DE LA FIN.

# Bibliographie

Kamel Ben Ameda : « la mémoire de l'absent ».
John Cooley : « Vents de sable sur la Libye ». 1982.
Edward P.Haley : « Qaddafi and the United States since 1969. 1984.
Hisham Matar : « Au pays des hommes ». 1986.
Rene Otayek : « la politique africaine de la Libye ». 1986.
John Davis : « Libyan politics tribe and revolution". 1987.
Dirk Vandevall : « Libya since indépendance ». 1998.
Vandana Shiva : « la Guerre de l'eau ». 2003.
François Burgat et André Laronde : « LA LIBYE ». 2003.
Hamadi Redissi : « L'exeption islamique ». 2004.
Colen Campbell : « Oil Crisis ». 2005.
Henry Laurens : « l'Orient arabe à l'heure américaine ».2005.
François Burgat : « l'islamisme à l'heure d'Al Qaïda ». 2005.
Pierre Pinta : « La Libye ». 2006.
D.Boone et F.Ferranti : « LIBYE ». 2007.
Mathieu Guidère : « Le choc des révolutions arabes ». 2010.
Jean-michel Severino : « le temps de l'Afrique ». 2010.
Mohammed Mokaddem : « AQMI, contrebande au nom de l'islam ». 2010.
Michel Foucher : « la bataille des cartes ».2010.
Antoine Vitkine : « Kadhafi, notre meilleur ami ». 2010.
Laszlo Liskaï : « Kadhafi, du réel au surréalisme ». 2011.
Akram Belkaïd : « Etre arabe aujourd'hui ». 2011.
Patrick Haimzadeh : « Au cœur de LA LIBYE DE KADHAFI ». 2011.
Bernard Henry Lévy : « La Guerre sans l'aimer ». 2011.
Gilles Kepel : « quatre vingt treize ». 2012.
Antoine Basbous : « le tsunami arabe ». 2012.
Marwan Bishara : « The invisible Arab ". 2012.
Mohamed Albichari : « le cauchemar libyen ». 2012.
Jean-marc Tanguy : « Harmattan, récits et révélations ». 2012.

# Bibliographie

# Photographies

## FEVRIER 2011 : LA FUITE DES MIGRANTS

*Les migrants fuyant par milliers vers la Tunisie.*

*Les premiers camps de refugiés libyens.*

*Les travailleurs à la frontière égyptienne : « salloum land port ».*

*Fuites éperdues vers le Niger.*

# LE CLAN KADHAFI

*Saif Al Islam prisonnier à Zintan. En attente de jugement en Libye.*

*Aicha : future égérie du « kadhafisme ».*

*En résidence surveillée à Alger : Saniya, Mohamed, Hannibal, Aicha.*

# LE DRAPEAU AUX TROIS COULEURS

*Une foule en liesse à l'annonce de la fin des combats.*

*Victoire et femmes voilées*

*Début des manifestations à Tobruk.*

# DE NOUVEAUX VISAGES APPARAISSENT

*Abdeljalil et le président Marzouki.*

*Le premier ministre intérimaire : Kib.*

*H. Clinton accueillie par Abdeljalil et Djibril.*

# ARMES ET MUNITIONS ÉPARPILLÉES

*Caisses éventrées d'obus et balles.*

*Des AK47 aux Stingers à même le sol.*

*Thowars et batterie anti-aérienne.*

# LES EXTREMITÉS

*Qui saura interpréter ce geste d'Assad ? (Syrie)*

*Le vote, étape décisive vers plus de liberté.*

*ZEIDAN, Premier ministre de la nouvelle Libye.*

# HORS TEXTE

# Table des matières

## I. GUERRE CIVILE EN LIBYE ET RÉVOLUTIONS ARABES ..................... 7

De soulèvements en rébellion armée ................................................................ 9
La fuite des migrants ...................................................................................... 10
La formation du CNT ..................................................................................... 11
La contre-offensive des loyalistes .................................................................. 12
Les frileux et récalcitrants .............................................................................. 13
L'encerclement de Benghazi : unanimité d'intervention ............................... 14
Le cafouillage de la coalition ......................................................................... 16
L'OTAN et sa capacité d'intervention ........................................................... 17
Tous les sans-papiers sont expulsés ............................................................... 18
Une suite de percées et replis......................................................................... 18
Une stagnation pour le moins surprenante .................................................... 19
Le mot « enlisement » est prononcé .............................................................. 20
Une pénurie alimentaire en perspective......................................................... 20
Les craintes européennes d'une immigration non contrôlée ......................... 21
L'invasion de la petite île italienne : Lampedusa .......................................... 22
La ronde des hélicoptères ............................................................................... 23
La présence de l'OTAN reconduite de trois mois ......................................... 24
Un haut lieu de résistance : Misratah ............................................................. 24
L'entrée nécessaire de l'arc berbère dans le conflit ...................................... 25
L'apparition pernicieuse d'Al Qaïda ............................................................. 26
La révision de la stratégie kadhafiste ............................................................. 27
L'intervention accentuée de l'OTAN ............................................................ 28
La Cyrénaïque quasiment libérée .................................................................. 29
Braygah est confrontée aux mines ................................................................. 29
La réunion kadhafiste de Syrte : un tournant ................................................ 30
Resurgit une découpe de la Libye .................................................................. 31
Le Ramadan en partie respecté ...................................................................... 32
L'intensification des combats ........................................................................ 33
L'essai de contournement par Jalu ................................................................ 34
La dislocation du gouvernement Kadhafi ..................................................... 35
« Il (Kadhafi) a perdu sa légitimité et doit partir » répète Susan Rice ......... 36
L'opération « sirène » est lancée : la prise de Tripoli ................................... 37
Kadhafi échappe à l'encerclement : piètre victoire ...................................... 37
Le déplacement du CNT à Tripoli ................................................................. 38
Les rebelles tardent à se rapprocher de Syrte ................................................ 39

Une tentative d'exil vers le Niger et l'Algérie ........................................................... 40
La reconnaissance de fait du CNT .............................................................................. 41
Les Kadhafi s'accrochent aux commandes ................................................................. 41
Les négociations sans résultats probants .................................................................... 42
Les désinformations et manipulations permanentes ................................................... 42
Le dernier carré des kadhafistes : Syrte et Ban Walid ................................................ 43
Les fuyards se dirigent vers le Sahel .......................................................................... 44
Quelles décisions prendre ? ........................................................................................ 45
Les ultimes batailles au sol des Thuwars .................................................................... 46
Dans le fief des Warfallah .......................................................................................... 47
Kadhafi : « une nuisance errante » .............................................................................. 48
Doit-on raser Syrte et Ban Walid ? ............................................................................. 49
Les soutiens logistiques des kadhafistes ..................................................................... 50
Le remaniement du gouvernement provisoire ............................................................ 51
Prendre Syrte avant ou après Ban Walid ? ................................................................. 51
Une violation flagrante des droits de l'homme hors Libye ......................................... 52
Un décor de fin de guerre ........................................................................................... 53
La situation se dégrade d'heures en heures ................................................................. 54
Un « basculement » à craindre : Kadhafi ciblé ........................................................... 54
Kadhafi et Muatassim seraient mortellement blessés ? .............................................. 55
L'exutoire de fin de règne ........................................................................................... 56
L'euphorie générale : « la liberté » .............................................................................. 57
L'application de la Chari'a ? ....................................................................................... 58
Une appréciation mitigée de la victoire ...................................................................... 59
Le déblocage des Avoirs libyens ................................................................................ 59
La sécurisation des postes frontières .......................................................................... 60

## II. L'APRÈS KADHAFI. GOUVERNEMENT DE TRANSITION. DÉSORDRE ET CRISE POLITIQUE ............................................................... 61

Endiguer la prolifération des armes ........................................................................... 63
La fin du Ramadan ..................................................................................................... 64
Une armée qui doit se reconstituer ............................................................................. 64
Peut-on juger Saif en Libye ? ..................................................................................... 65
Les premières embuches du gouvernement ............................................................... 66
Les échanges alimentaires Tunisie-Libye .................................................................. 67
De brigades en bandes armées .................................................................................... 67
Le désir de tourner la page ......................................................................................... 68
La course aux accords économiques .......................................................................... 69
Les contrats seront réexaminés ................................................................................... 70
Les islamistes aux avant-postes .................................................................................. 71
Vers une revalorisation du Dinar libyen ? .................................................................. 71
Une légitimité non reconnue ...................................................................................... 72
Les premières crises politiques ou rejet ? ................................................................... 73
Une transition : synonyme d'instabilité ...................................................................... 75
Il y a un an déjà : la Lybie se soulevait ...................................................................... 76

Des frontières passoires à revoir au plus vite ............................................................... 77
Ce désir d'autonomie sous-jacent ....................................................................................... 79
Il se trouve que cette partition ne requiert pas l'unanimité ............................................. 79
En Syrie, les constatations sont de tout autre nature ...................................................... 80
Un climat d'insécurité règne dans ce monde arabe .......................................................... 82
De turbulences en turbulences : ......................................................................................... 83
Anarchie ici, poudrière ailleurs ........................................................................................... 85
Une alliance implicite entre islamistes au Mali ............................................................... 86
Une certaine lecture d'un calme relatif .............................................................................. 87
Les litiges persistent entre les deux Soudan ...................................................................... 89
Quand Assad finaude et révèle sa vraie nature ................................................................. 90
La pétaudière est en place. Les jalons sont posés ............................................................ 92
Des incidences sur le Liban ................................................................................................ 94
Et puis survint le massacre de Houla en Syrie ................................................................. 95
Le pouvoir des milices, ex-rebelles, en Libye ................................................................... 96
« Les Barbus sont derrière tout cela » déclare l'homme de la rue ................................ 98
Que vont devenir les « manuscrits » de Tombouctou ? .................................................. 101

## III. A L'AUBE DE LA NOUVELLE LIBYE
## LES TRAGÉDIES CRÉPUSCULAIRES ........................................................... 103

Une vie locale basée sur le scrutin à venir ...................................................................... 105
Suffit-il seulement d'être « *indignés* » ? ........................................................................ 106
Un point d'orgue à Treimsa en Syrie : 150 victimes ...................................................... 108
Une guerre civile et une guerre par procuration à la fois .............................................. 110
La bataille de Damas à son point critique ....................................................................... 112
Les affrontements arabes font fi du jeûne et des privations ......................................... 113
La fuite éperdue des habitants hors des villes syriennes ............................................... 114
Des étapes dans la reprise en main des institutions ...................................................... 115
L'offensive sur Alep, faite d'alternances, se poursuit .................................................... 116
L'implication de la Russie et des USA dans le conflit syrien ....................................... 117
Les guerres et l'aspect humanitaire associés .................................................................. 118
Est-ce le début de la fin pour l'ALS ? .............................................................................. 119
Ouverture d'un autre front : celui du Sinaï .................................................................... 119
Agitations, troubles et confrontations se poursuivent en Centre Afrique ................... 120
Printemps dévoyé. « Drôle de printemps » répète l'écrivain ........................................ 121
La guerre et la diplomatie ne font pas bon ménage ....................................................... 122
Une diplomatie paralysée .................................................................................................. 124
Un autre foyer d'incendie à craindre ............................................................................... 125
Les Islamistes extrémistes se manifestent en Libye ...................................................... 126
Un mot qui en dit long sur l'état d'esprit ........................................................................ 127
Y a-t-il causalité entre un film navet et l'attentat de Benghazi ? ................................. 130
On se rapproche du dénouement en Libye ..................................................................... 131
De la grogne et la rogne à la fronde et la foudre ............................................................ 132
Des brigades et milices légitimes et illégitimes à Benghazi ......................................... 134
Le doigt dans l'engrenage pour la Turquie contiguë .................................................... 135

Un prosélytisme des ultras bien rodé .................................................................. 135
La spirale de la violence s'enroule en zone arabe, Afrique et Sahel inclus ........... 137
Un gouvernement post-révolution s'installe en Libye.............................................. 139
La Syrie s'enfonce dans un combat fangeux ......................................................... 140

**IV. LES THÈMES**
**LE PRINTEMPS ISLAMIQUE ........................................................................147**

THEME 1 : LES RECALCITRANTS SUR LA LIBYE ......................................... 149
THEME 2 : RESOLUTION 1970 DU CONSEIL DE SECURITE DE L'ONU .... 150
THEME 3 : RESOLUTION 1973 DU CONSEIL DE SECURITE DE L'ONU .... 151
THEME 4 : LES ARMEMENTS DE LA COALITION PUIS DE L'OTAN
EN LIBYE ............................................................................................................ 152
THEME 5 : LES ARMEMENTS DE LA LIBYE DE KADHAFI........................ 154
THEME 6 : LES INSURGES ET LEUR ARMEMENT EN LIBYE ..................... 157
THEME 7 : LE CLAN KADHAFI........................................................................ 159
THEME 8 : LA TRIBU : ORGANISATION SOCIALE EN LIBYE................... 163
THEME 9 : AVOIRS ET FONDS SOUVERAINS EN LIBYE ............................ 165
THEME 10 : UN EXAMEN DE LA SITUATION FIN AOUT 2011 EN LIBYE 168
THEME 11 : LA MORT DE KADHAFI : UNE DESCRIPTION IMPARFAITE 172
THEME 12 : FIN D'INSURRECTION EN LIBYE
(LEÇONS ET IMPATIENCES)............................................................................. 175
THEME 13 : LE NUCLEAIRE LIBYEN ............................................................. 177
THEME 14 : MATIERES PREMIERES ET ENERGETIQUES EN LIBYE ........ 180
THEME 15 : AUTRES MATIERES PREMIERES EN LIBYE ........................... 186
THEME 16 : LA RESOLUTION 2017 ................................................................. 191
THEME 17 : LE PRINTEMPS ISLAMIQUE DANS LA ZONE ARABE............ 194
THEME 18 : ISLAMISME ET TECHNOCRATIE EN LIBYE ............................ 198
THEME 19 : VERS LA NAISSANCE DES ETATS-UNIS D'ARABIE .............. 201
THEME 20 : PROJETS POLITIQUES ET INFRASTRUCTURES EN LIBYE... 215
THEME 21 : LES FONDAMENTALISTES ET LE POUVOIR
EN ZONE ARABE................................................................................................ 219
THEME 22 : RUMEURS SUR UN EVENTUEL CHAOS EN LIBYE ............... 223
THEME 23 : FINANCE ET MACROECONOMIE EN LIBYE........................... 225
THEME 24 : VERS UNE REPRISE DU TOURISME EN LIBYE ......................228
THEME 25 : L'ALIMENTAIRE EN LIBYE ....................................................... 231
THEME 26 : GEOSTRATEGIE DANS LA ZONE ARABE ............................... 234
THEME 27 : GEOSTRATEGIE. DU POLITICO-RELIGIEUX AU POUVOIR.. 244
THEME 28 : GEOPOLITIQUE I. APRÈS LE CHAOS VIENDRA
LE TEMPS DE L'ESSOR .................................................................................... 248
THEME 29 : GEOPOLITIQUE. TROIS ZONES PARALLELES
EN TURBULENCE .............................................................................................. 250
THEME 30 : UN SOUFFLE DE LIBERTE INACHEVEE
DANS LA ZONE ARABE.................................................................................... 255

**V. DIVERS** ............................................................................................................. **259**

**Généralités** ........................................................................................................... **261**

Noms de lieux ........................................................................................................ 261
Noms de personnes ................................................................................................ 261
Sigles ...................................................................................................................... 261
La gouvernance en Libye ...................................................................................... 262
Quelques noms des brigades libyennes ................................................................. 263
Demandes d'extraditions ....................................................................................... 263
Elections législatives et présidentielles prévues en 2012 ..................................... 263
Quelques chiffres au 04 01 2012 ........................................................................... 263
Population et évolution de 6 villes libyennes sur 10 ans ...................................... 263
Les appellations des belligérants ........................................................................... 264
Citons deux écrivains libyens ................................................................................ 264
PIB par habitant en dollars (* valeur estimée) ...................................................... 264
Les thèmes .............................................................................................................. 265

**Bibliographie** ...................................................................................................... **267**

**Photographies** ..................................................................................................... **269**

# Monde arabe – Maghreb – Moyen-Orient aux éditions L'Harmattan

## Dernières parutions

**SOCIÉTÉS ARABES EN MOUVEMENT – Trois décennies de changements**
*Chiffoleau Sylvia*
L'irruption des sociétés arabes sur le devant de la scène est venue contredire les images convenues de sociétés monolithiques, «bloquées» par le poids des normes religieuses et de l'autoritarisme politique. Cet ouvrage se propose de rendre compte de la diversité de ces sociétés à travers l'analyse de pratiques sociales peu évoquées (aspirations et mobilisations des jeunes, conditions féminines, sexualité, modes de consommation et pratiques de loisirs, expressions religieuses diversifiées...).
*(Coll. Bibliothèque de l'iReMMO, 13.50 euros, 122 p.)*
*ISBN : 978-2-296-99431-7, ISBN EBOOK : 978-2-296-50982-5*

**COMMUNICATION ET DÉVELOPPEMENT TERRITORIAL EN ZONES FRAGILES AU MAGHREB**
*Morelli Pierre, Sghaïer Mongi - Préface de Wahid Gdoura*
Voici questionné le lien entre communication publique et développement territorial dans certaines zones fragiles et menacées du Maghreb. Dans une volonté de rapprocher les sciences de l'information et de la communication et les sciences économiques, ces travaux interrogent des notions telles que l'intelligence territoriale, le marketing territorial, la confiance entre acteurs du développement local, les perceptions et la valorisation de sites patrimoniaux...
*(Coll. Communication et Civilisation, 29.00 euros, 280 p.)*
*ISBN : 978-2-296-99724-0, ISBN EBOOK : 978-2-296-50949-8*

**PIED-NOIR... ET GAULLISTE – Autobiographie et réflexions personnelles**
*Achor Robert*
Pendant sa période oranaise, Robert Achor a fréquenté le lycée Lamoricière, où son professeur d'histoire était Marc Ferro. Déjà sensibilisé au gaullisme en Algérie, il a poursuivi dans cet engagement une fois arrivé à Paris. Il rencontre Pierre Mesmer et son épouse, le général Koenig, Golda Meir, Ben Gourion... Autant de personnalités et d'échanges qui façonneront et éclaireront sa vision de l'histoire contemporaine dont il témoigne ici.
*(SPM, 16.50 euros, 160 p.)*   *ISBN : 978-2-901952-94-7, ISBN EBOOK : 978-2-296-50579-7*

**DIX JOURS À ALGER – Carnets d'un Printemps manqué. Février 2011**
*Viollet Christian*
Février 2011 : la Tunisie, l'Egypte puis la Libye basculent dans le «Printemps arabe». À Alger, la révolution annoncée se fait cruellement attendre. Dans ce pays où tout le monde parle politique, cette révolution qui joue l'Arlésienne est au coeur des débats. Séjournant à Alger, l'auteur rapporte des réponses qui permettent de refaire l'histoire et rappellent le lien indissociable de nos deux pays, de nos deux peuples.
*(Coll. Ecrire et Voyager, 13.50 euros, 118 p.)*
*ISBN : 978-2-336-00296-5, ISBN EBOOK : 978-2-296-50778-4*

**DYNAMIQUES SOCIOLANGAGIÈRES DE L'ESPACE ALGÉROIS**
**Discours et représentations**
*Lounici Assia, Bestandji Nabila*
La réflexion sur les dynamiques sociolangagières de l'espace algérois offre la possibilité de confronter les concepts de la sociolinguistique urbaine à la spécificité du terrain algérien. Elle permet également d'aborder la question des tensions sociospatiales qui traversent la société

algérienne, au vu des grands bouleversements sociaux, économiques et urbanistiques qu'elle est en train de vivre.
*(Coll. Espaces discursifs, 19.00 euros, 194 p.)*
*ISBN : 978-2-336-00340-5, ISBN EBOOK : 978-2-296-50780-7*

### SAHARA (LE) ALGÉRIEN – Intégration nationale et développement régional
*Kouzmine Yaël*
Le Sahara algérien représente les 4/5$^e$ du territoire national. La diffusion des infrastructures de transport et des équipements publics a considérablement remodelé les territoires sahariens, dans un contexte de forte croissance démographique. Voici étudiées les perspectives futures d'évolution de ce désert, aujourd'hui largement urbanisé et intégré à l'économie nationale.
*(35.00 euros, 344 p.)*  *ISBN : 978-2-336-00418-1, ISBN EBOOK : 978-2-296-50554-4*

### ESPRIT (L') ARABE ENCHAÎNÉ
*Heggy Tarek - Traduit par Leila Henein*
L'esprit arabe enchaîné parle des obstacles qui se posent entre l'esprit arabe et la *civilisation moderne*. Il traite des faiblesses et des failles culturelles et sociales qui ont mené la majorité des sociétés arabophones contemporaines à s'isoler et à rester barricadées dans leurs convictions. Comment pourra-t-il se libérer de ses chaînes et s'intégrer dans le monde ? La région connaîtra alors la vraie démocratie rêvée par le «Printemps arabe» et pourra la vivre.
*(16.50 euros, 160 p.)*  *ISBN : 978-2-336-00279-8, ISBN EBOOK : 978-2-296-50491-2*

### ISLAM (L') : UNE VICTOIRE INÉLUCTABLE
*Maucade Julien*
L'opposition entre Islam et monde occidental éclaire les causes profondes du malaise grandissant dans les civilisations. L'humanité est à un tournant crucial de son histoire. Le dénouement de cette confrontation dont l'issue aura un rôle essentiel déterminera l'idéologie dominante à venir. Laquelle de ces deux armées sera victorieuse ?
*(14.00 euros, 128 p.)*  *ISBN : 978-2-296-99694-6, ISBN EBOOK : 978-2-296-50404-2*

### ALGÉRIE, 50 ANS APRÈS
*Confluences Méditerranée 81*
*Souiah Sid-Ahmed*
L'Algérie fête cette année les 50 ans de son indépendance, une occasion pour revenir sur son parcours à la fois politique, économique et culturel. Au sommaire notamment de ce numéro des contributions sur Ben Bella, le développement économique depuis 50 ans, le pétrole, la dépendance alimentaire, le logement, la jeunesse, l'histoire de la peinture, le cinéma, la création littéraire.
*(18.50 euros, 234 p.)*  *ISBN : 978-2-296-99405-8, ISBN EBOOK : 978-2-296-50081-5*

### LANGUE (LA) DE ZAHRA
*Sissani Fatima*
Les Kabyles existent d'abord par la parole. Une réalité qu'on se représente mal lorsque l'on plonge dans la société de l'immigration où ces hommes et femmes, souvent analphabètes, sont relégués exclusivement au rang d'ouvriers et de femmes au foyer… On imagine alors mal les orateurs qu'ils deviennent lorsqu'ils retournent dans leur langue. Cette réalité, je la pressentais. J'en ai réalisé toute l'acuité, mesuré la dimension en filmant ma mère, son quotidien et son histoire...
*(20.00 euros)*  *ISBN : 978-2-296-57455-7*

### TUNISIE (LA) RÉINVENTE L'HISTOIRE : RÉCITS D'UNE RÉVOLUTION
**Un passé troublé et un présent sous pression**
*Sous la direction de Saisi Heidi ; Préface de Suzanne Citron*
Ecrire sur l'histoire des civilisations, l'immigration et la révolution tunisienne, c'est rendre accessible des événements encore trop récents et qui échappent pour l'instant à l'archivage national. Exhumer ces faits oubliés, c'est explorer «l'arrière-pays» de ces évènements, sans faire pour autant le procès de quiconque. Évoquer la mémoire de ces étrangers, expliquer la révolution tunisienne, c'est tenter de contribuer à un dessein de science sociale.
*(25.50 euros, 256 p.)*  *ISBN : 978-2-296-99283-2, ISBN EBOOK : 978-2-296-50265-9*

**RÉSISTANCE (LA) SAHRAOUIE À GDAÏM IZIG**
*L'Ouest Saharien 8*
Dans le triangle saharien formé par le Mali, le Sénégal et le Sahara occidental, des questions complexes surgissent : formation de la société sahraouie, la vie quotidienne des femmes dans les campements sahraouis de Tindouf, l'exode de 20000 d'entre eux à partir d'El Ayoun. Ce numéro consacre également un dossier inédit à la migration et deux études sur le Mali, l'une sur les Touaregs Kel Adagh et l'autre sur la musique contemporaine touareg.
*(20.00 euros, 206 p.)*   *ISBN : 978-2-296-99233-7, ISBN EBOOK : 978-2-296-50489-9*

**OUTILS MÉDIATIQUES ET POPULATIONS DU MOYEN ATLAS MAROCAIN**
*El Berrhouti Abderrahman*
Cet ouvrage s'inscrit dans le débat sur la mondialisation et le processus de dissolution des cultures traditionnelles au contact des médias modernes. Trois territoires sont étudiés : Laanoussar, Guigou et Kerrouchen. Les groupes n'évoluant pas à la même vitesse, tous ne sont pas affectés de la même façon par les transformations induites par les TIC. Grâce à des exemples concrets et actualisés, l'importance des acteurs, des réseaux d'accès aux vallées et de la pénétration médiatique est mise en évidence.
*(Coll. Histoire et perspectives méditerranéennes, 33.00 euros, 320 p.)*
*ISBN : 978-2-296-99591-8, ISBN EBOOK : 978-2-296-50140-9*

**ANNUAIRE MAROCAIN DE LA STRATÉGIE ET DES RELATIONS INTERNATIONALES 2012 (2 Tomes)**
*Sous la direction d'Abdelhak Azzouzi*
Cet ouvrage voudrait concourir à la reconnaissance d'une doctrine marocaine en science politique et relations internationales, alors que les travaux en la matière au Maroc sont très rares. Le pluralisme académique, la diversité intellectuelle, la multiplication des approches, les débats pratiques et théoriques sont en effet essentiels pour la vitalité de n'importe quelle région. Regrouper les experts, rassembler les spécialistes, confronter les tendances, tels sont les objectifs de ce travail. (Ouvrage relié).
*(Tome 1, Coédition CMIESI, 49.00 euros, 994 p.)*
*ISBN : 978-2-296-99384-6, ISBN EBOOK : 978-2-296-50313-7*
*(Tome 2, Coédition CMIESI, 49.00 euros, 2062 p.)*
*ISBN : 978-2-296-99385-3, ISBN EBOOK : 978-2-296-50314-4*

**ANNUAIRE MAROCAIN DE LA STRATÉGIE ET DES RELATIONS INTERNATIONALES 2012 – Version en arabe**
*(Coédition CMIESI, 79.00 euros, 1538 p.)*
*ISBN : 978-2-296-99383-9, ISBN EBOOK : 978-2-296-50315-1*

**MOROCCAN YEARBOOK OF STRATEGY AND INTERNATIONAL RELATIONS 2012**
*Sous la direction d'Abdelhak Azzouzi*
This book is intented to contribute to a recognition of a Moroccan doctrine in political science and international relations, given that research work in this area is still lacking. Academic pluralism, intellectual diversity, multiplicity of approaches, as well as practical and theoretical debates are, indeed, essential for the vitality of any discipline. Gathering experts and specialists and bringing tendencies to confrontation are the primary objectives of the present work. (Hard cover).
*(Coédition CMIESI, 75.00 euros, 1346 p.)*
*ISBN : 978-2-296-99386-0, ISBN EBOOK : 978-2-296-50312-0*

**A DAMAS SOUS LES BOMBES – Journal d'une Française pendant la révolte syrienne (1924-1926)**
*Poulleau Alice - Préface de François Burgat*
Voici un témoignage publié en 1926, longtemps «interdit à la vente dans les pays sous mandat», et jamais réédité. Son actualité procède du télescopage troublant entre deux des printemps de l'histoire syrienne. En 1925, la France mandataire a réprimé au canon les aspirations d'une nation naissante tout en exploitant ses divisions confessionnelles. En 2012, les fils des

nationalistes syriens pilonnent leurs opposants et s'emploient à opposer entre elles les familles d'une nation endolorie pour mieux la contrôler.
*(Coll. Comprendre le Moyen-Orient, 26.00 euros, 256 p.)*
*ISBN : 978-2-296-99171-2, ISBN EBOOK : 978-2-296-50386-1*

### HEZBOLLAH, LA RÉSILIENCE ISLAMIQUE AU LIBAN
*Leroy Didier*
Étude longitudinale sur le Hezbollah libanais, cet ouvrage synthétise les phases de maturation idéologique que celui-ci a connues depuis son émergence et retrace l'évolution structurelle de ce mouvement milicien devenu parti politique caractérisé par son projet de «société résistante». L'apport nouveau de ce livre est de proposer la transposition du concept - initialement psychologique - de «résilience» dans le champ sociopolitique, livrant une grille d'interprétation originale du cheminement de ce parti.
*(Coll. Comprendre le Moyen-Orient, 28.00 euros, 314 p.)*
*ISBN : 978-2-296-99293-1, ISBN EBOOK : 978-2-296-50515-5*

### HYDROPOLITIQUE DU NIL – Du conflit à la coopération ?
*Boinet Edouard - Préface de Clarisse Barthes-Gay et Gérard Monédiaire*
La planète bleue manquerait-elle d'eau ? Prenant pour sujet d'étude l'hydropolitique du bassin du Nil, l'auteur, sans nier la probabilité de futures guerres de l'eau, observe pourtant un basculement récent du conflit vers la coopération. Analysant l'évolution du droit relatif aux utilisations des cours d'eau internationaux, il plaide pour un renforcement de la coopération interétatique, notamment par une gestion intégrée et équitable.
*(Coll. Inter-National, 22.00 euros, 222 p.)*
*ISBN : 978-2-296-99170-5, ISBN EBOOK : 978-2-296-50402-8*

### GUERRE D'ALGÉRIE, GUERRE D'INDÉPENDANCE
**Paroles d'humanité**
*Association des 4 ACG - Préface de Raphaëlle Branche et d'Ounassa Siari Tengour*
Cet ouvrage rassemble des récits divers de combattants français et algériens, harkis, pieds-noirs, réfractaires, médecins, infirmières, membres de leur famille, tous mêlés d'une façon ou d'une autre à la guerre. Ce dont ils témoignent, c'est qu'aujourd'hui pour tous ces acteurs, l'heure est venue de parler et d'entendre, de donner et de recevoir, des deux côtés de la Méditerranée. C'est bien le sens de ce livre : faire entendre la multiplicité des voix, contribuer à une mémoire chorale de la guerre.
*(Coll. Histoire de vie et formation, 28.00 euros, 480 p.)*   *ISBN : 978-2-296-99269-6*

### MA CAMPAGNE D'ALGÉRIE
**Tome 1 : l'année 1961**
*Rongier Jacques*
L'auteur a effectué son service en Algérie de mars 1961 à juillet 1962 dans le bled algérois. Ce sont des extraits des lettres qu'il a écrites chaque jour à son épouse qui sont publiées ici et qui constituent un dossier de mémoire. Si la guerre est présentée en filigrane, le jeune appelé n'y a pas participé directement. Ce premier volume évoque son embarquement pour l'Algérie, ses séjours à Aïn Dahlia comme inspecteur des écoles, puis à Demangeat comme instituteur...
*(Coll. Mémoires du XXe siècle, 32.00 euros, 310 p.)*
*ISBN : 9782-296-99133-0, ISBN EBOOK : 9782-296-50005-1*

### MA CAMPAGNE D'ALGÉRIE
**Tome 2 : l'année 1962**
*Rongier Jacques*
Dans ce deuxième tome relatant «sa» guerre d'Algérie à travers des extraits de lettres écrites à sa femme, l'auteur aborde ici l'année 62, les hivers enneigés de Demangeat et Nelsonbourg, les gardes de Lemestroff, ses pérégrinations dans l'Algérois, son emprisonnement par l'A.L.N., l'effervescence des fêtes de l'Indépendance.
*(Coll. Mémoires du XXe siècle, 25.00 euros, 240 p.)*   *ISBN : 978-2-296-99134-7*

**L'HARMATTAN, ITALIA**
Via Degli Artisti 15 ; 10124 Torino

**L'HARMATTAN HONGRIE**
Könyvesbolt ; Kossuth L. u. 14-16
1053 Budapest

**ESPACE L'HARMATTAN KINSHASA**
Faculté des Sciences sociales,
politiques et administratives
BP243, KIN XI
Université de Kinshasa

**L'HARMATTAN CONGO**
67, av. E. P. Lumumba
Bât. – Congo Pharmacie (Bib. Nat.)
BP2874 Brazzaville
harmattan.congo@yahoo.fr

**L'HARMATTAN GUINÉE**
Almamya Rue KA 028, en face du restaurant Le Cèdre
OKB agency BP 3470 Conakry
(00224) 60 20 85 08
harmattanguinee@yahoo.fr

**L'HARMATTAN CAMEROUN**
BP 11486
Face à la SNI, immeuble Don Bosco
Yaoundé
(00237) 99 76 61 66
harmattancam@yahoo.fr

**L'HARMATTAN CÔTE D'IVOIRE**
Résidence Karl / cité des arts
Abidjan-Cocody 03 BP 1588 Abidjan 03
(00225) 05 77 87 31
etien_nda@yahoo.fr

**L'HARMATTAN MAURITANIE**
Espace El Kettab du livre francophone
N° 472 avenue du Palais des Congrès
BP 316 Nouakchott
(00222) 63 25 980

**L'HARMATTAN SÉNÉGAL**
« Villa Rose », rue de Diourbel X G, Point E
BP 45034 Dakar FANN
(00221) 33 825 98 58 / 77 242 25 08
senharmattan@gmail.com

**L'HARMATTAN TOGO**
1771, Bd du 13 janvier
BP 414 Lomé
Tél : 00 228 2201792
gerry@taama.net

Achevé d'imprimer par Corlet Numérique - 14110 Condé-sur-Noireau
N° d'Imprimeur : 97911 - Dépôt légal : mai 2013 - *Imprimé en France*